마산과의 인연 · 3

마산과의 인연 · 3

전문수 이순항 황태조 외

도서출판 경남

책을 펴내며

《마산과의 인연》 3집을 내면서

오 하 룡

　《마산과의 인연》 3집을 냅니다. 1집을 1994년, 2집을 1995년 10월 펴내었으니 13년 만에 다시 만나는 셈입니다. 2집을 내면서 지친 나머지 더 이상 속간을 하지 않겠다는 선언성 언급을 한 일이 있습니다. 이 일이 필요한 일이긴 하지만 영세한 작은 출판사의 형편으로는 재정적으로 감당하기 벅찼던 이유도 있습니다. 그러나 어쩌겠습니까. 침묵을 계속하기가 힘들어졌습니다. 이 일은 누가 해도 꼭 해야 할 역사기록 사업으로 강력한 시대적 사명감이 요구되어서입니다.
　앞으로 이런 책의 중요성이 시민들의 가슴에 인식되리라는 믿음이 있습니다. 요즘도 독서계 상황이 좋지 않은 편입니다. 인터넷상의 읽을거리가 넘쳐나기 때문입니다. 그러나 우리의 이 책에 대한 관심은 다르리라는 기대가 있습니다.
　막상 3집을 시작하고 보니 다시 힘이 솟기 시작하고 있습니다. 원고를 내시는 분들의 진정성이 너무나 이 책의 의미를 살려주고 있어서입니다. 이태일 도의회 의장님은 시골 예비군 중대장 시절, 군대 있을 때의 부대 검열단 단장과의 인연으로 한일합섬 중대장으로 입사하여 상무이사가 되기까지의 인연을 소상하게 쓰고 있습니다.

경남매일신문과 경남도민일보 창간 사장을 역임한 원로 언론인 이순항 선생님은 마산 토박이로서 마산을 '가향家鄕'으로 표현하면서, 격변기 마산의 성장과정을 각별한 애정으로 묘사하고 있습니다. 현재의 경남도민일보 허정도 사장님은 고학으로 건축사가 되어 실무적으로 어려운 시민들을 만나다보니 자연스럽게 시민운동에 참여하고 되고 그런 인연으로 드디어는 신문사 사장에 이르기까지의 마산과의 인연을 잔잔한 음성으로 토로하고 있습니다.

황태조 전 의창군수님은 여든을 훨씬 넘긴 고령임에도 마산수출자유지역과 마산 3역 통합의 주무 공무원으로서의 일화를 생생하게 증언하고 있습니다. 지금 미국에 체류하면서 1년에 한 번 정도는 귀국해서 마산 발전상을 지켜보고 있다는, 전 해인대 교수 한원구 선생님 역시 고령임에도 당시 언론인으로서 신문사 간부로서 활동하던 시절의 인맥에 얽힌 재미있는 일화를 들려주고 있습니다. 이처럼 이번 3집에도 무궁한 마산 역사가 담겨 있습니다.

이런 내용을 보면서 어찌 이 사업을 계속하지 않을 수 있겠습니까. 독자 여러분의 많은 관심과 격려를 부탁드려 마지않으며, 앞으로 나올 4집에 대해서도 기대해 주시기 바랍니다. 이번 3집에 참여해 주신 진정한 마산인 여러분들에게 거듭거듭 감사를 드립니다.

2008. 9

책을 펴내며 • 4

첫번째 인연

이태일	내가 마산 사람이 된 인연 • 10	
허정도	언론계에 몸담기까지 • 16	
김억규	신상철 선생님 생각 • 24	
강수찬	그때 그 시절의 마산 • 29	
황태조	격동기 마산 건설의 책무를 다하다 • 35	
공영해	미더덕에 발목 잡힌 세월 • 41	
전문수	창동시대의 중심에서 • 53	
이순항	내 가향에 대한 불효 • 61	
이우태	교수로 한평생 • 72	
한원구	마산의 추억 • 78	
최상일	마산이여! 영원하라 • 90	

두번째 인연

이승기	여객선 대창호 3등 객실에 꿈을 싣고 • 100
박중철	시의원이 되기까지 • 116
백남오	대학이 맺어준 숙명의 땅 • 125
이흥식	꿈을 키워준 안태 고향 • 133
한판암	내 삶의 터전 • 137
김종두	오일육 때 공무원이 되며 • 147
이한영	날 붙들고 놓아주지 않는 마산 • 153
안화수	마산, 또 다른 고향에 살면서 • 159
황광지	이젠 떠날 수가 없어요 • 169
최경석	기지를 맘껏 펼치다 잠들 마산 • 176
구자운	의사로서 한평생 • 179
백종흠	내 인생의 황금기 • 188

세번째 인연

이한걸	마산에 살면서	202
최명해	생각하면 생각 사思로 살맛나는 마산	221
김관숙	어쩌다 안착하게 된 마산	225
정상철	노비산에 얽힌 추억	230
김연희	어느덧 43년	242
서수원	종교와의 인연 그리고 마산	247
최삼룡	고향 위해 소금이 되고 싶었는데	252
민창홍	내 여행의 종착지 마산	256
김병수	마산과의 인연	271
한정호	월영대를 곁에 두고	276
엄국정	마산의 추억	282
박철종	봉사활동을 천직으로 삼고	288

(원고 접수순)

1968년경 마산항 전경

첫번째 인연

이 태 일
허 정 도
김 억 규
강 수 찬
황 태 조
공 영 해
전 문 수
이 순 항
이 우 태
한 원 구
최 상 일

첫 번째 인연

내가 마산 사람이 된 인연

이 태 일

　　　　　　　　　　　신록의 계절 5월이 보리밭 고랑 사이로 익어가는 1978년 5월 마지막 토요일 오후, 손님이라고는 나 혼자밖에 없는 한가한 시골다방에서 망중한을 즐기고 있었다. 가끔은 혼자 있기가 외로워 아무나 들어오면 차라도 대접할 요량으로 출입구를 응시하며 마음을 먹고 앉아 있는데, 1시간이 지나도록 찾아오는 사람도 없고 하여 따분한 나머지 막 일어서려고 하던 참이었다.

　그 순간 50대 신사 두 사람이 다방 안으로 들어서는 게 아닌가. 다방 아가씨들이 호들갑을 떨면서 "어서 오이소 예." 하며 흡사 임금님이라도 들어선 듯 정중하게 빈자리로 안내하는 데, 얼핏 보아도 시골 사람들은 아닌 것 같고 중후한 모습에 어딘가 세련된 귀티를 엿볼 수 있었다.

낯선 사람들이라 차를 대접할 수도 없고 하여 이 두 손님을 이 빈 다방에 인계하고 슬쩍 나가야지 생각하고 다시 일어서려고 하는데, 어느 틈엔가 다가온 노신사 한 사람이 내 앞을 턱 버티고 서는 것이 아닌가. 그리고는 다짜고짜

"선생님, 안면이 참 많습니다. 혹시 군 생활을 강원도 양구에서 하지 않았습니까?"

하는 절도 있는 강한 목소리에 깜짝 놀라, 노신사를 치켜 보며 자신도 모르게

"예, 그렇습니다만."

하고 대답은 했으나 그 노신사의 모습에서 하도 오래 전에 있었던 일이라 도무지 생각나지 않으니 잠시 안타까운 침묵이 다방 안을 짓누르는 순간, 그의 입에서

"강원도 양구 한전리 ○○부대 재산장교로 67년도에 근무하지 않았습니까?"

하고 되묻는 것이 아닌가.

당시 나는 67년 5월 23일 강원도 양구 한전리에 소재한 ○○부대 소대장으로 첫 부임을 하고, 40명의 대원과 함께 ○○사단사령부 2층 통합막사에서 각종 교량, 병사용 목욕탕 등을 직접 시공하면서 병

사들과 숙식을 같이하며 형제처럼 지냈다. 그러나 그해가 저물어 가던 12월초 난데없이 사단참모부로부터 부대 재산장교를 맡으라는 구두명령이 하달되었다. 최소한 1년은 소대장직을 수행해야 한다는 관리원칙을 주장하고 반항도 해 보았다. 지난 6개월간 정들었던 소대원들의 끈질긴 만류도 있었다. 그러나 누가 감히 군의 지상명령을 거역할 수 있는가. 하는 수 없이 사단 전체 공병물자 보급을 담당하는 재산장교로 부임하게 되었다.

새로운 보직을 맡아 업무파악, 보급품의 수령과 불출, 재고파악, 장부정리 등 눈코 뜰 새 없을 정도로 바쁜 시간을 보내고 2개월 정도 지난 어느 날, 아침 6시 40분 출근을 하여 사무실에 들어서니 먼저 출근한 선임하사와 병사들이 부동자세로 서 있고 낯선 장교 여러 명이 책상마다 차지하고는 무엇인가 뒤지고 있는 것이 아닌가.

업무인수 2개월이 겨우 지났을 뿐인 육군 소위의 등허리엔 불길한 예감과 함께 식은땀이 맺히기 시작했다. 이들이 사단 감찰부 소속 감찰관이라는 것을 확인하고는 이제는 죽었구나, 군 생활을 이렇게 끝내는 게 아닌가 하는 방정맞은 생각이 들기도 했지만, 한편으로는 내가 무엇을 잘못했기에, 아니면 무엇이 잘못됐기에 첫새벽에 기습을 하여 창고마다 봉인을 하고 장부까지 압수한다는 말인가. 아직까지 제대로 된 업무파악은 말할 것도 없고 너무 광범위한 업무여서 엄두조차 내지 못하고 있는 상황 아닌가.

뒤에 알고 보니, 공사비리와 관련하여 경리참모가 자살하고 참모장이 구속되고 사단장이 좌천되는 등의 엄청난 사건 뒤, 공병참모의 부정비리를 캐내기 위한 특별감찰 검열임을 확인할 수 있었다. 3일간의 치밀한 감사는 초급장교로서는 감내하기 힘든, 어찌 보면 내 생애 최대의 사건이었다 할 것이다.

머리카락 홈도 판다는 숙달된 기법, 창고봉인, 서류압수 등 당해보지 않은 자는 잘 모르리라. 말이 3일이지 3년같이 여겨지는 시간이었다. 거기에 투입된 노련한 전문 감찰장교가 7명이나 되었다.

이야기는 다시 그날 토요일 오후의 시골다방으로 돌아간다.

당시 6명의 감찰장교를 이끌고 온 검열단장이 지금 내 앞에 서 있는 바로 그 사람이 아닌가. 지금은 창원에 위치한 ○○사단 참모장이라는 것이다. 그러면 이 사람은 어떻게 11년이 지난 지금까지도 나를 기억하고 있다는 말인가. 그때 사건에 얼마나 충격을 받았기에 민간인이 된 지도 한참 지난 나를 시골다방에서 첫눈에 알아볼 수 있었던 사연은 무엇일까.

당시 이런 혹독한 감사를 3일간이나 받았음에도 털끝 하나 지적하지 못한 채 감찰단은 떠날 수밖에 없었고, 감찰관 생활 15년에 이런 참담한 결과는 처음이었으며 그것이 11년이 지난 뒤에도 그 상대가 뇌리에 못이 박혀 남아 있었던 것 같다.

그러나 어떻게 해서 지적받지 않았는가에 대해서는 지금도 말할 수 없음이 안타까울 뿐이다. 한 가지 분명한 것은 전자계산기가 없던

13

시절 초고속으로 암산을 한 초급장교의 숨은 기능이 그런 결과를 낳은 것은 분명하였고, 당시 전 부대가 이 일로 회식할 정도였으니 그 결과가 어느 정도였는지를 짐작하리라.

어쨌거나 기구한 운명이요, 만남인 것만은 분명하였다. 이 다방에서 만남이 내 인생을 바꿔놓았고 이것이 내가 마산으로 오게 된 인연이었으니 말이다. 이 만남이 있던 2년 전인 1976년 4월부터 나는 경남 고성읍에서 제3전투 예비군 중대장으로 근무하게 되었고, 이 부대를 1년 만에 전국 최우수 부대로 만들어 1977년 4월 예비군의 날 행사 때 마산종합운동장에서 예비군표창과 함께 상금 300만 원과 2군사령관 지휘봉 등을 수여받게 되었다.

이때 내 옆에 도열한 한일합섬 여군대대가 너무 깔끔하게 보였고 대단한 회사구나 하는 생각과 함께 반드시 이 회사에 근무해 봤으면 하고 막연한 동경을 하게 되었다.

만남이 있던 그날 밤을 지새운 참모장이 그 다음날 본부사령을 나에게 보내게 되고 그가 나의 이력서 2통을 가져가서는 그중 한 통이 그렇게도 동경하던 한일합섬에 접수되어 당시 응시자 11명 중 2명이 합격하는데 나도 끼었다. 이렇게 되어 78년 8월 21일 입사, 예비군 중대장으로 보직을 받은 후 98년 도의원에 출마할 때까지 계장, 대리, 과장, 차장, 부장, 총무이사, 관리이사로서 마산공장 관리책임자로 봉직하다 20년을 채우지 못하고 퇴직은 하였으나 묘한 인연으로 마산 사람이 된 지 30년이 된 것 같다.

3·15의 고장 마산 시민이 된 것을 가장 자랑스럽게 생각하며 남은 여생도 마산인으로 보낼 것이다. 그리고 옛 전국 7대 도시의 영광을 되찾는 마산이 되었으면 하는 바람 또한 간절하다.

이태일 경상남도의회 의장

첫 번째 인연

언론계에 몸담기까지

허 정 도

　　　　　　　　　　마산시 회원동 500번지. 내가 태어난 곳이다. 빈민촌이었지만 부끄럽지 않은, 내 삶 전체에 축축이 젖어 있는 몸과 영혼의 고향이다. 부모님께서는 본래 진양군에 사셨는데 식민지 시대 일본에 계시다가 해방 후 귀환하여 마산에 정착, 나의 고향이 되었다.

　회원동 500번지는 일본군용 창고와 마구간이 있었던 곳. 해방 후 마산항을 통해 일본서 들이닥친 귀환자들이 거주하면서 큰 동네가 되었다. 일본에서 갑자기 밀려든 귀환 동포들의 문제가 사회 골칫거리가 되자 이를 패러디하여 우환동포라고도 불렀으니 나는 우환동포의 자식인 셈이다.

아직 젖을 먹어야 했던 때, 어머니는 용마맨션 자리에 있던 방직공장 노동자였다. 바냇들이라 불렀던 산호동. 그 휑한 들판을 가로질러 누이는 시간 맞춰 나를 업고 젖 먹이러 다녔다는, 칠흑 같은 어두움에 무서워 떨며 들판을 건넜다는 이야기를 들으면서 자랐다.

열 살경까지는 회원천 맑은 물이 나의 놀이터였다. 여름에는 물 안에서 피라미와 놀고, 겨울에는 물 위에서 썰매를 타며 놀았다. 처음 한번은 아버지가 만들어 주신 썰매를 탔고 그 뒤로는 내가 직접 만들어 탔다.

까까머리 십대 때도 북마산 지역 언저리를 크게 벗어나지 못했다. 봉화산 아래 대밭의 후드득거리는 바람 소리를 헤쳐 다녔고, 밤의 회원동 골목길에서 편을 갈라 연탄싸움을 하기도 했다. 간혹 마산의 다른 아이들처럼 산호동 갈대밭의 게도 잡고, 남성동 뱃머리에서 노래미를 낚고, 중앙동 앞바다에 잠수해 무언가를 건지기도 했다. 멀긴 했지만 봉암까지 나가 꼬시락을 낚은 적도 있고, 낙동호 타고 가포해수욕장에 가기도 했다. 하지만 무학산 밑 회원동에서 바닷가로 나가는 건 큰맘 먹어야 가능했던 일, 자주 있었던 이벤트는 아니었다. 자장면을 먹어본 게 고등학교 가서였으니 중학까지 나의 세계는 온통 회원동 교방동 석전동이었다.

고3에 취직이 되어 사회로 나왔다. 시청 옆에 있던 설계사무소였다. 임항선 철로를 따라 아침저녁 30분 걸어 출퇴근을 하면서, 생각했던 것만큼 마산이 넓지 않다는 것을 알았다. 출근길에 언뜻언뜻 보인 투명하고 건강한 바다가 아름다웠다.

70년대 중반, 나의 20대. 오래 전에 시작된 산업화가 이 도시에 사람을 넘치게 했지만 그에 따른 그림자도 짙었다. 퇴근 후 남는 시간에 YMCA운동을 했다. 강원용 목사의 크리스천 아카데미 교육을 받고 청년들을 조직한 것이 시작이었다. 남성동 창동 홍콩바를 누비며 많이도 놀았지만, 시대를 앞서가는 지식인의 삶과 정신을 배웠고, 때때로 무거운 주제에 가슴 끓이며 청년기를 소모시켰다. 직장과 학교가 구분되지 않는 대학생이기도 했다.

스물 넷에 남성동에서 아내 미라를 만나 밤늦은 가포의 모래밭을 걷고 백랑다방의 클래식에 묻혀 사랑에 빠진 곳도 마산이었고, 낡고 쪼그만 방을 꽃무늬 벽지로 도배해 신부를 맞은 곳도 마산이었다. 신혼살림을 시작한, 꼬불꼬불 긴 골목 끝의 작은 집은 아버지께서 손수 벽 쌓고 지붕 올려 지은 집이었다.

이사한 지 30년이 되었지만 낮은 양철지붕의 그 집과 좁은 골목을 지금도 잊지 못한다. 흙놀이에서 축구시합까지 가능했던 그 골목길은 내 기억에서 영원히 지울 수 없도록 박혀버린 사진. 전에는 컬러였는데 지금은 흑백으로 보인다. 일 년에 한두 번 남몰래 가보는데 머지않아 재개발로 사라질 거라니.

80년, 건축사가 되고 이듬해 사무소를 내었다. 시민극장 건너편

영남안경원 3층, 마산의 중심지에 자리를 잡고 건축에 몰두했다. 생동하는 도시의 젊은 건축가였다. 이 땅의 모든 젊은이들처럼 나 역시 시대를 한탄하며 현실과 충돌도 했지만 건축의 끈을 놓지는 않았다.

 80년대 말, 서울 마포구 망원동 지하 단칸방 화재로 너덧 살 난 두 아이가 질식해 숨진 사건이 발생했다. 맞벌이 부모가 일 나가며 밖에서 문을 잠근 게 화근이었다. 온 사회가 벌집을 쑤신 듯 시끄러웠고 내가 받은 충격도 컸다. '사람을 위해 존재해야 할 건축'에 대한 회의와 번민이 밀물처럼 쏠려왔다. '무엇을 위해 건축을 하는가'라는 질문을 수없이 했다.

 그 끝에, 기존의 재개발 방식과 달리 세입자도 입주 가능한 방법을 연구해 보기로 했다. 집을 지어주지는 못하지만 집을 가질 수 있는 방법이라도 제시해보자는 생각이었다. 대상지역은 내가 태어난 '회원동 500번지'로 정했다.

 거실을 작업실로 바꾼 일 년 후 '세입자 입주 가능한 재개발'을 주제로 단행본을 출간했다. 지금은 모든 정보가 공개되지만 당시는 주택정책에 대한 자료를 구하는 것조차 쉽지 않았다. 하지만 결과는 좋았다. 기존의 방법과 전혀 다른 재개발이라 언론의 관심도 높았다. 비매품이라 구입할 수 없으니 보내달라는 요청을 여러 곳에서 받았다. 당시 국회의원이던 노무현 전 대통령은 보좌관을 내려 보내 설명을 듣기도 했다. 자신의 지역구인 부산에서 직접 이 방식을 시행해 보겠다는 말을 들었다. 이 작업을 통해, 마산의 가난한 사람들이 경제적으로 어떤 여건에 있으며, 집 없는 사람의 절절한 심정이 어떤 정도인지 속속들이 알게 되었다.

90년대, 문민정부가 들어서면서 정권교체를 목적했던 민주화운동은 시민주권을 목적하는 시민운동으로 대체되었다. 사람들은 자신의 권리를 주장했고, 그 과정에서 도시환경문제를 둘러싼 지역사회의 갈등과 충돌이 빈번히 발생했다. 그럴 때마다 나는 건축가로서의 입장과 판단을 요구받았고, 어쩔 수 없이 시민들 앞에서 견해를 밝히는 횟수도 많아졌다.

도시문제는 대부분 경제적 이해관계가 얽힌다. 따라서 도시문제에 대응하는 시민운동은 칭찬과 응원을 받기도 하지만 질시와 공격도 받는다. 때문에 말 한 마디 행동 하나가 조심스럽다.

사람들 앞에 자주 서게 되면서, 합리적인 비판과 대안제시를 위해 마산도시를 더 알아야겠다고 마음먹었다. 내가 연구자로서 마산과 인연을 맺게 된 첫 이유이기도 하다. 하지만 건축가라는 한계 때문에 결과를 확신하지 못한 채 시작하였다.

개인적인 연구보다는 대학원이 좋겠다고 마음먹었고, 논문은 마산도시의 형성과정을 통시할 수 있는 쪽으로 가닥을 잡았다. 도시의 생성과 변천과정을 알아야 이 도시의 미래 발전방향을 바로잡을 수 있을 뿐 아니라 도시연구도 다양해질 것이라는 판단 때문이었다.

우선 마산도시에 관한 자료들을 찾기 시작했다. 대학, 공공기관, 개인, 국외 등에 소장되어 있던 자료 대부분을 모아 읽고 정리했다.

이 과정에서 숨겨져 있던 많은 자료가 발굴되었고 일부 왜곡된 사실이 바로잡히기도 했다.

이 작업 중, 옛 마산포의 원형을 복원한 부분은 매우 흥미로운 것이어서 역사학자들에게도 관심을 많이 끌었다. 세계역사학회가 주관한 학술대회에 내놓았는데 옥스퍼드와 동경대에서 참석한 석학들이 내 발표장에 와서 질문하는 등 깊은 관심을 보였다. 공학도인 나로서는 새롭고 흥미로운 경험이었다.

이 복원을 통해, 지금은 시내 한복판이 된 마산포의 천연 해안선을 찾아내었고, 그 해안에 있던 네 개의 선창과 동서 두 개의 굴강, 그리고 수백 년 동안 이용되었던 좁은 골목길들을 정확히 밝혔다. 또한 그것들이 현재 마산도시 어디에 어떤 형태로 존재하고 있는가도 알게 되었다. 언젠가는 이 자료들이 마산의 관광문화산업 등에 활용되리라.

97년 초에 시작된 나의 마산도시연구 작업은 2002년 말까지 꼬박 만 6년이 걸렸다. 5년 동안 자료 수집과 읽기에 몰두했으며 마지막 1년 동안 분석하여 집필하였다. 집필기에는 출근도 않고 틀어박혀 몇 달씩 몰두하기도 했다. 석사논문도 마산의 도시색채가 주제였으니 그 2년 반 포함하여 모두 8년 반, 나의 40대는 마산도시와 함께 흘러갔다.

이 밖에도 '건축과 도시'라는 주제로 '나와 마산과의 인연'은 깊다. 이 도시를 대상으로 최초의 박사논문을 썼다는 것 외에, 대한민국건축대전 초대작가로 선정돼 예술의 전당에서 두 번 전시한 작품이 마산의 '월영동 해방촌'과 '회원동 수재민촌' 계획안이었고, 논문 11편과 저서 3권의 주제도 모두 마산의 도시였다. '한국은행 터 공원 만들기'와 '도시 경관 지키기' 등 이 도시를 위한 시민운동도 전개하였다.

50이 되었을 즈음, 건축과 도시의 실무를 하면서 대학에서 학생을 가르치고 시간 나는 대로 시민운동도 하며 바쁘게 지냈다. 돌이켜 보아도 만족한 생활이었다.

이때 마산문화방송의 제의로 라디오 방송의 진행을 맡게 되었다. '사람 사람들'이라는 꽤 알려진 프로그램으로 매일 저녁 방송되었다. 남 다른 삶을 사는 분들을 스튜디오에 모셔 이야기를 나누었는데 이 역시 대부분 마산 사람의 살아가는 이야기였다.

그러던 중 경남도민 6천여 명이 주주로 참여한 경남도민일보의 대표이사 사장이 되었다. 예상치 못했던 일이다.

뉴스를 파는 언론사의 대표는 취재지역의 사정과 정보를 다양하게 알게 된다. 보는 것만큼 알고 아는 것만큼 느낀다고, 볼수록 이 도시를 더 알게 되고 알아 갈수록 애정과 연민은 더 깊어진다.

마산과의 인연을 말하기 위해 지금까지 한 번도 공개하지 않았던 나의 사생활 일부를 밝혔다. 이 글을 쓰면서, 출생 이후 지금까지의 나의 궤적은 전부 이 도시 속에 찍혀 있다는 사실을 새삼 확인하였다.

건축공부를 위해 잠시 떠났던 것 외에 한 번도 벗어난 적 없는 이 도시와 나의 인연. 거리에 나서면 여러 사람들과 수인사를 나누고 손님이 드는 주점에라도 가면 지인 두어 명은 쉽게 만나는, 정말 몸을 맡겨 사랑하지 않을 수 없는 도시다.

'아이들도 마산에서 살았으면 좋겠어, 복잡하고 공기 나쁜 서울에 비해 마산이 얼마나 좋아' 라고 말하는 아내.

언론사에서 일하리라 예측하지 못했듯이 앞으로의 인생도 예측하지 못한다. 다만 한 가지 예측 가능한 것이 있다면 내가 계속 마산에서 살아갈 것이라는 사실이다.

허정도 건축가 · 경남도민일보 대표이사 사장

첫 번째 인연

신상철 선생님 생각

김 억 규

　　　　　　　　나는 수험번호 439번을 달고 용마고에 입학했다. 1962년, 당시만 하더라도 유일한 교통수단은 창원, 마산 간의 기차였다. 기차를 타면서 통학했고 학창 시절 가장 기억에 남는 스승을 꼽으라면 1학년 3반의 담임이셨던 신상철 선생님이었다.

　그분은 체구가 크고 자신감이 넘치면서 분명한 언어구사로 둥근 안경을 쓰신 신언서판身言書判을 갖춘 스승이었다. 쉬는 시간에 서울대학교 재학 중 힘들었던 자취 생활의 아름다운 추억을 말씀하시며 우리를 감동시켰다. 졸음을 쫓기 위하여 얼음을 수건에 싸서 견디었다는 말씀을 들으면서 어쩜 서울 구경도 한번 하지 못한 우리들로서는 동경의 대상이었다.

그리고 국어 시간에 〈굴〉이란 수필을 직접 읽어주셨다. 진해 웅동이 고향이어서 장복터널을 다니면서 쓰신 아름답고 꾸밈없는 문장에 우리는 감동하였다.

선생님은 27세 나이로 어느 봄날에 결혼하신 것을 나는 기억하고 있다. 세월이 훌쩍 넘어 39회 기별 회장을 맡으면서 동창회 회지 발간을 위하여 경남대학교 사범대학장으로 계신 선생님을 20년 만에 찾아뵈었다. 황소 웃음으로 나를 반겼다.

원고를 부탁해도 귀찮은 내색 없이 승낙하셨다. 친구 딸 결혼식 날 여성회관 식장에서 주례를 서신 선생님을 모시고 동기들과의 즐거웠던 시간을 가졌던 기억이 난다.

그러던 어느 날 식당에서 우연히 선생님과 만났다. 선생님의 일행 분과 같이 술을 권하면서 나의 수필집 원고를 검토해 달라고 부탁드렸다. 첫마디에 쾌히 승낙하셨다. 여러 번 만나면서 선생님의 많은 가르침과 사랑에 감사한 마음이 가득했다. 문학 박사님께 '애송이 같은 나의 글이 어떻게 비칠까, 아니야 제자로서 너그러이 이해하실 거야' 나는 궁금하고 부끄럽고 후회가 되었다.

"선생님, 책을 엮어서 출간하면 남한테 웃음거리가 되지 않겠습니까?"

"아니야 괜찮아, 진솔하고 아주 좋아. 단 제목을 바꾸는 건 어때?

'우리는 누구인가'를 '광야를 꿈꾸며'가 더 좋지 않겠어."

"네, 그렇게 하겠습니다."

그 이후 선생님과 나는 도서출판 경남에서 여러 번 교정을 거쳐서 책을 출간했다. 대표님으로 계시는 오하룡 시인님의 묵묵한 지원 아래 40년이 지난 사제지간의 인간애가 확인되었다. 선생님의 추천으로 마산문인협회 모임에도 가입하였다.

2005년 10월 15일. 선생님의 권유로 《한국문인》 수필부문으로 등단하였다. 선생님은 고희古稀를 기념하기 위해 《생활 속의 이 생각 저 생각》을 출간하였다. 예감이랄까. 이 책이 내 생애 마지막이 될 책일 수도 있다고 선생님은 말씀하셨다. 그 이후 선생님은 어느 모임에서 약주를 과음하시고 쓰러지신 후 병석에 누워 계신다.

2007년 2월 5일. 입춘에 서울서 분당선을 타고 미금역에 내려서 보와서 기념병원 604호 노인병동에 문안 갔다. 선생님을 휠체어에 모시고 일층 매점에서 드시고 싶은 것을 말씀하시라 했다. 귤, 딸기잼, 초콜릿을 가리켰다. 스푼으로 딸기잼을 입 안에 떠넣어 드리면서 빙그레 웃는 선생님의 미소는 천진난만한 아이와 같았다.

"기분이 어떠세요."

밝게 웃으며 고개를 끄덕하였다. 메모지와 팬을 드리면서 나의 이름을 쓰라고 하니까 '김억규 고맙다'라는 비뚤한 글귀가 눈에 선하다.

황혼이 질 무렵 간병사 연변 아줌마의 부탁으로 양말과 모자 필수품을 사서 맡기고, 드시고 싶은 것을 사드리라고 흰 봉투를 서랍에 넣고 이별하였다.

저녁, 노을이 붉게 물든 차창 밖의 먼 산마루에 봄은 소리 없이 찾아오고 있었다. 때 묻지 않은 천진하고 순박하면서 권력에 초연한 선생님의 주옥같은 글이 떠올랐다.

〈소리 없는 나팔수〉라는 우연한 자리에서 친구 분의 경험담에서 들은 이야기를 꾸민 아름다운 글이 생각났다. 군악대의 행사에 서무과에 근무하는 병사가 결원을 채우기 위하여 소리가 안 나는 무성 나팔을 불었다는 이야기였다.

역사란 좋은 의미든 나쁜 의미든 간에 특별한 몇몇 사람에 의해 창조되고 변혁되지만 평범한 대부분의 대중에 의해 유지되고 지탱되는 것이다. 신문에 나가지 않고 역사에 기록되지도 않는 그런 평범한 사람들 가운데 오히려 위대하고 훌륭한 사람이 더 많이 있을 수 있다.

수필집 《소리 없는 나팔수》 중에서 어느 해 겨울, 26세 되던 해에 선생님은 술을 마시고 연탄아궁이 쪽으로 머리를 두고 잠을 잤다. 꿈길에서 아버지가 나타나시어 "애야, 빨리 일어나라. 자고 있을 때가 아니다. 빨리 일어나, 빨리!" 아버지의 현몽으로 생명을 건졌다는 이야기였다.

20년 전에 돌아가셔서 그 혼령이 기진맥진할 터인데, 사력을 다해 죽어가는 자식을 구하기 위해 애통해 하실 아내를 절망시키지 않게 하려고 내 잠자는 방까지 와서 다급하게 깨우신 것이다. 아들이 죽어

가는 마당에 황급히 나타나시어 불러 깨우신 것은 내 잠재의식 속에 아버지의 다급한 부르심을 갈구하고 있었던 것일까? 아니면 저승에서 배회하시던 아버지의 혼령이 나타나시어 죽음의 미궁에서 가쁜 숨을 몰아쉬는 아들을 구하기 위해 다급하게 부르신 것일까?

  아무래도 꿈은 확답이 나오지 않는 불가사의한 일에 속하는 것인지 모를 일이다. 아버지의 현몽 중에서 젊은이들과 같이 백두산 천지의 푸른 물결을 보았다고 자랑하시던 그때의 웃는 선생님의 모습이 새삼 그리워진다.

  서문에 담긴 사제지간의 아름다운 휴머니티가 영원하기를 바라면서 선생님의 빠른 쾌유를 기도 드린다.

—무더위 속 어느 하루에

김억규 수필가 · 마산문협 회원

첫 번째 인연

그때 그 시절의 마산
― 마산문화방송 전기 시공도 하고

강 수 찬

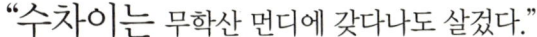

"수차이는 무학산 먼디에 갖다나도 살겄다."
칭찬은 고래도 춤을 춘다더니 농사꾼의 6남매 중에 둘째로 태어나 농사일을 거들면서 부친으로부터 한두 번 들은 이야기다. 유연성이 없을 것 같은 전기기술자가 무학산의 서마지기보다 넓은 문학 동네에서 조그만 글밭을 일구며 살아갈 것을 예견이라도 한 느낌이다. 인연의 그릇에 추억을 담을 수 있다는 것은 참 고마운 일이다.

무학산 골짜기에서 조금씩 흘러내린 물은 내가 태어나서 자란 완월폭포 부근에서 불어나 마산시청 옆으로 흘러 커다란 장군천을 이루었다. 상류의 맑은 물에는 가재와 송사리도 많이 놀았다. 어린 시절에는 돌멩이와 풀무더기로 방축을 쌓아서 입술이 시퍼렇도록 멱을 감고 놀았다. 지치고 배가 고프면 가재도 구워먹고, 근처의 언덕배기에는 계절 따라 만나는 진달래나 아카시아 꽃과 산딸기 등 허기를 달래는 간식거리가 지천이었다. 집에서 완월초등학교까지 좁은 골목길로 걸어서 다녔던 장군천 주변은 즐거운 놀이터였다.

60년대 후반의 마산의 경제는 어시장이 북적거렸고 수출자유지역의 조성으로 상공업이 활발하여 전국 7대 도시라고 자랑하였다. 대기업으로는 한일합섬과 한국철강이나 요업센타(지금의 대림요업)가 차관을 들여와서 공장을 세우고 있었다. 봉암동의 갈대밭과 수원지를 지나는 좁은 길을 달리는 통근버스에 몸을 싣고 요업센타에 출퇴근을 하였다. 봉암다리 아래의 갯벌에는 꼬시락을 파는 횟집들이 바다 위에 여러 채가 성업 중이었다. 노를 젓는 어선들과 갈매기가 어우러진 어촌 마을이었다. 진해로 가는 국도 2호선의 비포장도로 양쪽의 포도밭에는 늘 먼지가 자욱하게 쌓여 있었다.

풍부한 고령토를 생산하여 타일과 위생도기를 수출하기 위해 군사정부가 야심차게 공장을 건설하였다. 도자기 기술과 기계공업이 발달한 이탈리아와 독일에서 장비를 설치하기 위해 외국 기술자들이 많이 와 있었다. 짧은 외국어 솜씨로는 손짓과 발짓을 다 동원해야만 의사소통이 가능하였다. 가끔 그들이 신촌 동네를 다녀와서는 "홧 이저 꼬쟁이"라며 화를 내곤 하였다. 아마도 마을에 어린아이들이 어색한 눈으로 서양인을 따라다니며 "코쟁이"라고 놀리는 것이 욕설로 들렸던 모양이었다. 지금의 글로벌 세대와는 격세지감이다.

 진학의 욕구와 때를 맞추어서 경남대학에 병설공업전문대학이 신설되어 기존의 완월 캠퍼스에 야간근무를 하며 학교를 다닐 수 있었다. 또 다른 욕심으로 전기의 고시라고 일컫는 전기주임기술자 자격시험에도 도전하였다. 기술자로서의 자질을 검증받는 것으로 역시, 첫해에는 낙방의 고배를 마셨다. 미쳐야만 된다는 각오로 하루에 잠자고 근무하는 시간을 제하고는 책과 씨름을 하였다. 한여름 무더위에는 엉덩이에 물집이 생기는 것도 경험하였다. 이듬해에 전문대학 학력과 자격증으로 경남방송에 공채 1기로 입사를 하게 되었다.

 지금이야 지방마다 언어가 많이 순화된 것 같지만, 그 당시 나의 투박한 경상도 사투리가 서울이나 전국에서 스카우트로 채용된 기성 방송인과의 대화에는 소통이 힘들 정도였다. 조급한 마음으로 불쑥한 마디씩 내뱉는 대화는 상대방을 어색하게 만들었다. 한참 후에 본인이 해설까지 해서 설득을 시킨 뒤에야 한바탕 폭소가 터지는 경우가 허다하였다. 유독 목청도 높고 악센트도 강한 나로서는 오랫동안 놀림감으로 화제의 인물이 되었다.

 기존 건물의 1층과 2층은 경남신문사가 사용하였고 3층과 4층은 라디오 방송국이 있었다. 5층과 6층을 증설하여 텔레비전 방송을 위한 스튜디오와 주조정실을 만들었다. 일본에서 도입한 방송기기를 설치하여 1972년 10월 5일에 지방에서는 처음으로 텔레비전 방송의 전파를 송출하였다.

  난생 첫 직장이었던 전기공사 업체와 마산문화방송이 소재한 서성동은 내 삶의 추억만큼이나 마산 사람들의 사연과 애환이 서려 있는 곳이다. 사옥 건너에는 시외버스터미널이 있었고 3·15회관과 의거기념탑도 가까이 있었다. 마산에서 가장 높은 6층 건물은 안테나 타워가 높이 솟은 종합방송센터로서의 위용을 자랑하였다. 그 시절 청춘 남녀들 만남의 상징이었던 청자다방이 지하에 있었다. 젊음의 욕구를 발산할 수 있는 신포 체육관도 가까이 있었다.

  마산문화방송에서 근무하였던 1972년 8월부터 1983년 12월까지의 11년은 나에게는 가장 왕성한 변화의 계절이었다. 신혼의 단꿈에서 깨어나기도 전에 3교대 근무의 낮 시간을 안일하게 보낼 수가 없어 부업을 시작하였다. 방이 하나 딸린 점포는 북마산 파출소에서 오동동까지 연결되는 술집거리의 굴다리 위에 있었다. 이웃에는 돌 공장이 있어서 소음도 많았다. 안채는 방이 여러 개가 있었다. 술집 아가씨들은 늦은 밤이나 새벽에 귀가를 하였다. 술을 얼마나 먹었는지 공동으로 사용하는 변소에서 토하는 비위생적인 소리로 잠을 설칠 때도 많았다.

  내가 회사에서 야간 근무를 하는 날이면 나무에다 양철을 붙여 만든 무거운 여닫이문을 열고 닫는 일은 아내의 몫이었다. 백열등이나 형광등은 전구가 나가면 급하게 필요한 물건이지만 일일이 상태를 확인해야만 한다. 실업계 고등학교와 공과대학에서 소모하는 실습용

재료도 납품하였다. 백 개가 넘는 마산수출자유지역의 공장들이 가동을 하면서 70년대 말 마산의 경제는 초호황을 누렸다.

대부분이 일본 회사였던 수출지역에는 관리자의 신뢰만 얻게 되면 물량을 확보하는 데는 별 문제가 없었다. 그 시절에는 전기 자재나 설비가 좋지 않았다. 옥상에 있는 전기 시설물이 맑은 날에는 이상이 없었다. 해풍이 불면 염분이 녹으면서 전기가 통하는 현상으로 정전이 되었다. 전기가 끊어져 작업을 중단하는 사태가 일어날 때마다 "전기는 귀신 같다"라며 쓴웃음을 지었다. 덕분에 그 회사와 오래도록 거래를 유지할 수 있었다.

점차 공사물량이 많아지면서 신용을 계속 유지하려면 사업이나 직장생활 중에 하나를 선택해야만 했다. 너무 실리적으로만 살아온 자신이 동료들에게 미안하여 회사를 그만두기로 하였다. 새롭게 다짐한 돈벌이에는 세상은 생각만큼 호락호락하지 않았다. 밑바닥부터 다져 온 사회생활이지만 건설업의 생리를 파악하는데 어려움이 많았다. 거래처의 부도와 안전사고, 노사 간의 원만한 협력이나 동업자 간의 출혈경쟁 등, 어느 것 하나도 만만한 것이 없었다.

마산문화방송의 현재의 양덕동 신축사옥은 경남종합건설에 일괄도급으로 건설하였다. 어떻게 해서라도 친정집의 전기공사만은 해야겠다는 상징성 때문에 원가 계산은 차치하고 하도급으로 무사히 시공을 하였다. 대부분의 공종이 마찬가지로 손해를 보았다. 준공하는 날에 받은 감사패는 꽤 비싼 것이었다. 가끔, 구릿빛 사옥을 볼 때마다 물질적인 손실보다는 일을 했다는 보람이 더 큰 비중으로 마음속에 남아 있다.

    전기 공사업을 시작한 지 어언 30년의 세월이 흘렀다. 그동안 사회생활을 하면서 얻은 경험을 이제 문학나무에 접목을 하였다. 맛있는 열매를 얻기 위해서는 많은 노력이 필요할 것 같다. 지금은 고향을 떠나 가까운 진해에서 둥지를 틀었다. 형제와 친구들과 언제라도 함께 어울리며 살아가는 마산은 내 삶의 젖줄이다.

강수찬 수필가 · (주)문화 대표이사

첫 번째 인연

마산과의
인연·3

격동기 마산 건설의 책무를 다하다
― 수출자유지역 만들고 삼역 통합의 주역일 때

황 태 조

인연이란 말은 원래 불가에서 나온 말인 성싶다. 인因은 연줄을 의미하고 연緣은 맺음을 뜻하니 윤회설과도 무관하지 않을 것이다. 돌이켜보면 사람이 살아가는 데는 어떠한 정해진 길이 미리 예약되어 있는 것 같다. 옛날 젊었을 때 들었던 노랫가락이 생각난다. 특히 피난민들이 많이 불렀던 것 같다. '고향이 따로 있나 정들면 고향이지'라고.

1927년 8월 2일 나는 사천군 곤양면의 작은 시골마을에서 태어났다. 내 어린 시절 우리 농촌은 어디나 참으로 궁핍이 심했다. 춘궁기가 되면 먹을 것이 모자라 무엇이든 먹을 것이면 닥치는 대로 구해 배를 채웠다. 변변한 놀이기구가 있을 턱이 없었다. 축구공이 없어 소 주둥이를 막는 망태기(새끼줄로 만든 소의 마스크)에 짚을 채워 단단하게 하여 차고 놀았다. 대부분 검은 고무신을 신을 때라 공을 차면 공보다 고무신짝이 더 멀리 날아가는 웃지 못할 일이 많았다.

어쩌다 돼지를 잡아먹는 마을 잔칫날이면 돼지오줌통에 바람을 넣어 배구를 하였으니 당시 시골 생활은 요즘 젊은이들은 상상도 하기 어려울 만큼 형편없는 환경이었다. 제대로 된 놀이 공간이라야 곤양초등학교 운동장에서 노는 것이 전부였다. 그러나 그 놀이도 마음대로 할 수 없었다. 열심히 뛰어놀면 배가 빨리 꺼진다고 어른들이 놀지 못하게 만류하는 정도였으니 말이다. 그래도 지금 생각하면 그때가 그리우니 웬일일까.

1950년, 6·25사변이 일어나던 해 나는 결혼(아내 정윤선)을 하였다. 시골 생활이 어려운데다 전쟁까지 겹치니 고향을 위해 무언가를 하겠다는 꿈을 가지고 있던 나는 그 꿈을 접을 수밖에 없었다. 마침 마산에서 공무원 공채시험이 있었다. 1953년 나는 공무원 배지를 달고 마산으로 나왔다. 이것이 60여 년 마산과의 인연의 시작이었다. 완월동 골짜기 갯가 옆에 월세로 보금자리를 마련하였다.

지금은 계획적으로 개발되어 고급주택이 즐비하게 들어섰으나 그때는 비가 오면 벼랑 끝에 선 집들이 떠내려갈까봐 걱정이었고 계곡에 흐르는 물소리가 정겨운 게 아니라 위협의 비명처럼 들렸었다. 그러나 이곳은 시청에서 가까워 밤중이라도 호출하면 출근하기가 좋은 위치였다. 당시 공무원은 박봉이었으나 일은 엄청나게 많아 제시간의 퇴근은 생각할 수도 없었고 아무 때나 불려 나갈 때가 많았다. 또 하나 이 지역에 사는 이점은 당시 인기 있던 백색전화기를 설치할 수 있다는 점이었다.

당시 중앙동(시청 옆)에는 귀환동포(우환동포라 부르기도 하였음) 수백 가구가 들어서 있었고 댓거리(지금 경남대 밑)와 추산동에는 피난민 수용소가 빽빽이 들어서고 수십 곳의 고아원까지 생겼다. 당시 우리나라는 1·4후퇴를 겪었고 낙동강 방어선도 극심한 공방을 겪은 뒤라 마산시청의 형편 또한 넉넉할 리 없었다. 공무원의 형편인들 여유가 있을 리 없었다. 그런 가운데서도 마산은 어느 곳보다 발전의 속도가 빨랐다. 일본과의 교류로 기계공업이 급속도로 발전한데다 좋은 수질과 온화한 기후 덕분으로 주류공장과 간장 공장이 성업하여 한때는 전국 7대 도시에 들어가기도 하였다.

어느 해던가 마산시장에 박영두 씨가 취임하였다. 당시 인구가 15만이 되어야 시로 유지할 수 있었는데 미달되었다. 그 숫자를 채우기 위해 온 시민이 혼연일체가 되어 애쓰던 생각이 난다. 지금은 고인이 되었지만 집사람에게 너무 미안하다. 1970년 1월 1일자로 수출자유지역 설치법이 법률 제2180호로 제정 공포되고 동년 2월 27일 시행령(대통령령 제4682호)이 공포되었다. 당시 필자는 기획부서에서 이 일을 맡아 뛰고 있었다. 먼동이 틀 때부터 봉암동 갯벌(지금 자유무역지역)에 나가야 했고 해가 져서야 본청에 돌아와 잔무를 처리하다 보면 언제나 자정이 넘어서야 귀가하였다. 그러다보니 집에 쌀이 있는지 없는지 애들을 어떻게 키우는지 전혀 몰랐다. 그 일은 전부 집사람 몫이었다.

훗날 들은 얘기지만 집사람은 땔감이 없어 마산고등학교 뒷산(당시 공동묘지)에 올라가 갈비(솔잎)를 손으로 긁어모아 만들어 머리에 이고(큰애는 걸리고 작은애는 업고) 내려온 일이 한두 번이 아니었다고 하였다. 그 일을 생각하면 지금도 죽은 아내에게 미안하기 그지없다. 그때 필자의 머리에는 어떻게 하면 마산을 좀더 빨리 발전시킬 수 있을까 온통 그 생각뿐이어서 가족을 돌보고 생각할 여유가 없었다. 각고의 노력 끝에 드디어 1971년 2월에 표준공장 1동이 착공되었다. 그리고 동년 3월에 1호 공장의 가동에 들어갔다. 그때의 감동을 어떻게 필설로 표현할 수 있으랴.

당시 양덕동에는 육군8기지창이 있었다. 그것을 불하받기 위하여 동분서주하던 기억도 난다. 그 불하받은 땅의 일부는 안전기획부(당시 중앙정보부 경남분실)가 사용하기는 하였으나 보람 있는 일이었다. 이어 삼역통합사업(당시의 신마산 구마산 북마산 역)도 필자가 맡은 일이었다. 이런 일들의 성공적인 처리로 하여 필자는 마산시 기획실장에서 도청 상공과장으로 영전하는 계기가 된 듯하다.

그런 와중에서도 네 아들은 훌륭하게 성장하였다. 잘 자라준 장남 부곤, 차남 명곤, 삼남 영곤, 막내 정곤에게 감사한다. 그들 밑에서 손자손녀를 8명이나 얻었다. 생각하면 지난날이 주마등처럼 스쳐간다. 공직자는 누구나 마찬가지겠지만 현실에 안주하지 않고 비전을 가지고 맡은 바 책무에 최선을 다하면 그 결과는 분명히 돌아온다는 사실은 40년 넘게 수행한 공직에서 얻은 교훈이다. 훗날 함안·김해·삼천포 부군수, 창녕군수를 거칠 때 잠시 마산을 떠났지만 다시 마산부시장으로 돌아와 근무하고 다시 도 민방위국장, 의창군수로서 지자체단체장을 마무리하고 지적공사 경남지사장으로 잠시 외도를 하고 공직을 마감할 때까지 생활터전은 마산을 떠나지 않았다.

마산은 한마디로 내 젊음과 내 지성과 감성까지 몽땅 쏟아 부은 곳인 것이다. 70년대 후반 수출자유지역이 조성되고 한일합섬이 유치되어 전성기를 누릴 때는 전국의 젊은 남녀들이 직장을 얻기 위해 마산에 물밀듯 모여들기도 하였다. 그때 산호공원에 올라가 내려다보면 퇴근시간이면 울긋불긋 입고 나오는 젊은 남녀의 옷 색깔이 그런 장관일 수가 없었다. 이들의 활기찬 모습은 쳐다보고만 있어도 흐뭇한 감정을 어쩌지 못했다. 그것이 마산이 전국 7대 도시에 도약하는 기틀이 되었고 마산발전의 원동력이 되었음은 다 아는 사실이다.

내 가족에게는 다소 미안한 감이 있으나 내 젊은 날을 후회하지는 않는다. 돌이켜보니 참으로 세월이 빠름을 느낀다. 시장 사택(당시 시장 사택은 월남동에 있었음)에 불려가 수출자유지역 조성이 늦다며 칠책을 받고는 연애다리(월포동 벚꽃거리)에 걸터앉아 소주를 마시면서 공무원이 된 것을 후회했을 때도 있었다.

1974년 8월 수출 1억불 실적을 달성하고 오동동 감나무 집에서 벌어진 축하파티는 지금 생각해도 흐뭇하다. 산호동의 산호장 요정(지금 제주복집)에는 아가씨들이 200여 명이나 들끓을 적도 있었다. 그 집에서 박대통령이 술잔을 기울이기도 하였다. 박대통령은 진일기계공장에 들러 자동차공장을 해볼 것을 권유하기도 하였다. 그만큼 마산은 기계공장의 요람이기도 하였다.

낭만의 도시요 예술의 도시이던 마산이 최근에 이르러 침체에 들어가 안타깝다. 로봇랜드 유치사업도 성공하고 조선공업 등 유망산업 유치도 성과를 이루어 마산이 옛 명성을 되찾아 잘사는 도시 큰 도시 마산이 되었으면 하는 마음 간절하다. 필자는 마산에서 60여 년을 살았다. 여생도 여기서 마감할 것이다.

황태조 전 마산부시장, 의창군수

첫 번째 인연

미더덕에 발목 잡힌 세월
―내가 마산에 사는 이유

공 영 해

1. 마산은 어디 있는가

　는개가 촉촉이 내리고 있던 1975년 6월 어느 날이었다. 제일여고에서 가나안 농군학교 김용기 장로의 강연을 듣고 나오던 길이었다. 안개의 띠를 두른 무학산과 비에 젖고 있는 돝섬의 풍광이 작정을 하고 나의 발목을 잡았다. 한 폭의 수묵담채화가 저리 아름다울까. 비에 젖고 있으되 다 젖지 않고 섬을 풀어 놓고 있는 바다와 안개에 묻혀 있으되 봉우리를 의연히 내놓고 있는 무학산은 벌써부터 나를 만나기 위해 그렇게 기다리고 있었음에 틀림없었다.

　나는 몸이 젖고 있는 것도 잊은 채 한동안 우뚝 서서 산과 바다의 은밀한 유혹에 빠져 들고 있었다. 네 고향은 마산이다. 떠나지 말아라. 이곳이 네 영혼의 집이다. 낯섦에 대한 거부감으로 꽁꽁 닫아 건 내 마음의 빗장을 그들은 쉽게 풀고 들어와 자리를 잡고 있었다. 내 가슴속은 금세 합포만의 미역빛 바닷물과 야생마처럼 힘차게 내닫는 무학산의 기상으로 설레기 시작했다. 나는 그렇게 허물어지고 있었다.

　마산에 온 지 석 달이 지나도록 나는 마산을 찾지 않았었다. 마산은 이미 초등학교 시절부터 익히 들어온 지명이었다. 그곳은 아름다운 항구 도시이며 의거의 도시였다. 대학 시절 통영 가는 길에 잠깐 만나 본 신포동 앞바다는 나를 설레게 할 만한 곳이 못되었다. 아름다움과는 너무 거리가 먼 바다였다. 3·15탑과 분수로터리에 대한 기억은 관념 이상의 것이 아니었다. 우연히 지도교수님께서 마산에 신설 사립학교가 있으니 자네 한 번 이력서를 내 보지 않겠느냐는 권고를 받아들인 것은, 한일합섬과 마산자유수출지역이 있어 70년대 산업사회로의 이행 과정에서 많은 유동 인구가 유입되는 탓으로 근대 자본의 공업화 과정에서 빚어지는 소시민들의 삶의 다양성을 취재할 목적에서였다. 나는 당시 소설의 소재 찾기에 목말라 있었다. 이력서를 내었고 채용이 되었다.

　학교는, 바다를 볼 수 없는, 도심과는 한참 거리인 창원 쪽에 있었다. 내 이름자에 바다(海)가 붙어 있어 바다와의 만남을 필연이거니 하였었다. 바다와 함께할 수 없어 실망스러웠다. 갈등했다. 시내에 나갔다가 돌아오는 일도 차편이 불편하여 쉽지 않았다. 병아리 선생이라 교단생활도 몸에 익지 않았다. 소계동 북면막걸리집이 나를 찾았으나 뜨내기 선배들의 키재기식 영웅담에 식상하여 차라리 그냥 권태를 씹기로 했다. 글 한 편 써 보겠다던 처음의 각오는 접어 두기로 했다. 정 붙일 곳이 없어 잠시 머물다가 곧 떠날 작정이었다. 마음이 겉돌고 있었기 때문이다. 그 석 달이 지나도록 나는 마산을 알지 못했다. 마산은 추상의 도시였고 나를 받아 줄 준비가 되어 있지 않았다.

나는 는개에 옷이 푹 젖어도 좋았다. 합승도 그냥 보내고 문화동 그 긴 계단을 걸어내려 바다로 가고 있었다. 내 안에 들어온 바다가 서서히 파도 치고 있었다. 물은 맑았고 내 이름자의 바다가 마침내 섬에 닿아 정박의 닻을 내리는가 보았다. 그날 나는 바다와 무학산을 만나지 말았어야 했다. 그 한 번의 만남은 나로 하여금 가난한 과거와의 인연을 단절토록 했고 활황의 젊은 도시 마산과 짜릿한 연애를 하도록 했으니 말이다.

나는 마산의 품안으로 몸을 던졌다. 도시는 이미 나를 수용하고 있었다. 내가 마산을 찾기 시작하자 도시는 내 눈과 귀부터 틔워 주었다. 마산은 확실히 아름답고 활기찬 신생의 도시였다. 어말이 강한 말투는 낯설었지만 맺고 끊음이 분명하여 정이 갔다. 그 말투는 애향을 잇는 고리였다. 나는 말씨부터 바꾸어갔다. 나의 마산 탐험은 이제부터 시작이었다. 사람 사는 마산의 정을 양지와 그늘을 두루 찾아 헤맸다.

 어시장의 좌판에서 만난 비리도록 싱싱한 아침. 김밥 한 줄로 교방천을 따라 서마지기를 거쳐 오른 무학산의 기지개, 거기서 종일 만난 숨 쉬는 바다와 일어서는 도시. 학봉과 중봉의 가파른 산행을 통해 깨달은 무학산의 진경. 서원곡 관해정에서 무상으로 얻은 최치원의 숨결. 완월폭포에 만난 아낙들의 불심, 만날고개 넘어 확인한 내 씨족의 뿌리―고려 말 귀화한 회원군檜原君 소昭 할아버지의 묘역. 왜간장으로 기억되는 몽고정. 산호공원에서 바라본 숨막힐 듯 어깨를 맞댄 산호동 슬레이트 지붕들. 골목으로 연탄 굴뚝이 늘어선 추산동 비탈길. 월영동 비탈길에서 불러낸 밤바다의 달빛 소나타. 괴물처럼 들어서는 가야백화점. 퇴근하는 자유지역 근로자들의 활기찬 걸음과 왁자한 방언들. 돝섬에서 바라본 무학산의 목가적 일몰. 천연덕스럽게 살평상에 앉아 점심을 맛나게 들고 있는 교방동 주민들과 화장장의 연기. 해운동 판자촌의 빨래와 화력 발전소의 검은 연기. 그리고 경남연탄공장 일대의 석탄 더미와 검은 탄가루 바람. 철 이른 가포 해수욕장과 요양소. 한국철강의 소음과 국군마산병원 옆 예비군 훈련장의 총성. 불종거리의 휘황한 불빛과 어갈비 골목. 철둑을 따라가며 길게 벋은 부림시장과 먹거리 골목. 삼각벨트로 배치된 세 개의 극장. 영자들의 젓가락장단이 맥주병을 펑펑 따는 창동 뒷골목과 오동동 통술집들. 우후죽순처럼 생기는 수출지역 후문의 술집과 북마산 역을 중심으로 기생하는 바가지 살롱들…….

숨길 것 하나 없는 발가벗은 도시를 탐험하는 순간부터 나는 이미 마산 사람이 되어가고 있었다. 나는 그때 한 여자를 만났다. 눈이 예쁜, 숫되고 붙임성 있는 산호동 처녀였다. 나는 그 여자와 자주 만났다. 그 여자는 좋은 벗이 되어 주었다. 그 여자는 내가 모르는 마산의 맛을 자주 보여 주었다.

아구찜을 처음 만난 것은 그 여자를 통해서였다. 얼큰하여 연신 뻘뻘 흐르는 땀을 닦으며 먹는, 아구 특유의 억세고 쿰쿰한 육질의 맛을 내 혀는 며칠 동안이나 못 잊어 했다. 그것뿐 아니었다. 미더덕과의 만남이 내 인생의 절대적 실수일 줄을 그때 나는 알지 못했다. 그 여자네 집에 가면 울퉁불퉁하게 참 못생긴 생미더덕을 곧잘 내놓았다. 깨끗하게 씻은 그 미더덕을 칼로 쪼개 껍질째 씹어 먹는 것이다. 그 향기와 여미가 나로 하여금 오금 저리게 하였다. 멍게 맛과는 또 달랐다. 멍게는 껍질을 먹지 못하지만 미더덕은 껍질을 씹으면 씹을수록 포드득거리며 입에 씹히는 맛과 향이 서로 달랐다. 콩나물과 고춧가루를 버물려 쪄 내는 미더덕찜의 맛은 또 어떻고. 미더덕은 방황하던 나의 발목을 꽉 잡고 놓지 않았다. 나는 결국 그 여자를 아내로 맞아야 했다.

나는 그렇게 마산 사람이 되어갔고 마산은 나를 거리낌 없이 수용했다. 그러나 아쉬움은 남았다. 내 문학적 열정의 부재로 인한 아쉬움이다. 창작에의 열의는 진학지도를 핑계로 미루어지고 있었다. 직장을 가지고서도 문단에 등단하는 사람들이 내게는 한없이 부러웠다. 제자들의 진학지도에 목을 걸었고 그들의 성공에 대리 만족을 얻어가고 있었다.

나는 대학 시절 마산이 고향인 한 후배를 만났었다. 작가 양귀자의 남편이 된 그는 늘 사석에서 제 고향을 자랑하곤 했다. 다른 사람이 고향을 자랑하면 심드렁해지는데 그가 고향을 자랑하면 왜 그리 귀가 솔깃해졌던지. 내가 마산에 가게 되었다고 하였더니, 거기 가면 좋은 작품 한 편 건져 올릴 거라며 제 일처럼 축하해 주었었다. 기껏 9인 수상집 《교단》을 내는 한편, 문예지도 교사로 학생들의 문예 동아리 '빛불'을 이끌며 교지 《해송》과 홍보용 학교 신문을 만들며 원고지와 시간을 축내고 있었다. 틈틈이 글을 썼지만 절박함이 없는 유희적 작문에 다름 아니었다. 어찌하랴. 몇 권의 문예지를 받아 보는 것으로 위안할밖에.

2. 애기봉은 건재했다

내가 '마산'이라는 지명을 처음 알게 된 것은 군위군 우보면의 한 작은 마을에서였다. 학생이라 해 봐야 몇 되지 않는 초등학교 졸업식 때 당시 박씨 성을 가진 안골 대학생이 선배의 자격으로 축사를 하고 있었다. 대통령에 리승만, 부통령에 리기붕이라며 노골적으로 부정선거를 저지르고 있으니 이게 무슨 민주주의 국가냐, 참으로 개탄스럽다는 울분의 내용이었다. 그 말이 채 끝나기도 전에 임석한 형사가 그를 체포하여 끌고 갔다. 졸업식장은 울음바다가 되었다. 선거는 치러졌고 소문은 흉흉했다. 마산에서 데모가 일어났다고도 했다. 사람이 죽었다고도 했다. 4월 초부터 전국에서 부정선거를 규탄하는 여론이 비등하고 있을 때, 마산 시민들이 부정선거를 규탄하는 시위에 가담했다가 최루탄이 눈에 박힌 채 바다 속에 버려진 마산상고 학생 김주열 군의 시체를 발견했다는 소식도 들렸다. 이 사건을 계기로 시민들과 학생들은 거리로 쏟아져 나왔고, 시위는 급격히 확산되어 4·19가 일어나고 정권은 무너지게 되었다. 그 4월 혁명의 도화선이 된 사건이 마산 3·15항쟁임을 어찌 모르랴.

  나의 마산 생활의 중심은 구암동이었다. 애기봉을 마주 보는, 하이트맥주(구 이젠벡)공장 앞의 한 아파트 3층이 나의 삶터였다. 공장의 좌측 백여 평 규모는 못이었는데 분뇨처리장이었고 우측 철조망 울타리 너머로는 술지게미를 함부로 버려 애기봉으로 가는 사람들의 통행을 방해하고 있었다. 애기봉 기슭엔 3·15열사들의 묘역이 있다고들 하였으나 묘역은 이름뿐, 리기다소나무와 가시나무가 무성하였다. 설령 누군가가 마음먹고 찾는다고 하여도 안내인이 없으면 찾을 수 없었다. 공화국 위정자들의 의도적 무심에 분노하지 않을 수 없었다. 현대사의 한 획을 그은, 육신을 불살라 부정을 궐기한 영들의 넋을 아무렇게나 방치하다니. 정의를 두려워하는 자들의 말로가 훤히 내다보이는 일이었다. 당국의 철저한 무관심에고 불구하고 가시나무를 치고 억새를 베어 묘역을 관리하는 보이지 않는 손은 있었고, 한 잔 술을 헌작하는 동지의 발걸음도 꾸준하였다. 참으로 고마운 일이었다. 약수터가 위쪽에 있어서 나는 수시로 내 아이들과 함께 묘역을 들러 영들의 안부를 묻기도 하였다. 공장의 연기가 솟고 악취로 길을 막고 남해고속도로가 진입의 불편을 주었지만 세월은 틀림없이 정의의 편이 될 터이었다. 마침내 묘역에도 봄은 오게 되었다. 정의는 당당히 승리하였고 묘역은 성역화되었다. 묘역을 꾸준히 지켜온 시민들의 승리였다. 나는 애기봉을 노래한다.

술지게미, 인분 뿌려 들머리에 울을 치며
그렇게 두어 십 년 자존의 싹 짓밟아도
찾아와 술잔 권하는 정이야 어찌 베랴

바람과 맞선 것이 무모였나, 반역이었나
강물은 물결을 싣고 낮은 데로 그예 흘러
자유의 은빛 이름을 해서체로 음각했다

역사의 뒤란을 쓸쓸히 걸어온 사람들
그 3월 피의 함성 제단 위에 향을 살라

이슬로 빛나는 말씀 풀잎마다 꿰고 있다

—〈애기봉 설화〉 전문

3·15정신은 6·10 부마항쟁으로 이행된 마산의 정신이요 자존의 핵核이었다. 마산에서 태어나 마산에서 자란 내 두 아이의 정신의 핵도 바로 이 3·15정신이어야 한다.

3. 백청 선생을 만남

구암동 시절 나는 잊을 수 없는 시인 한 분을 만나게 된다. 교직원 아파트에 사시던 백청 황선하 시인이었다. 함자는 익히 알고 있었으나 가까이서 모시게 된 것은 진해에서 구암동의 교직원 아파트로 이사 오시면서부터였다. 선생과 나는 국어 교사로 만났는데 통성명을 한 뒤 그가 바로 황선하 시인이라는 사실을 알게 되었다. 나이로나 경력으로나 백청 선생은 대선배였다. 일요일 10시쯤이면 구암동의 천주탕에서 어김없이 만날 수 있었다. 작가 정신이 박약한 내가 선생을 만난 것은 생의 반전을 위한 프로그램의 수순 이행이었는지도 모른다.

서로 등을 밀어 주고, 목욕 후에는 삼겹살에 소주 한 잔씩 하는 사이까지 발전하였다. 선생은 이따금 지역 문인들과의 교우 관계를 들려주곤 하였다. 그러면서 선생은 나에게 은근히 문학의 진수는 시임을 자랑하시었다. 마침 선생께서 첫 시집 《이슬처럼》을 발간하였다. 굵은 사인펜으로 친필 서명한 귀한 시집 한 권을 나한테도 선물하였다. 내 평생에 시집 한 권이면 족하다며 매우 흡족해 하셨다. 참으로 소박한 웃음이었다. 여타 시인은 시 70여 편만 되면 작품의 질은 고하간에 시집 만들기에 급급한데 선생은 20여 년의 문단 생활을 하였음에도 겨우 시집 한 권으로 만족해 하시다니. 수많은 작품을 써도 마음에 들지 않는 작품은 과감히 버려야 한다는 것이 선생의 신조였다. 구워낸 작품이 시원찮으면 망치로 쳐서 도자기를 깨어버리는 도공처럼 선생은 매 작품마다 심혈을 기울여 쓰지만 이미 발표된 작품이라 할지라도 마음에 차지 않으면 용납하지 않았다. 선생의 시집이 나왔을 때 나는 너무 기뻐, 간도 크게 우리 학교 학생들에게 시집을 소개하기도 하였다. 이후 나는 백청 선생을 통해 정목일 선생과 정진업, 이광석, 홍진기, 최명학, 하연승 시인을 알게 되었다. 《창원문예교육》 시절에 만난 문인 몇 분은 생각이 다른 분들이라 교우가 길지 않았다. 이후 선생은 창원으로 이사 가시고 나 또한 창원으로 이사 가게 되었는데 알고 보니 또 같은 목욕탕을 쓰는 이웃으로 인연을 잇게 되었다.

나는 등단도 하지 않고 시집 《모과향에 대한 그리움》을 내는 사고를 쳤다. 20여 년간 교단생활을 하며 틈틈이 써 놓은 시를 그냥 태워버리자니 시詩에게 죄를 짓는 기분이었다. 소신을 가지고 내는 시집이었다. 가편집 사본을 보신 후 선생께서는 나에게 관심을 가져 주었다. 출판사를 운영하는 우무석 시인을 만나 출판을 의뢰하고 우 시인으로부터 마산대학 이성모 교수님을 소개 받아 해설을 부탁드렸다. 두 분 다 내 시집 출판에 최선을 다해 주신 고마운 분들이다.

시집을 들고 찾아뵈었을 때 선생은 퇴원하여 댁에서 정양靜養 중이었다. 건강이 좋지 않음에도 친히 몇몇 시인들의 이름과 주소를 적어 주시며 꼭 시집을 보내도록 하라고 일러 주셨다. 선생은 마산에서 만난, 나에게 너무도 자상했던 문단 선배요, 큰형님이었다.

4. 글을 맺으며

나의 문학적 역정은 내놓을 만한 것이 못 된다. 평설이면 평설, 소설이면 소설, 자유시면 자유시, 수필이면 수필로 진력하여야 하는데 나는 그렇지 못했다. 문예교사로서의 정직한 경력은 갈래를 초월함에 있었다. 그러다 보니 이것저것 손대게 되었고 지금은 정형시인 시조에 심취하고 있다. 시조 세계는 내가 전력투구해도 닿지 못한 격조 높은 세계임을 늦게야 깨달았기 때문이다. 25년여 동안 살아온 마산에서의 삶은 이제는 내 작품 속에 피가 되어 흘러 주기를 희망한다. 애기봉과 백청 선생과의 만남 또한 내 문학의 자양이 되어 어디서든 훈수 들기를 바란다.

거주지를 창원으로 옮긴 지금도 마산은 여전히 내 고향으로 남는다. 미더덕에 발목 잡혀 살아온 세월이 벌써 34년. 그동안 1만 6천여 명의 제자가 나를 떠났다. 그중 마산 태생이 절반. 그들의 삶의 터전 또한 마산. 그들이 이제 마산을 지키고 있다. 내가 한 근무지에 34년여나 근무하고 있음은 이들에 대한 부단한 믿음과 사명감 때문이다. 열정으로 지켜온 직장이 아니었나. 나는 그들을 위한 증인됨을 자랑스럽게 여겨야 한다. 세월의 배를 함께 타고 가노라면 노잡이는 항상 그들이 된다.

창원에 살든 마산에 살든 어시장 좌판의 비리도록 싱싱한 아침을 잊지 않는 한 누구도 마산을 떠나 자유로울 수 없다. 그러나 안타까운 것은 주변 신도시의 건설로 마산의 시세市勢가 예전 같지 않다는 것이다. 그러나 걱정하지 말라. 아직 너무 젊은 무학산이 합포를 지키고 있음이니 도시는 다시 흥성하리라. 마산과 맺은 모든 인연을 내가 사랑하므로 나 또한 자랑스러운 마산 사람 아니겠는가.

사정이 있어 늦어진 원고임에도 늘 건강을 염려해 주신 오하룡 사장님의 배려가 고맙다.

공영해 시인 · 가락문학회 회장

첫 번째 인연

창동시대의 중심에서

전 문 수

국립마산대학(지금의 창원대학교 전신)이 인문계열 제일호로 국어국문과를 개설하는 해 내가 첫 교수로 부임하여 1학년 신입생을 맞았다. 대구보건전문대학 국어 교양 교수로 있다가 전공 학과를 맡게 되었으니 매우 기뻤다. 문단활동을 대구에서도 해온 터이지만 거의 1년간은 내가 맡은 새 학생들에게만 모든 애정을 다 쏟았다.

그러던 중, 마산의 대학에 재직하게 되었으니 마산문인협회에 나와서 지역 문학 발전에도 같이 노력해달라는 요청을 받은 것은 임신행 아동문학가와 오하룡 시인으로부터였다. 당시 나는 《현대문학》지에 평론 1회 추천을 받은 상태였기에 평론 부재의 지역문학에 보탬이 될 것이라는 권유이기도 했다. 아직 30대 중반의 두 분은 참 패기가 넘쳐 있고 정감이 듬뿍 가는 분들이었다. 별 인연이 없었던 마산이라 십년지기를 만난 것 같아서 선뜻 응했다.

그 후 나는 시간이 나면 '한성경양식' 집을 찾았다. 오하룡 시인이 직접 경영하는 식당으로 당시 유행하던 다방 같은 조용한 분위기였고 그에 걸맞게 온화한 성품의 오하룡 시인과 마주 앉으면 그냥 편안해서 수다스러운 대화도 허물없었다. 나뿐 아니라 당시 이곳은 마산 문인들의 쉼터가 되었고 모든 문학정보의 산실이었다. 그래서 자주 임신행, 정목일, 박재호, 정진업, 이광석 시인 등을 만나 술잔도 기울이고 정담을 나누곤 하였다. 시간이 가면서 알았지만 '한성경양식'은 문인들뿐 아니라 마산 예술인(미협, 음협 등)들의 사랑방이기도 하다는 것을 알았다. 오 시인의 넉넉한 인품이 가히 짐작되는 바였다.

당시 창동은 마산의 한 중심이었고 이 한성빌딩(한성경양식은 지하 1층)이 창동의 가장 중심에 있었기에 나는 마산의 가장 중심에서 마산 삶을 익혀 간 셈이다. 퇴근 시간이 되면 가장 붐비는 곳이 이곳이었다. 소위 마산의 명사들은 거의 여기서 만나고 여기서 헤어졌다고 해도 과언이 아니었다. 당시 불종거리는 이곳으로 들어오는 입구이자 출구였고 거나하게 술이라도 취하면 택시를 언제고 여기서 잡을 수 있는 이 변화가의 대문간이었다.

　아직 창원이 농촌이었고 비포장 대로 옆에 공단본부 하나 덩그렇게 세워져 앞으로 여기가 국가 경제개발 5개년 계획 상징도시 창원 공단이 될 것이라는, 믿거나 말거나 하는 풍문 수준이었기에 마산은 한국 최초의 수출자유지역의 명성을 등에 업고 명실상부한 경남의 산업 중심부였다. 외국인이 우리나라에 와서 자유롭게 기업할 수 있게 한 첫 시험 지구였다. 아마 마산이 전국에 알려진 것은 3·15의거 못지 않았을 것이다.

　내가 대구에서 마산에 대해 안 것은 유일하게 오동동이었다. 아마 6·25시절 여기가 환락가였던 덕으로 주먹깨나 쓰는 사람들이 놀았던 것 같은데, 대구에서는 '너 마산에서 무엇 하느냐'고 물으면 '마산 오동동에서 논다면 노요'라는 자기 과시의 농담 덕이었을 것이다. 그런데 마산에 와보니 이미 오동동 시대는 갔고 모든 상권의 중심은 창동이었다.

　사람이 많이 붐비는 이런 지역중심지에서는 자연히 그 지역의 인심이나 생활 습성, 유행어, 지역방언, 음식 특성 등등을 빨리 습득할 수가 있고 또 그 풍토에 빨리 젖어들게 된다. 아마 내 술버릇이나 사람을 대하는 말버릇, 수인사 등의 태도도 여기서 배우고 점차 굳어져 간 것이 아닌가 싶다. 사람만큼 적응력이 빠른 동물이 없다는 말처럼 대구에서 거의 성장기를 보낸 내가 경남 마산 사람으로 급변한 것은, 낯선 새 지역에서의 빠른 적응을 위한 동물적 본능 같은 것 아닌가 한다. 역시 지역과 사람과의 인연은 바로 한 삶의 모든 기반이 아닌가 싶다. 30년을 이 지역에서 살고 정년을 했으니 확실히 어딘가에, 무엇인가에, 인연의 끈이 듬직하였던 것 아니겠는가.

돌이켜 보면 인생은 어느 유행가 가사처럼 언제나 지우고 다시 쓰는 편지 같은 연속이다.

실은 내 원고향은 의령이다. 6대 종손으로 함안 법수의 8대 종가에 가지를 벌어 5대의 선산이 부림면 신반리 옆 익수마을 뒷산이다. 늘 대구에서 아버지와 이 선산에 성묘를 다녔고, 아버지가 대구에서 돌아가셨어도 꼭 선산의 조상 옆에 가야 한다고 하셨기에 더 좋은 자리를 대구에 잡고서도 그 뜻을 따랐다.

첫째 종손으로 태어난 앞선 형이 2살 때 전염병으로 죽자 내가 태어나 자동으로 종손이 되었다. 《정감록》에 덕유산 밑에 자리 잡으면 대대로 손을 이을 수 있다는 비결을 믿고, 3살 때 이곳을 떠나 덕유산 밑 전북 무주군 신안성면에서 초등학교를 졸업하고 중학교부터 대구에 진학했기에 이 신반은 아무도 아는 이가 없었다. 다만 성묘를 다니면서 집안의 여러 일가친척들을 뵙는 정도였다. 어릴 적 내 생각에는 너무나 의령은 오지이고 사는 것이 어려워 보여서 고향이라는 뿌리 정도로 생각했었다.

그런데 내 어릴 적 느낌으로 아버지의 고향에 대한 애착과 선대에 대한 이상한 자부심과 긍지 같은 것은 참 병적인 것 같았다. 별로 잘 살지도 못했으면서도 고향에 대한 그리움은 아마 당신으로서는 낯선 타향의 삶이 외로우셨던 때문인 것 같다.

내가 마산대학에 교수 공채가 있다는 소문을 듣고 응모하고자 했을 때 제일 처음 떠오르는 것은 아버지의 얼굴이었다. 아버지께서는 내가 대구보건대학에 있을 때 작고하셨다. 그것도 불과 마산대학에 부임 한두 달 보름 전이었다. 부모와 자식 간의 인연이야 천륜이라 어찌 인연이라는 말이 가당하겠는가마는 내가 이렇게 아버지의 뿌리에서 한 치도 벗어나지 못했다는 것을 순간 깨달았다.

물론 채용될지 말지는 당시 전혀 미지수였지만 무엇인가 경남이라는 지역에 강렬하게 끌리는 힘을 느꼈었다. 당시 마산은 대구에서 제일 가까운 명실공히 중부경남의 중심지였다. 그래서 나는 마산대학에 채용되는 것을 거부하지 않았다.

마산대학에 부임하고 불과 1년 만에 대구의 대학에 원하던 자리가 나서 지도교수께서 마산 용마아파트의 집까지 찾아오셔서 되돌아가자고 하셨으나 나는 그냥 여기 머물기로 했었다. 그날 고속버스 배웅 창의 지도교수는 눈물을 글썽이셨는데 지금도 그때 생각을 하면 가슴이 찡해온다. 더구나 스승께서는 의외로 너무 빨리 유명을 달리하셨기에 마치 죄지은 것 같은 기분이었다.

대개 화려한 큰 도시에서 근무하기를 원하는 것이 상례인데 나는 왜 마산지역에 눌러앉고 싶었던가를 생각하면, 종합대학으로의 학문 연구 기반을 얻은 것이 남보다 조금 늦은 것도 있지만 아마도 이 지역과 사람과의 인연이 제일 큰 원인이 아닌가 싶다.

사실 대구에서는 바닷고기 회를 안주 삼아 술 먹는 것은 그리 흔치 않았다. 대구는 주로 쇠고기 위주의 안주가 통례였다. 더구나 바다를 접하는 것은 가히 나에게는 신비스러움에 가까운 것이었다. 이런 새로운 세계에 접하면서 허물없는 문우를 만나게 되니 그저 내 격에 딱 맞은 것이었다. 여기다가 미신 같지만 당시 장남이 서울대학교 경제학과 재학 중에 행정고등고시 재경직에 합격하였는데 전혀 고시원에 가지 않고 용마아파트 집에서 공부하여 단 한 번의 시도로 1·2차 시험을 통과했으니 이 지역이 내 운세에 길하다는 헛생각도 하게 되었다.

어쨌든 사람은 제 깜냥대로 적응해서 살아가는 것이 아닌가 한다. 마산에서 인생 종반의 삶을 새로 시작할 줄은 그 이전에는 꿈에도 그리지 않았었는데, 그것도 가장 중요한 시기를 새로 펼치게 되었으니 이는 보통 인연이겠는가 싶다.

각설하고, 내가 국문학과의 전공 교수이며 평론가로 등단해서 활동하는 관계로 비교적 지역 문단의 초기 단계인 마산지역 문단의 보다 힘찬 활동에 조금이라도 보탬이 되었으면 해서 대학의 문학행사에 최초로 지역 문인들을 참여시켰다. 물론 당시 중앙의 중진 문인들을 초청강사로 모셔서 강연회도 했고 다양한 프로그램으로 작품 발표도 했다. 지역 대학의 국어국문학과가 지역 문인들과 끈끈한 정을 나누며 격의 없이 문학을 논하고 좋은 작품 창작에 함께 정진해 간다는 것이 매우 바람직하다고 생각했다. 당시만 해도 대학은 고고한 상

아탑으로 세사에 멀수록 고상한 것이 일반적 모습이었다.

그러다가 내가 마산문인협회장을 맡아 직접 지역문단에 나름대로 무엇인가 보태고자 노력하기도 했다. 아직도 또렷한 기억 하나는 신축한 건축사 회관에서 새로운 시낭송을 시도했던 일이다. 종래까지는 주로 시인이 자작 시를 시집을 들고 낭송하는 것이 통상이었다. 그야말로 시를 읊는 것이 아니라 조금 높은 톤의 목소리로 낭독하는 수준이었다.

시를 읊으려면 반드시 시를 암기해서 자기 시적 정서를 듬뿍 불어넣어서 눈앞의 독자를 자기 시 세계 안으로 매료시켜야 한다. 이런 시낭송 시도는 그 후 우리 지역 시낭송 변화의 한 계기가 되었던 것 같다.

아무튼 한 지역에 뿌리내리어 사는 것은 무슨 큰 사건이나 희한한 일이 아니라 삶의 옷깃에 잔잔히 젖어오는 아주 작은 미풍 같은 훈훈한 인정과 자기 감량의 지역 특성이 아닌가 한다.

내 이야기가 지리멸렬하게 되었지만 실은 최초의 내 마산 삶은 마산의 가장 중심인 창동시대에서 시작되었기에 상징적이다. 이미 한 세대가 지났다. 마치 지금 마산이 이미 창동시대를 넘어 동마산 시대를 거쳐 새로운 남마산 시대로 넘어가고 있는 것처럼.

그러나 나는 나름대로 가장 마산 중심에서 가장 믿을 만한 문우들과 새로운 마산 삶을 시작했고 그래서 정당히 한 세대를 물려주고 빗겨 나앉는 순리를 얻었다는 생각이다.

사실 어디고 간에 정든 삶의 중심에는 사람이 있기 마련이다. 내 시대답게 창동시대의 중심에서 함께 정답게 늙어 갈 문우를 만나서 지금까지 변함없으니 내 경남 삶의 착지는 좋았다고 생각한다. 되돌아보면 필부필부는 그저 고만한 자기 깜냥에서 주변을 다스리며 사는 것 같다. 내가 마산하면 바로 떠오르는 '한성경양식'과 오하룡, 임신행은 바로 이런 내 삶의 작은 충만일 것이다.

전문수 문학평론가, 창원대학교 명예교수

첫 번째 인연

내 가향家鄉에 대한 불효
―덜 부끄러운 만년을 기대

이 순 항

　　　　　얼마 전(3월 말) 내 단골 복국집(오동동 덕성 식당)에 50대 중반으로 보이는 건장한 남성 15~16명이 우르르 몰려 들었다. 아내와 단둘이서 아침 요기를 하고 있는데 그 일행 중 한 분 이 문 안으로 들어서자마자 노래를 흥얼흥얼 부른다. 기분이 아주 좋 아 보였다.

　같이 들어선 옆의 일행이
　"그만해라 무엇이 그렇게 좋노?"라고 집적거리자 이분은
　"와 나는 우리 마산에만 오면 이렇게 기분이 좋노. 니는 안 그렇

나?"라고

　대꾸하며 덩달아 기분을 맞춰 줄 것을 요구하는 것 같았다.

　아마 객지에 살면서 친구들(마산 출신들)과 더불어 모처럼 고향을 찾은 것 같았다. 헌데 못나게도 나잇살 먹은 사람답지 않게 나도 들떠 그 분위기에 휩쓸릴 것 같았는데 아내의 눈짓에 그만 국을 떠 마시다가 입술을 델 뻔했다.

　고향을 찾는다는 것은 고향의 모든 것이 장단長短이 되어 어깨를 들썩거리게 한다. 나 역시 밖(객지)에 나갔다가 들어오면 감회가 이상하다. 별나다(친구들의 말). '마산시' 라는 안내 표시가 눈에 들어오면 하루 만인데도 '아, 내 고향에 왔구나.' 하는 별난 감성에 젖는다. 한 며칠 혹은 외국에라도 갔다 올라치면 눈시울이 뜨거워져 그만 손수건을 갖다대어 일행 보기가 민망할 정도다.

　나는 마산에서 나고 마산에서 자라고 마산에서 교육받고 사랑받으며 살아왔다. 5대째니까 원고 청탁한 분의 '마산과의 인연' 이란 주문은 나에겐 그 의미가 그렇게 어울리지 않는다. 마산은 70평생의 나에겐 가정이요, 집이요, 사랑이요, 일터요, 만년을 장식할 '의미 개간開墾터요, 내 인생 마감의 고마운, 너무나 고마운 안식처다.

　실례지만 '인연……' 이란 그런 홀가분한 의미가 아닌 더 큰, 아주 큰 인연의 의미가 부여되어 있다고 강조하고 싶다. 내가 대자유치원에 다닐 때 선친께선 내 손을 잡고 신마산역(지금 중부경찰서 앞) 뒤의 해수욕장과 그 앞 공원(?)을 산책하셨다. 그때 아버지께선 자연과, 특히 바다의 고마움을 어린 나에게 일깨워 주신 것 같다.

돝섬 쪽으로 고요한 물결 따라 흐르는 작은 배를 가리키며 배울 때 (누가 정식으로 가르쳐주는 이도 없었다) 늘 또래들과 함께 방벽을 잡고 얕은 곳에서 노닐었다. 어느 날 오후 그날도 동네 친구들과 함께 선창에서 노는데 방벽에서 손을 놓쳐 더 깊은 곳으로 빠져들어 허우적거리는데 어느 아저씨가 물속에서 급히 달려와 나를 구조해 주었다. 물을 많이 먹어 연방 토해내기도 했다. 이 소식이 짓궂은 이웃 친구에 의해 어머니에게 알려져 심한 야단을 맞았다. 나를 구해준 그분이 누군가 몰라서 어머니는 그분을 찾아 고마운 인사라도 드리려고 했으나 끝내 찾지 못했다(그분 생각을 하면 지금도 고마운 생각이 나며, 지금은 이미 고인이 되셨겠지만 명복을 비는 마음이다). 헤엄치기가 차차 수월해져 아마 초등교 5년생일 때쯤인가, 옛 오동동 어시장 선착장에서 바다 건너 앞산인 귀곡(지금의 두산중공업)까지 왕복을 몇 번 했던 기억이 난다.

한번은 동네 친구들과 함께 돝섬까지 왕복 수영을 계획했다가 나는 다리에 쥐가 내려 도로 선착장으로 돌아왔던 기억이 난다. 철없는 어린 날의 만용이었다. 어시장 선착장은 낚시 장소로도 우리를 즐겁게 했다. 방파제에서 밑을 내려다보면 꼬시락이나 장어 새끼 등을 비롯한 많은 고기들을 쉽게 볼 수 있었.

바닷물이 그만큼 맑으니까 낚시를 드리우면 고기들의 입질하는 모습을 훤히 볼 수 있었다. 그러니까 낚시하기는 땅 짚고 헤엄치기였다. 가고파의 아름다운 정서를 담은 바다이지만 간혹 성내면 무섭게 변해, 구정물을 만들어 사람들을 애태우게도 한다.

구정물(바다물이 뒤집힌 것이라고도 한다)이 들면 고기들이 모두 수면 위로 떠올라 방향 감각을 잃고 멍해진다. 그때 우리들은 물통이나 소쿠리 등을 이용해 마음대로 퍼 담는다. 꼬시락, 도다리, 장어, 게 등 순식간에 넘친다.

참으로 신이 났었다. 그때 방파제(지금 대우백화점 자리에서 대한통운까지)에는 아이 어른 할 것 없이 한데 어울려 즐비하게 늘어서서 벼락어부가 되었다. 개중에는 큰 게 다리에 물려 아우성을 치기도 하였다. 양동이에 가득 채운 이 해산물을 들고 킹킹거리며, 그리고 의기양양하게 집에 돌아오면 기대했던 칭찬보다도 어머님의 야단(위험한 짓 했다고)이 기다리고 있었다.

내가 커서는 이 가고파 바다는 내 웅변 연습의 청중이 되고 시를 읽게 하고 사춘기를 새기게 하고 그리움을 배우게 하고, 갈매기를 부르게 하고 고독의 의미를, 의지를, 홀로의 시간을 승화시켜 주기도 했다.

황혼이 질 무렵 구강 쪽(지금의 산호동)의 보리밭 논두렁길에 홀로 앉아 발밑에 슬몃슬몃 부딪치는 바다 물살을 헤아리며 까닭 없이 눈시울을 적시며 앳된 감상에 젖기도 한 것, 내 군軍 생활 중 내 고향의 으뜸 그리움의 대상은 단연코 이 가고파의 바다였다. 지금 내 서재가 있는 층層(경민오피스텔 9층)에서 우리의 바다를 내려다보면 괜히 짜

증이 나고 심한 말이 튀어나올 것 같고, 억울하고 분하고 원망스럽고 걷잡을 수 없는 감정이 폭발한다.

우리 모두의 비할 데 없이 귀한 이 '품(우리의 바다)'을 뉘가 어지러뜨리고 환칠을 해놓았단 말인가. 아무리 눈여겨봐도 그때 그 정겨운 가고파는 간데온데없다.

이럴 때 나는 수평선을 그리워한다. 우리 앞바다가 해운대처럼 확 트였더라면 오염 탁수를 면하고 옛 정갈한 바다를 되찾을 수 있지 않을까 그런 생각을 하는 것이다. 수평선만 그어졌으면 이런 갈등이란 생겨나지도 않았을 것이다.

더불어 나는 지평선도 그리워한다. 끝 간 데 없는 평야를 바라보며 원대한 꿈을 키우고 그 실현을 위해 정열을 다 바치는 삶을 희망한다. 불끈불끈 뻗어내린 명산 무학산이 뒷받침하고 있지만 더 큰 명가 名家, 더 큰 인물이 계승(옛날에 비해)되지 못한 아쉬움에 나는 늘 허전했다.

야트막한 제비산은 우리 어릴 적의 집 뒤뜰처럼 심심하면 찾곤 하는 즐거운 놀이터요, 용마산은 무학산과 더불어 우리의 기개를 키워주면서 서정을 쌓게 하던 곳이었다. 돝섬은 내가 외가(구산면 남포)를 들락거릴 때 언제나 제일 먼저 반갑게 마중해주고 반기는—객선(구 산호)—참 고운, 참 순한 물속의 작은 땅이었다.

사방팔방을 둘러보아도 어디 한 곳 거칠고 차가운 기 없는 순하디 순한 자연만이 흐를 뿐이었다. 환경이 이렇게 얌전하고 순하니 여기

사는 사람들도 모두 순해 빠져 모질고 독하지 못하다. 어쩌다 싸움이 나도 고함만 지를 뿐 잠시 뒤면 슬며시 서로 마주 보고 씩 웃고 만다.

어릴 적 들은 얘긴데, 어디선가 자살한 사람이 있었다. 그 소문이 퍼져 온 마산이 들썩했었다는 것이다. 그때는 자살한 사람에 대해서 이렇게 관심이 많을 정도의 인정이 넘치던 시절이었다. 농사도 짓지 않으면서 그 어려운 식량난 속에서도 제삿날이면 온 이웃에 제삿밥을 나르는 인정을 오랫동안 보면서 자랐다(물론 농촌에서야 예사롭지만).

우리 집에도 제사 음식이 오면 자다가도(괜히 자는 척했지) 벌떡 일어나 맛있게 먹곤 했는데 물론 어머님이 고맙게 깨워 주셨다. 어머님은 밥을 비벼 주시면서 "체할라 천천히 먹어라"하고 주의를 주시기까지 하셨다. 누가 뺏어먹기나 하는 것처럼 급하게 씹지도 않고 삼키는 어린 아들 녀석이 오죽이나 안쓰러웠을까. 이 비할 데 없는 어머님의 위대한 사랑에 이 못난 아들은 한평생 속만 썩여 드렸을 뿐 불효의 죗값을 벗어나지 못했다. 어머니의 품 같은 내 가향家鄕에 대해서도 70후반까지 나는 얼마나 불효하고 있는가? 사뭇 고개를 들길이 없다.

내가 초등학교 6년 때 남성동에서 오동동으로 이사를 했다. 오동동에서 주로 살고 군대에도 가고 장가도 갔다. 직업(기자)의 출발도 오동동이었다. 그런데 나는 오동동의 요정 골목에 대해 별로 좋은 인상을 갖지 못했다. 내가 사는 곳에 술집이 즐비하다는 것은 동네 이

미지에도 좋지 않았다.

  그래서 나는 오동동 요정을 내 나름대로 '업그레이드' 시켜 홍보하기도 했다. 객지에서 온 분이 오동동 요정을 물으면 그곳은 수준 높은 예절과 시, 가무를 익힌 권번 출신들이 많기 때문에 찾는 사람들도 한량의 멋을 알아야 한다고 말해주곤 했다.

  내 자신의 형편에선 그곳(요정)을 들락거릴 수는 없었지만, 선배들의 주선이나 초대형식으로 갈 기회가 있을 때 술 탓이기도 하지만, 예쁜 여자의 시중을 받으면 선입견은 제쳐두고 그럴 수 없는 들뜬 기분에 젖었다. 그녀들은 제대로 배운 권번 출신은 아니지만 요정의 주인(권번 출신의 노기老妓)에게서 어느 정도 기본을 배운 아가씨들이기 때문에 함부로 처신하지 않았다. 술, 여성, 가무에 어찌 로맨스가 생기지 않으리. 졸부들의 과시와 사교 현장이긴 하지만 때론 주머니가 가벼운 로맨티스트들의 멋의 향기가 문틈으로 새어 나오기도 했다.

  이 오동동 요정 주인들이 서원곡 용주암을 창건하였는데 여기에는 유명한 일화가 전해오고 있다. 이분들은 이 절을 지어 조계종에 기증하고 매년 부처님 오신 날에 미리 대비하여 축하 등 달기를 오랫동안 계속했다. 이러한 행동은 그들 나름으로의 일종의 포교 활동으로 돋보였다. 요즘에는 그런 모습이 눈에 띄지 않아 애석하게 생각된다 (해마다 나를 찾는 녹주님! 그분은 부디 부처님의 자비로 광명을 누리시고 편안하시길 빈다).

오동동에 대한 나의 감회는 저 위대한 '마산 3·15의거'로 승화되어 더욱 그 의미가 새롭다. 48년 전 3·15 그날(28세 때), 나는 회사(부산일보釜山日報)의 지시로 인접 창원군 웅남면, 웅동면 일원의 선거(투표일) 상황을 취재하고 있었다. 그러던 중 급히 마산시내로 들어오라는 연락을 받고 오전 9시쯤 민주당 마산시 당사가 있는 오동동(고 손성수 댁)으로 옮겨 긴장감이 감돌고 있는 선거 분위기 취재에 열을 올렸다. 강압된 흐름, 투표권을 빼앗겼다는 울부짖음, 무서운 눈초리의 감시, 협박, 공포, 사납게 쫓기는 발걸음들, 부정선거 규탄의 절규, 민주당 당원의 '선거 포기 선언' 성난 표정들의 숨 막힘, 말할 수 없는 음산한 흐름이 감지되는 사이에 어느 순간 어디서라고 할 것도 없이 순식간에 인파는 오동동을, 불종거리를, 월남다리를, 남성동 택시 주차장을 메우며 물밀듯 밀렸다. 남성동 파출소가 에워싸이고 이 주변을 중심으로 소방차의 물 뿜음, 총소리, 아우성, 고함, 비명 속에 시위 군중의 물결은 밤으로 이어지고 시간이 흐를수록 소방차의 질주, 총격, 성난 군중의 시위 속에 각인되듯 선명하게 외쳐지는 '부정선거 규탄'의 함성, 천지진동의 소리소리…….

아— 그렇게도 순하던, 그렇게도 어질던, 그렇게도 얌전하던, 그렇게도 선하던— 언제나 자기 소리를 낮추고 겸손하던…… 그 사람들…… 그 마산 청소년들…… 그 마산 학생들…… 그 마산 여성들…… 마산 장년들…… 그 마산 시민들이 민주주의를 폭발시켰다.

아직 우리 동포에게 이른(짧은 시간) 민주주의를 양과 같은 마산 사람들이 그 지킴에 대한 모범을 보여 주었고 그 바른길을 닦았다. 어떤 권력도 잠자는 마산 사람들의 심기(부정과 억압에 의한)를 건드리면 마산 사람들은 피와 땀, 용기, 헌신, 희생, 공헌으로 우리 민주주의 역사에 영원히 지울 수 없는 기록을 남겨 항상 부정한 권력을 응시했다.

그래서 나는 오동동과 불종거리를 '민주주의 거리'라고 명명하고 있다. 그러나 세월이 흐르면서 지금 이 오동동은 역으로 빛을 보지 못하고 그 깊은 유서由緒가 신음 상태에 놓여 있다. 사람들의 발길이 뜸하고 문 닫은 점포가 늘어 상가는 불경기에서 연명조차 어려운 상태에 있다. 오동동과 함께 한때 번화를 누리던 창동도 마찬가지로 썰렁한 분위기에 건물주나 상인들은 한숨을 짓고 있다.

선거철만 되면 후보들은 오동동, 창동, 부림시장, 어시장 등 재래시장을 살리겠다는 화려한 공약을 내어 놓지만 선거철이 지나면 말잔치에 그치고 마는 공약空約에 머물렀다. 한때 전국의 7대 도시였던 마산이 이제 경남도내 일곱 번째 도시로 전락해 쇠락의 길을 가고 있다. 이것이 누구의 책임인가. 역대 시장들, 여야 국회의원들, 지방의회 의원들 이런 특정 세력을 원망하기엔 이젠 지쳤다. 우리 유권자들에게도 반문反問이 온다면 명확한 답변을 할 수 있을까. 그 책임을 나 같은 못난이를 비롯해 모두가 나누어 가져야 할 것 아닌가?

나는 오동동에서 상남2동, 합성동을 거쳐 오늘날에는 신마산의 창포동으로 옮겨 살고 있다. 오랜 언론계 생활 후에는 상공회의소(마산과 창원)에서 봉직의 기회가 주어져 일한 적이 있다. 창원상공회의소 재직 당시에는 뜻있는 분들의 권유로 3·15의거기념사업회를 창립하고 초대 회장으로 심부름을 한 적도 있다. 내 일생일대의 영광스러운 봉사였다. 그전에 나는 오동동에서 자그마한 식당을 경영한 적이 있는데 엄한 가정에서 자란 아내만 고생시키고 밑천을 다 날려 실패했다. 식당을 아무나 경영한다고 쉽게 생각해서는 만판 망한다. 생업의 선택이란 정말 신중을 기해야지 다급한 대로 뛰어들었다가는 그 앞길을 보장받지 못한다.

    흔히들 우리 마산을 주인이 없다고들 한다. 여기서 말하는 주인이란 시민이 따르는 존경받는 지도자를 가리킨다. 왜 그런 분이 안 계셨을까마는 유명을 달리해 우리의 기억에서 사라졌을 뿐이다. 지금은 사진 예술가 강신률, 교육자 정수학, 공우열 선생님 같은 분들은 존경받고 있지만 연세가 너무 높아 대외 활동이 자유스럽지 못하다.
    지도자가 갖추어야 할 덕목은 많지만 그 리더십에는 마음의 양식, 애정, 헌신, 희생, 용기, 정의감, 정직, 소명의식, 원만한 인격, 연민의 정 등이 전제되고 이 중 몇 가지의 소양이라도 갖추어야 한다.
    존경받는 지도자가 되고 싶어 혼자서 꿈을 꾸며 위선으로 선심을 가장하고 허세를 부리는, 자칭 유력인사라고 여기는 사람이 없지 않지만 시민들은 철저히 외면해 버린다. 이렇게 되면 가련한 처지가 되고 만다.

  이 고장을 진정 아끼고 사랑할 미래 지향적인 지도자는 지금 잉태 중에 있어 우리 후배들은 마음 든든해질 출산을 볼 것이라고 나는 믿고 싶다. 나는 도산 안창호 선생님의 "모두 인물이 없다고들 하지만 인물이 되려고 스스로 노력하지 않는다."고 깨우쳐 주신 이 말씀을 사랑하는 후배들에게(특히 토박이들에게) 전하고 싶다. 인물이 되려고 스스로 노력하고 탁월한 이에게는 주위에서 밀어주고 도와주어야 한다.

  아— 내 고향 마산,

  아— 내 사랑 마산.

  상재지향桑梓之鄕에서 덜 부끄러운 만년이 되어야 할 텐데……

이순항 초대 경남도민일보 사장 · 3 · 15기념사업회장 지냄

첫 번째 인연

교수로 한평생

이 우 태

　　　　　　　　사람이 태어나서 삶을 영위하는 과정에서 이곳저곳을 이동하면서 살아가게 된다. 나는 지금의 창원시 동읍 노연리 113번지에서 태어나 봉강초등학교를 졸업하고 대산면에 있는 대산중학교를 졸업하고 1957년도 마산상고에 진학하면서 마산에서 살게 되었다. 마산상고에 재학 중 그 당시 성호동 산 6번지 조그만 초가집을 사가지고 자취를 하면서 3년 동안 열심히 학교에 다녔다.
　내가 3학년 때 3·15 정부통령 선거가 있었다. 이때 부정선거를 규탄하는 3·15의거가 일어났다. 그날 밤 시청에서 선거 개표가 있었는데 그것을 감시하기 위하여 많은 사람들이 시청으로 몰려들고 있었고 나도 동네 후배들과 함께 시청으로 갔으나, 시청에는 경찰이 삼엄한 경비를 하고 있었기 때문에 접근하지 못하고 그 당시 간호고등학교(지금의 마산의료원) 옆 지금의 한국담배인삼공사 앞에서 몰려드는 인파들을 구경하고 있었다. 시간이 좀 지나 많은 사람들이 몰려들자 경찰이 스리쿼터 차를 타고 발포를 하며 몰려드는 사람들을 해산시키기 위해 출동했다. 경찰에 쫓겨 간호고등학교 뒷담을 뛰어넘어 간호고등학교 기숙사에 숨어 있다가 집으로 돌아왔다.

나와 함께 갔던 김형춘(오래되어 기억이 확실하지 않음) 군은 허벅지에 총을 맞은 채 경찰에 잡혀가서 많은 고문을 당했고 막 군 제대를 했던 그의 형이 동생의 행방을 찾아 노력하는 과정에서도 많은 수모를 당했다고 이야기를 들었다.

그날 밤 북마산 파출소가 불타고 많은 사람이 연행되고 15명이 죽었다고 들었다. 4월 11일 중앙부두에서 낚시꾼에 의해서 김주열 군의 시체가 물 위로 떠오르게 되고, 그 시체를 도립병원에 안치해 두었다. 그 사실을 알게 된 시민들이 그것을 보기 위해 도립병원으로 몰려들게 되었고 나도 그 틈을 이용해 친구들과 함께 김주열 군의 시체를 볼 수 있었다.

얼굴에 큰 대못을 박았다는 소문을 들었으나 자세히 보니 체류탄

뒷부분이 그렇게 보였을 뿐이었다. 눈과 눈 사이에 박힌 체류탄은 김주열 군을 비참하게 죽인 원인이었다. 김주열 군은 그 당시 마산상고에 입학하기 위해 마산에 왔다가 참변을 당하게 되었다. 내가 마산상고에 진학하여 꿈 많은 고3 시기에 당했던 마산과의 인연의 첫 이야기라고 할 수 있다(4월 11일 김주열 시체를 본 사람들의 데모로 4·19혁명이 일어난 동기가 되었다).

고등학교를 졸업하고 취직도 되지 않고 해서 1년을 쉬었다가 그 당시 마산상고 운영위원장을 했고 3·15의거를 주도했던 김양부 군이 찾아와서 우리도 대학에 진학해 보자는 권유를 하기에, 우리 집 형편도 진학을 할 만큼 좋지 않아 마산대학에서 불교학과에 가면 장학금을 많이 준다기에 불교학과에 진학해서, 공부는 상학과에서 하면 될 것 아니냐 하는 어리석은 생각을 하게 되었다.

두 사람은 의기 투합하여 그렇게 해서 마산대학 불교학과에 진학을 하게 되고 그해가 1961년이었다. 나중에 불교학과는 적성에 맞지 않아 상학과로 전과하게 되었고 상학과로 전과하면서 불교학과에서 혜택을 받았던 장학금을 반환하게 되었다.

우리가 마산대학에 다니는 동안 학교에도 많은 변화가 있었다. 4년제 대학에서 2년제 초급대학으로 변경되고, 재단도 내분이 있어 학교 운영도 정상화되지 못하였다. 재단 경영진도 자주 바뀌곤 하였다. 2년제 초급대학 당시 김양부 군이 학생회장에 출마했으나 낙선하고 말았다.

그때 나와 김양부 군은 자취방에서 3일 동안 출입을 않고 낙선 실패에 대한 안타까운 슬픔에 싸여 있었다. 그 후 마산대학은 4년제가 되고 4년제 대학에서 친구가 하지 못했던 한을 내가 풀어보겠다는 생각을 하고 학생회장 출마를 결심하게 되었다. 6개월여 준비 끝에 최선을 다해 선거에 임하게 되었고 많은 친구들의 도움을 받아 선거에서 이겨 당선되었다.

내가 학생총회장이 되었을 때 6·3사태가 일어났다. 한·일회담 굴욕외교 반대 집회가 매일 열리고 학생들은 경남, 부산을 연대하여 그 세력을 키워 나갔다. 내가 학생회장이다 보니 학생들의 선두에는 늘 내가 있었고 경찰은 항상 나를 주시하고 검거의 대상으로 삼았다.

경찰서 유치장에 잡혀가서 설렁탕을 배달해 먹은 적도 한두 번이 아니었으나 나는 그때 좋은 경찰을 친구로 선배로 사귀게 되었다. 그 분들이 바로 옥기진 전 치안감이요, 이홍모 전 경찰서장이었다. 이홍모 서장은 지금도 변함없는 친구로 지내고 있다.

6·3에 얽힌 이야기는 지금의 이명박 대통령, 이재오 전 국회의원을 비롯하여 많은 사람이 참여하였다고 잘 알고 있으나 그 당시 경희대 학생회장이었고 전국학생연합회 의장이었던 이건한 씨의 역할을 간과해서는 안 될 것이다.

대학을 졸업하고 경남도청 공보실에서 2년여 임시직으로 근무를 하면서 동아대학 대학원 상학과에 진학하게 되었고(66년에서 67년 11월까지 약 2년여 기간 마산을 떠남), 67년 11월 마산대학교 상학과 조교로 발령받아 마산대학에 다시 오면서 마산과의 인연이 시작되었다. 지금의 경남대학도 마산대학에서 교명이 바뀌었고 그리고 경남대학교로 승격 변화를 겪으면서 오늘의 종합대학인 경남대학교로의 면모를 갖추게 되었다.

경남대학에서 조교, 강사를 역임하면서 1971년 9월 1일 경남대학교 학생주임을 필두로 재단의 발령을 받게 되었다. 그후 73년 전임강사로 시작하여 조교수, 부교수, 교수로 승진하여 대학교수로서 생활하게 되었다.

보직으로는 경제학과장, 경상대학장, 중앙도서관장, 경영대학원장 등을 맡아오는 동안 재단 발령 36년 6개월, 현재까지 정년퇴직자로는 대학에서 근무한 연한이 내가 제일 오래되었다.

조교, 강사를 포함하면 40여 년을 경남대학교에서 보낸 셈이 된다. 1990년도 일본 게이오 대학 교환교수 1년간 재직과 부산에 머문 2년여의 기간을 빼면, 1959년 마산에 온 이후 2008년까지만 49년, 약 50여 년을 마산에서 살고 있다.

그 가운데서도 6·3 이후로 유신정국, 5·18, 부마항쟁, 6·29 선언 등 학내는 민주화 투쟁으로 최루탄이 그칠 날이 없었다. 데모로 학생들이 다치지 않게 하기 위하여 지도하는데 최선을 다해 왔다.

대학생활을 하면서 마산시 청사건립추진위원, 시정책자문위원, 창원군 인사위원, 창원지방법원 가사조정위원, 상공회의소 선거관리위원, 상공대상 심사위원장 등 마산과의 인연에 의한 수많은 역할을 수임해 왔다. 그러고 보니 마산은 내 삶의 제2의 고향이요 내 인생의 전부라고 할 수 있지 않을까 생각된다.

이우태 경남대학교 경제무역학부 교수

첫 번째 인연

마산의 추억

한 원 구

퀴퀴한 합포만의 바다 냄새가 그립고, 친구와 동생들이 있어 마음 편히 쉴 수 있기에 한국을 찾을 때마다 그곳에서 머물기로 한 것이 몇 해째 계속되고 있다.

내가 마산에 살았을 때는 1950년대 말부터 약 20년 동안. 살다보니 시세의 흐름에 따라 한때 백수공권이 되어 별 볼일 없는 실의에 찬 인생을 보낼 때 마산은 나에게 포근한 위안과 휴식의 날개로 감싸주었다. 마산은 내게 있어 청년기의 왕성한 열정을 쏟게 하였고, 한편으로는 좌절된 나날을 그곳에서 보내는 등 모순되고 착잡한 생활을 이어간 곳이기도 하다. 이렇듯 마산은 나의 인생에 깊은 영향을 미친 곳이다. 마산은 넓은 포용력이 있는가 하면 3·15의 부정 선거 앞에서 포효 할 줄 아는 정의의 고장이다. 특히 마산의 문인 묵객 등에는 좋은 선비가 많았는데 지금은 거의 유명을 달리하였다.

20대의 젊은 학도를 받아 준 곳이 당시의 해인대학이었다. 대학원을 갓 나온 풋내기가 친구와 함께 마산을 여행 왔을 때 수려한 산수와 인정에 푹 빠져 그곳 유일의 대학에 뿌리를 내리기 시작한 것이 마산에 살게 된 계기가 되었다. 1957년 가을 학기부터였으니까 지금부터 반세기 전의 일이다. 야간부에는 나보다 나이 많은 학생들이 많았고 형설의 공을 쌓겠다는 그들의 만학 욕구에 감동받아 강의 준비도 각별히 알뜰하게 했고, 다음 해에 같은 과목을 맡아도 전년도의 강의안을 다시 쓰지 않았다.

마산에서 느낀 아쉬운 점은 노산 이은상, 작곡가 조두남의 그림자가 어두운 장막 속에 갇히어 밝은 평가를 기다리고 있다는 점이었다. 나는 1994년 통일부 주관의 세계 한민족 국제회의에 참가하기 위해 중국 연변을 방문한 바 있었다. 백두산을 가는 길에 용정에 들러 일송정을 찾았다. 마산에서 피아노를 가르치고 있을 조두남과 그의 곡 〈선구자〉를 연상하였다. 소나무 한 그루만 서 있는데도 그 나무가 정자와 닮았다 해서 이름하여 일송정, 그 앞에 서서 멀리 남쪽으로 유유히 흐르는 해란강을 굽어 보았다. 그 넓은 벌판에서 '조국을 찾겠노라 맹세하던 선구자', 조두남의 곡은 선구자와 같이 웅장한 특징이 있는가 하면 '산'과 같이 섬세하고 아름다운 음률로 소프라노의 애창곡이 되고 있다. 내가 서울신문에 있을 때 조두남의 앨범이 우송되어 왔기에 그것을 송정숙(후에 보사부 장관) 문화부장에게 전달하여 문화면에 크게 소개하도록 한 기억이 함께 떠올랐다.

몇해 전 마산에서 마산음악관에 있는 조두남기념관을 찾았다. 문은 잠겨 있었지만 관리하는 분에게 사정하여 기념관 내부에 진열된 몇 점 안되는 조두남의 유품을 돌아보았다. 말 없고 유순한 주름살 잡힌 그의 얼굴을 떠 올리면서 조두남의 재평가가 곧 마산 작곡계의 르네상스가 아닐까라는 희망적인 상념에 잠기기도 했다.

1950~60년대의 마산에는 쟁쟁한 문화 예술인들과 사회 각계의 신예 인사들이 많았다. 이은상, 조두남 외에 마산 출신의 작곡가 이일래, 아동문학가 이원수, 이 지역의 정진업·김수돈 시인이 있었고, 여류로는 추창영, 서인숙, 안정자 등 지금의 수필동인들이, 조각가 문신, 화가 최운, 박소은(장화), 사회노동계에는 노현섭이 좌장 격으로 건재하였고, 청년계의 한 축을 이상두가 맡고 있었다.

해인대학, 마산대학, 경남대학

해인대학은 1946년 '재단법인 해인사'가 창립한 대학이다. 한때 진주에서 개설했다가 진주에는 분교를 두고 마산으로 옮겨 왔다. 내가 봉직하고 있을 당시만 해도 일주일에 한 번씩 진주에 출강했다. 강의료보다는 진주의 풍광이 좋아 진주 강의를 마다하지 않았다. 한

때 진해에도 분교가 있었다. 육군대학 구내에서 강의하다가 그 뒤 진해 충무상고(교장 황낙주) 교실을 강의실로 쓴 기억이 있다.

대학에는 문학부에 김상조, 김용태 교수를 비롯, 배덕환, 이병주, 김춘수, 박종태 교수가, 젊은 강사로는 한기환, 한하균, 정자봉, 김홍근, 이우태, 이문우 등이 있었다. 법정학부에는 고한준, 김종수, 김복수, 김호철, 전창조 교수가, 고참 강사 이문황이 있었다. 변노섭과 필자에 이어 김진원, 김선수, 이종상, 이배석, 이기동, 김재윤 등이 자리를 잡은 것으로 기억한다.

해인대학은 그 뒤 마산대학으로, 다시 경남대학으로 개칭 발전했다. 초기 마산대학은 장학제도를 확충하여 갑류와 을류 장학생을 맞아들였다. 기억에 남는 학생으로는 이진일, 이종휘, 강주순, 이희자, 그리고 주경야독에 정진한 서장수, 이상영 등을 꼽을 수 있다.

나는 마산을 방문할 때면 월영동 경남대학을 찾는다. 나는 1950~60년대 존폐의 기로에 서 있었던 대학과 학문을 사랑했다. 지금은 어디에 내놓아도 손색이 없는 대학으로 육성되고 있는 경남대학에서 일종의 자기 성취를 느끼는 것이다. 특히 서울 삼청동에 자리잡은 경남대학교 극동문제연구소는 한반도 통일 문제와 동북 아시아 정세 전반에 대한 연구 중심으로 세계적인 명성을 떨치는 연구소다.

대학을 경영한다고 해서 아무나 할 수 있는 것이 아님은 여타 사립대학의 발전상과 비교해 보면 알 수 있는 일이고, 미국에 살게 된 뒤에야 연구소의 학문적 비중을 실감하게 되었다. 1970년대에 서울 덕수궁 앞 광학빌딩에서 고고의 소리를 지른 연구소는 이후 30여 년, 땀 흘린 결과로 세계 방방곡곡에서 높은 평가를 받고 있다. 외국에서 개최되는 학술회의에 나가보면 극동문제연구소와 연분이 있는 많은 저명학자들을 만날 수 있어 세계적인 지명도를 짐작케 한다. 사실 경남대 극동문제연구소는 학문 연구의 분야에 있어서 국가적인 자랑이기도 한 것이다.

마산일보

해인대학에 봉직하면서 당시의 마산일보(사장 김형윤)에 짬짬이 글을 쓴 연고로 문인들과의 교유를 가졌다. 여기서 글을 쓴 일이 계기가 되어 후일 국제신보, 서울신문으로 나아가는 길이 열린 것 같다. 당시 마산일보의 재정이 넉넉지 못하여 글쓴이에 대한 원고료는 따로 없었던 것으로 기억된다. 연말에 김형윤 사장의 200자 원고용지 10권과 일본 청주 한 병이 공식 인사의 전부였는데, 김 사장을 만나면 수시로 술 대접은 받았으니 원고료치고는 헐한 축은 아니었다.

김형윤 사장은 '목발 사장'으로 통한다. 목발을 짚고 다녀서가 아니라 일본 경찰의 눈을 뽑았다는 뜻이라 전해 오고 있다. 그러나 목발의 정확한 연유에 대해서는 전설적인 성격이 없지 않다. 그분은 워낙 목욕을 좋아하여 매일 자기 집 앞의 선일목욕탕 단골로 다녔는데, 고일룡과 내가 동행하는 기회가 많았다. 김 사장과의 대화는 목욕탕

안에서, 그리고 목욕 후 찬 일본 술 한 잔으로 마감하는 과정에서 많은 얘기들이 오가게 되고, 그의 인생 편력을 듣게 되었다.

마산의 역사를 꿰뚫고 있는 그 비상한 기억력이 놀라웠고, 지난 1905년 을사늑약에 즈음해서 역사적인 사설 〈시일야방성대곡是日也放聲大哭〉을 황성신문에 게재하고 붓을 던진 위암韋庵 장지연 선생의 낙향생활을 소상히 들려 주기도 하였다.

목발 사장은 술을 마시면서도 한 번도 술에 마심을 당한 경우를 보지 못하였고, 같은 얘기를 반복하는 일이 없었다. 마산의 큰 양조장 S와 B가 있었는데, "모든 생산품은 만드는 사람의 인격을 대표한 것"이라 하면서 S양조장의 술을 고집스레 선호하였다.

당시의 마산일보에는 한때 최우영이 부사장으로 자리를 지킨 적이 있었고 변광도, 김상호, 성낙현, 김주현, 변노섭 등의 편집국장이 스쳐갔다. 여진, 이순항, 이광석, 고창조, 염기용 등이 부국장 또는 부장급으로 기라성같이 도사리고 있었다. 당시의 기자로는 강봉익, 이생세, 이상준, 강병원, 이국평, 배준홍, 정호연, 시사 만평을 맡은 이무정은 뛰어난 만화 재능을 발휘하여 그날 신문의 사회면 톱을 희화화했다. 그 외 많은 기자들은 오래 전 일이라 기억이나지 않는다.

한때, 마산일보에 분규가 있었다. 신문사의 경영을 이형규가 맡게 되어 그 제호를 경남매일로 바꾸면서 편집국장으로 대구매일의 김태룡을 맞아들여, 경영의 쇄신과 지면의 일신을 도모하였다. 김태룡은 편집국장을 맡기 전 3·15의거 이후 마산시가 기획한 《마산시사》

의 편찬 책임을 맡았을 때 3·15의 정치 사회적 배경을 깊숙이 파 해치고 그 원인을 객관적으로 예리하게 규명함으로써 이해관계가 있는 모 유력인사의 마산시에 대한 압력 탓으로 그 귀중한 《마산시사馬山市史》는 한 권도 햇빛을 보지 못하고 폐기된 일이 있었다. 마산을 위해서 참 안타까운 일이었다. 만약 그 책이 세상에 나왔더라면 마산의 역사는 크게 다른 모습을 하고 있을 것이다. 나는 이 책 한 권을 보관하고 있다가 마산을 떠나면서 이외율 군에게 주고 왔다.

 3·15와 관련하여 잊을 수 없는 추억의 하나는, 안재홍이 마산시장으로 있을 때, 3·15 발포 현장인 마산무학국민학교(초등학교)의 브로크 담장이 헐리게 되었다. 그 담에는 3·15 가두 시위를 진압하는 경찰이 쏜 총탄의 흔적이 많이 남아 있었다. 나는 안 시장을 찾아가, 총탄 흔적이 있는 벽돌 몇장을 소중하게 보관하여 후일 마산 민주화 운동사의 산 증거로 삼으라고 일러 주었다. 그는 즉석에서 "큰일 날 소리"라면서 펄쩍 뛰었다. 만약 지금 마산시청 민원실에 그 당시의 벽돌이 진열되어 있다고 가정한다면 마산이 한국 민주주의의 진원지로서의 위상이 확실히 확립되고 그 정통성이 증명되었을 것을……

명필 소암 현중화 선생

 필자는 여기서 소암素菴 현중화玄中和 선생과의 만남을 뺄 수 없다. 1960년대 말이라 기억한다. 우연히 불종거리의 '희' 다방 앞을 지나

다가 소암 현중화의 서예전이 열리고 있음을 알게 되어 그곳에 발길을 옮겼다. 그때까지 나는 소암의 명필로서의 성가를 알지 못하고 있었다. 50여 점의 주옥같은 작품들이 살아 숨쉬고 있음을 느끼면서 그 작품들에 압도되어 오랜 시간을 두고 감상하였다.

 그날이 전시회 마지막 날이라 했는데 한 편의 작품도 주인을 만나지 못하고 있었다. 소암을 찾으니 그는 어느 여관방에서 소주잔만 기울이고 울화를 달래고 있다는 얘기다. 일이 이쯤 되고 보니 전시회를 주관하는 인사도 자취를 감추었고, 이 많은 작품을 수습할 방도조차 막연한 상태였다. 나는 소암의 숙소를 찾아갔다. 수인사를 마치고

 "선생님 이 전시회 사흘만 연장하시지요. 그러면 제가 다 팔아 드리겠습니다."

 하고 제안했다. 소암의 잔잔하고 유순한 눈빛은 안경 너머로 나를 반신반의하는 듯했다. 지나고 나서 생각해 보니 그때 나는 작품에 도취해 제정신이 아니었던 것 같았다. 작품 50여 점을 어떻게 3일에 판단 말인가. 다급했던 소암은 거절할 이유가 없었겠다. 전시회장을 빌려준 희 다방의 연소영 여사에게 양해를 구하고 3일을 연장하였다.

 그때 마산시장을 찾아갔다. 다른 기관장에게는 기자들에게 부탁하여 이번 전시회는 마산에서 흔히 대할 수 있는 작품이 아니니 한번 와서 작품 감상이나 하라고 권하였다. 전시장은 다음날부터 성황을 이루기 시작하여 하루 만에 모든 작품이 매진되었다. 당나라의 시인

두보의 10곡 병풍은 두 질의 예약을 받을 만큼 소암의 전시회는 성공리에 끝나게 되었다.

　나 자신도 놀랐다. 그때 진해고등학교의 박홍범 선생이 퇴근길에 들러 큰 힘을 실어 주었다. 전시회 성공 소식을 전해 들은 소암의 부인은 멀리 서귀포 본가에서 전화를 걸어 나에게 감사의 뜻을 전해왔다.

　한숨 돌린 소암은 마산에서 느긋한 며칠을 보내게 되었다. 그러던 어느날 저녁 소암과 나는 신마산 댓거리를 지나다가 조그마한 탁주집에 들리게 되었다. 방에 안내되어 둘이서 막걸리를 몇 순배하다가 내가 소암에게

　"선생님, 옛 선비들은 주흥이 도도하면 기생의 치마폭에 글씨를 쓰거나 사군자를 치는 낭만이 있었다지요?"

라고 운을 떼자, 소암은 즉석에

　"암, 오늘 한 번 해 볼까."

하여 두 사람이 의기는 투합했는데, 막상 치마가 있어야지. 옆에 앉은 젊은 주모는 막걸리살이 오른 탓인지 통통하고 토실토실한 것이 《삼국지》의 잡팔계같이 생겼는데 다홍치마에 흰 속치마가 눈에 띄길래,

　"이 사람아. 속치마 좀 빌리세."

했더니 술기가 녹록찮은 이 아낙은 일어서더니 서슴지 않고 주섬주섬 옷을 벗기 시작한다. 당황한 소암과 나는 벗지 말고 속치마 앞

자락을 벌리라고 다급하게 설명해 주니, 그때사 여자는 겉치마는 벗어던지고 속치마만 입고 한 자락을 방바닥에 펼치니 소암은 때 묻은 망사의 흰 속치마 자락에 무슨 글을 쓸까 한동안 붓대를 꼬나잡고 붓봉을 치마 위에 이리저리 돌리더니 일필휘지한 넉 자는

'여이비녀女而非女.'

여자답지 않는 여자라는 뜻이다. 나는 마음속으로 기왕이면 섹시한 여자로 묘사할 일이지…… 생각하면서

"이것 무슨 뜻입니까?"

하고 물으니 소암은 태연하게

"몰라 몰라, 교수가 그 뜻도 몰라?"

하면서 그 독특한 꼬부랑 필치로 소암 현중화라는 낙관을 하여 작품은 완성되었다. 그것까지는 잘 되었는데, 그 치마값을 쳐줄테니 나에게 글씨를 넘기라니까 이 아가씨는 제 치마에 쓴 글을 기념으로 갖겠다는 것이다.

허허 참 낭패 났네. 하기사 그녀의 말이 맞지.

"맞다 맞다. 니 말이 맞다. 이것은 니꺼다."

비록 막거리를 팔고 있어도 예술 작품을 간직하겠다는 그 마음이 갸륵하여 내가 소암의 희작戲作을 갖는 것을 포기하고 말았다. 그 뒤 얼마 동안이 지나 그 집에 들렀을 때 그 〈여이비녀〉는 적당한 사례로 나에게 넘어왔고 이것 역시 마산을 떠날 때 이외율 군에게 맡겼다.

쌀 한 말의 우정

　요즘 예술인들의 생활은 많이 좋아졌다고들 하는데, 그 당시의 문학 예술인들은 어려운 가운데에서도 유유자적한 생활을 하고 있었다. 추산공원으로 올라가는 중턱에 화가 친구가 살고 있었다. 불종거리 순안산부인과 근처의 어느 대폿집에서 만나 이런저런 얘기를 듣고 보니 그의 형편이 어려운 것 같았다. 나는 그날 밤을 기다렸다가 쌀 한 말을 흰 자루에 담고 시청 앞에서 합승을 타고 그의 집 근처에서 내렸다. 때는 겨울이라 날씨는 몹시 싸늘한데, 쌀을 들고 가기에는 좀 무거워 검은색 외투를 입은 채 자루를 등에 메고 그의 집에 갖다 주고 땀을 닦고 돌아왔다.

　우리 사이는 격의가 없었기 때문에 기쁘게 받아 준 그 우정이 무척 고마웠다. 다음 날 아침 옷을 챙겨 입으려는데 외투의 등판이 보얗게 되어 있다. 자세히 보니 간밤에 쌀자루에서 묻은 쌀겨가 페인트를 칠한 듯 외투의 등짝을 못 쓰게 만든 것이 아닌가.

　세탁소에 가져가 보이니 이것은 세탁해도 안된단다. 쌀 한 말 값보다 훨씬 비싼 고급 외투 한벌 버리고 만 적이 있었지만 외투 못 쓰게 된 것보다 친구와의 정을 나눈 것이 더 흐뭇했다. 그 좋은 친구도 이미 고인이 되고 말았지만, 그의 작품은 상당한 세월이 흐른 뒤에야 제대로 빛을 보게 되었다 하니, 과연 인생은 짧고 예술은 긴 것인가.

　마산은 나의 인생과 더불어 성쇄를 같이한 곳이기에 추억의 아지랑이가 무성하다. 그러기에 '마산의 추억'이 어찌 이것으로 그치겠는가. 읽는 이들의 양해를 구하고 싶은 것은 내가 관여한 굵직한 사건들에 대해서는 '추억'으로 처리될 문제가 아니기에 다른 기회로 미루기로 했다. 옛말에 '시은부념施恩不念 수혜불망受惠不忘'이라 했던가. 베푼 은혜는 생각지 말고, 받은 은혜는 잊지 말라는 뜻이다. 우리는 베푼 일은 바늘처럼 작은 것을 태산같이 크게 생각하면서 내가 받은 은혜는 생각조차 하지 않는다.

하느님의 하늘 같은 은총과 자연이 주는 무한한 은혜, 부처님이 설파하신 '부모 은중경'에서 볼 수 있는 부모님 은혜, 스승님의 은혜, 나라의 은혜, 사회의 은혜, 형제와 친구의 은혜, 남편과 아내 서로가 주고 받는 은혜, 행복과 기쁨을 안겨 주는 자녀의 은혜, 원만한 인간관계가 주는 살맛 나는 사회의 보람찬 은혜 등이 있으니 내가 오랜 세월을 두고 생을 유지한 마산이 나에겐 은혜의 화신이 아니고 무엇이겠는가.

지구의 3분의 2가 바다로 둘러싸여 있다지만 바다라고 같은 바다가 아니다. 내가 사는 로스엔젤레스 앞의 산타모니카 해변은 지구상의 위도가 마산과 비슷하지만 거기엔 퀴퀴한 마산의 향기가 없다. 향수가 없다. 추억이 없다. 나의 역사가 용해되고 있지 않는 이물질이다. 마산의 은혜로운 자연과 풍성한 인간애를 품으면서 이 글을 맺는다.

한원구 재미동포, 전 해인대 교수·언론인

첫 번 째　인 연

마산과의
인연 • 3

마산이여! 영원하라

최 상 일

　내가 마산에 처음 발을 디딘 날은 언제였던가? 마산을 생각하는 나는 그날을 잊을 수가 없다. 1963년 10월 어느 가을날이었던가?
　중3 때의 일이었다. 중학교 3학년 또래의 청소년 세 명이 마산행 열차에 몸을 실었을 때의 그 설레임. 함안역을 출발하여 마산으로 가는 열차는 너무 즐겁고 신기하고 미지에 발을 디디는 그 야릇함은 정말 어떤 모험심으로 가득했다.
　열차는 산인역을 지나 중리역 그리고 북마산역까지 오는데 약 40분이 걸렸다. 지금은 자취도 없이 사라져버렸지만 처음 보는 북마산역은 어마어마하게 크고 웅장해 보였다.

그러고 보니 지금은 고인이 되어버린 안갑생 친구는 마산에 몇 번 와본 경험이 있는지라, 이곳저곳을 안내하는 책임자 역할을 하였고 옛날 화장터가 옆에 있던 교방동의 친척집으로 안내하여 점심을 얻어먹게도 해 주었다. 그때의 안갑생이는 우리들의 영웅이요, 구세주였다. 시민극장이 있는 창동으로, 교도소가 있었던 오동동으로 해서 여러 곳을 구경시켜 주었던 친구. 그와 함께 찾아간 용마고등학교의 전신인 마산상고, 그 아름답고 웅장했던 교문을 들어서던 때의 감회를 지금도 잊을 수가 없다.

내가 다녀야 할 학교 마산상고.

용마산이 그림같이 뒤에 있고 합포만이 앞에 펼쳐진 그곳의 모습은 얼마나 아름다웠던가.

마산상고를 둘러보고 바닷가를 걸어서 신마산 쪽으로 갔다.

거기에는 강태공들이 낚싯대를 드리우고 고기를 잡고 있었고 아낙네들이 갯벌에서 조개를 캐고 있었다. 바가지에 줄을 매어서 길게 바다에 늘어뜨려진 줄들을 풀고 있는 사람에게 무엇을 하느냐고 물으니, 꽁치를 잡기 위해 미끼를 단 줄들을 풀어주는 중이라고 했다.

한참을 보고 있으려니 줄을 슬슬 잡아당기자 학꽁치가 걸려 올라오고 있었다.

세상에 이런 광경도 있구나!

처음 보는 마산의 모습들은 우리들의 혼을 앗아가기에 충분했다.

해가 무학산 중턱에 걸렸을 때 우리들은 달려서 북마산에 당도하였으나 이미 기차는 떠나가고 있었고 함안으로 돌아갈 길은 막혀버렸다. 이러지도 저러지도 못하는 신세가 된 우리들은 북마산 대합실에서 주린 배를 안고 밤을 지새우기 위해 누웠다.

난감한 마산.

밤 10시 정도 되었을까? 설핏 잠든 나의 몸을 흔드는 사람이 있었다.

"너희들 왜 여기서 이러고 있어?"

눈을 부비며 올려다보니 마산공고 3학년 학생이었다.

"열차를 놓쳤어요."

"집이 어디야."

"함안이라 예."

함안 군북이 고향이라고 한 그 형님은 한참 동안 생각하더니 우리들을 데리고 자기의 자취방으로 데려가 주었다. 또 한 번 구세주를 만난 것이었다.

학창시절, 점심도시락을 가져오지 않아 주린 배를 안고 친구들의 도시락 여는 모습들을 훔쳐보다 슬그머니 교실 문을 열고 밖으로 나왔다. 수돗가에서 물을 원 없이 들이켜고 고개를 드는 순간 3학년 선배가 옆을 지나쳤다. 쳐다보는 나를 건방지다며 마구 때렸다. 울분이 극에 달했지만 참고 참으며 용마산으로 달려 올라갔다. 합포만을 바라보며 성난 사자처럼 고함을 질러대다 점심시간이 끝나갈 무렵에 산을 내려왔다.
 1966년 10월 4일에 써 놓은 한 페이지의 일기장을 보자.

 서원곡 맑은 물가에 놀고 있는 어미 개와 강아지들.
 물동이 인 뒷모습만 남겨두고 사립문을 들어가는 아낙의 뒷모습이 정겹다. 흐르는 개울물 소리는 귓가에 간지럽고 홀로 앉은 나는 갈 수가 없고 찾을 길 없는 고향은 멀다.
 바람 속에 띄워 보낸 마음의 편지는 함안으로 달린다. 마음속에 구름 끼고 태양의 빛을 못 받은 고아 같은 내 신세. 손과 발은 사슬에 묶여 있고 입은 솜으로 막혔다.
 천지라도 씹어 삼키고픈 울분과 미움들이 겹쳐 성을 쌓았다. 바람이 일고 파도가 밀려오면 자취도 흔적도 없이 사라져 버릴 모래성과 같은 내 꿈. 그래도 부여잡고 통곡하고 싶다.
 넓은 만주가 북쪽이더냐?
 바다 건너 저쪽이 일본이더냐?
 있는 줄 알면서도 찾아가지 못하는 이 마음의 고통이 찬 서리보다 더욱 날카롭게 얼음보다 더 차갑게 백조의 나래보다 더 희게 나에게 다가선다.
 만약에 어느 누가 나의 꿈을 묻는 날엔 나 스스로 이렇게 말하리라. 나는 나 자신이 걸어가는 것이 아니라 위대한 성인의 혼이 날 인도하고 고삐가 되어 끌리어 꿈을 찾아가고 있다고. 서원곡의 밤은 깊어만 가는데 아직도 잠 못 이룬 뱃고동이 긴 한숨을 토하고 있다.
　내 눈에 맺힌 이슬 때문인가!
　가로등의 불빛이 깜박깜박 이슬방울 은방울. 눈망울에 눈물 맺혀 별빛도 차가워서 방에 들어왔다. 커튼을 걷어버릴까 하다 그대로 잠이 들었다.
　꿈속에 나타난 어머니 얼굴.
　아! 태산이 깎이어 바다가 된다 해도 태양이 녹아 암흑이 된다 해도 열아홉 살에 홀로되신 어머니를 위해 살아가리라.
　애련에 흔들림 없이 순수하게 그렇게….

　나는 진주교육대학을 졸업하고 초등학교 교사가 되어 마산에서 30여 년을 근무하였다. 그동안 거쳐 온 학교를 돌아보면 지금은 창원시가 되어 사라져버린 귀산동의 삼귀초등학교, 산호초등학교, 회원초등학교 그리고 일본에서의 근무가 끝나고 귀국하여 또 회원초등학교를 거쳐 성호초등학교에 근무하다 다시 회원동 서원곡이 좋아 회원초등학교를 3번이나 찾게 되었고 호계초등학교에서 근무하다 이제 상일초등학교에서 명예퇴임을 하게 되었다. 그러고 보니 나의 삶의 모두가 마산에 있고 마산을 빼면 나의 인생은 존재하지 않구나!
　한때는 교육부 파견 일본 오카야마 교육원장이 되어 아버지를 찾아 현해탄을 건너가 재일동포들에게 우리 민족의 자긍심을 높여주는 민족교육을 시켰다. 일본의 만행과 우리 동포들이 일본으로 끌려가

고통받았던 이야기들을 듣고 울분과 통한에 사로잡혀 일본의 지배를 받았던 그 20세기가 넘어가는 아픔들을 《현해탄 저편》이란 자전소설로 써 이 세상에 내놓았다. 그리고 그것이 계기가 되어 아이들을 위한 동화를 쓰게 되었다. 이 모든 나의 삶과 운명들이 모두 그 누군가의 계시와 이끌림이 아닐까? 그렇다면 이제 우리 마산을 위해 내가 무엇을 해야 할 것인가? 심각한 고민에 빠진 나에게 우리 조선을 구하기 위해 헌신하신 독립운동가 이한식 박사의 영혼은 그의 생가로 나를 불러들인 모양이다.

지난해 낙엽이 노랗게 물든 10월 어느 날, 상일초등학교 뒷동산 작은 마을이 눈에 들어왔다. 가을 햇살을 받은 마을의 모습에 이끌려 나는 신발을 끌고 교문을 나서 산모롱이를 돌아 마을로 들어갔다.

어디서 날아왔을까? 난데없이 노랑나비 한 마리가 나풀나풀 내 앞에 나타났다.

노랑나비 따라 걸어가니 나타난 돌담길.

아! 이런 곳에 이런 돌담집이 있었던가!

노랑나비는 돌담 옆에 핀 가을꽃에 앉았다가 날아가고 나는 한 마리 나비가 되어 돌담에 핀 가을꽃을 보고 있었다.

며칠 후, 그 돌담에 핀 가을꽃이 그리워 찾아가 그 집을 돌아보았다. 다 허물어져 가는 아래채가 위태롭고 대문은 다 낡고 찌그러져 문패 대신에 '팔 집' 그리고 휴대폰 번호가 적혀 있었다. 그 뒤 하루에도 몇 번씩 그 집을 돌아보다 동네 사람들에게 그 집에 대해 물어

보니 모두가 한결같은 소리다.

"터가 참 좋은 집이요. 그 집에서 훌륭한 사람이 태어났으니 사면 좋아요."

돈이 없어 망설이던 나에게 《창원지》에 실린 독립운동가 이한식 박사 생가가 상곡리에 있다는 것과 독립운동가이셨던 초대 부통령 이시영 어른이 쓴 비문에 나는 이끌리기 시작했다. 그리고 인터넷으로 검색해 본 결과 마산의 근대인물의 한 사람으로서 당당히 자리 잡고 있었다.

이한식 박사는 한국인 최초의 공학박사이며, 해방 이후 미 육군 항공대 장교로서 당당히 조국의 재건을 위해 한국으로 돌아와 미군정 행정총사령관으로 많은 역할을 수행하시다가 군복을 벗고 대통령이 되겠다는 결심으로 미 육군 본부에 제대 복명을 하러 들어가던 중에 일본 하네다 공항 근처에서 1947년 4월 9일에 아까운 나이 49세로 미 육군 장교 33명과 같이 돌아가시게 된 분이셨다.

나는 이 집이 더 이상 허물어지게 해서는 안 되겠다고 생각했다. 이 집이 무너지면 우리 마산의 자존심이 무너지는 것이고 우리 조국을 위해 몸 바쳐 일하신 그분의 얼은 사라질 것이며 나아가 우리 조국의 독립을 위해 일하신 숭고한 그분의 독립정신이 묻혀 버리는 것이 아니겠는가! 어떻게 해야 하는가?

생각하고 생각하던 나는 이한식 박사의 생가를 샀고 이제 복원을 마쳤다. 마산시 내서읍 상곡리에 있는 이한식 박사의 생가는 다시 되살아났으며 그분의 얼과 숭고한 민족정신은 다시 재탄생한 것이다. 나는 오로지 열정과 신념 하나로 모진 고통과 악조건을 물리쳤다.

그의 장손으로부터 이한식 박사의 영정 사진도 받았다. 그분의 산소에 가서 참배하고 이렇게 맹세했다.

"마산 시민에게 알려 우리 마산의 자존심을 회복하겠습니다. 그리고 자자손손 만대까지 우리 마산의 자랑거리로 어린이들에게 좋은 교육의 장으로 남게 하겠습니다. 영혼이여! 지켜봐 주십시오."

최상일 아동문학가 · 경남아동문학회 회원

● 김주열 군 시신이 발견되자 시위가 격렬해지기 시작했다(1960년).
● 서성동의 철둑 개나리 동산(1955년).

● 마산부두에서 채취한 모래를 마차에 싣고 있다(1946년경).

1946년경 이른 아침의 어시장 경매 광경

두번째 인연

이승기
박중철
백남오
이흥식
한판암
김종두
이한영
안화수
황광지
최경석
구자운
백종흠

마산과의
인연·3

두 번 째   인 연

여객선 대창호 3등 객실에 꿈을 싣고

이 승 기

제3제국의 총통 아돌프 히틀러가 폴란드를 침공하여 세계2차대전이 발발하고, 미국 할리우드에서는 마가렛 미첼 원작의 《바람과 함께 사라지다》가 크라크 게이블, 비비안 리 주연으로 영화화되던 1939년 그때 통영읍 명정리 372번지 대밭골목에서 나는 태어났다.

선친께서는 부산 제2상업학교를 3년 만 다니시고 졸업을 못하시고 결혼 후 통영금융조합(지금 농협) 서기로 근무하시면서 나를 낳으시고 1946년 폐결핵으로 돌아가신 후 나의 인생항로는 고역이었다.

1952년 통영충렬국민학교 10회를 졸업하고 가정 형편상 중학교를 진학 못하고 육군병원 급사, 봉래극장 간판들이를 하다가 1953년 9월 어느 날 고모의 주선으로 통영 마산 정기여객선 대창호를 타고 오후 2시 고향을 떠났다.

　여객선은 통영 남망산을 돌아서 조금 오면 견내량에 도착, 승객을 하선시키고 거제의 관문 성포로 간다. 그 후 한 시간 정도 속칭 괭이바다를 지나면 구산면 설진에 도착하고 신마산으로 가는데 선착장 바로 앞에 술공장이 보였는데 그곳이 동양주류 회사이고 '명월明月 두루미 소주가 생산되는 것을 나중에 알았다.

　뱃고동이 계속 울리면서 마지막으로 도착한 곳이 남성동 여객선 선착장이었다. 그러나 지금은 흔적도 없다.

　마산에 처음 정착한 곳은 동성동 20의 5번지, 지금 복국집이 즐비한 선창가였다. 비포장 도로변에는 미군부대에서 나온 속칭 꿀꿀이죽 파는 노점상, 이북 피난민이 경영하는 하꼬방 포장마차, 그리고 새벽이면 꼬막(피조개) 까는 아지매들의 소음 소리가 아침잠을 설치게 하였다.

　마산 도착 후 제일 처음 구경을 나온 곳은 지금 부산일보 마산지사 근처 부림시장 입구의 포장마차였다. 그때 우동, 국수, 삶은 달걀 등을 팔았는데 특히 일본 이름인 '가마보코'가 맛있었다.

　나무판자에 붉은색의 어묵이 붙어 있는 음식인데 우동에 얹어주면 천하일미였다. 일본은 이 음식이 지금도 있지만 우리는 오래 전 만들지 않았다.

  마산집에는 전화가 있었는데 모양은 미국 서부 활극에 나오는 형식으로 오른손으로 돌려 신호를 보내고 나서 왼손으로 수화기를 드는 기계로 벽에 부착되어 있는 분홍색 전화기였다.

  시골 아저씨가 마산 와서 전화를 빌려 드리면 신호를 보낸 후 수화기를 들고 송신, 수신을 함께하시느라 바쁘게 움직이는 모습이 우리를 웃겼다.

  내 고향 통영은 기차도 없고 그때는 시내버스도 없으니 다음부터는 기차 구경을 나설 차례다. 부림시장 철둑에서 구경하다가 좀 더 정확히 보기 위하여 그때 시청 옆 보선사무소, 열차 기관고까지 가서 구경하던 일이 눈에 선하다.

  신마산 댓거리를 출발하여 남성동 파출소 앞에서 시민극장 방향으로 북마산역 앞까지 다니는 시내버스는 백영여객과 환금버스로 기억된다. 오동동을 출발하는 버스에 아무 목적 없이 탑승하여 먼지를 휘날리며 신마산 댓거리까지 할 일 없이 다니기를 여러 번 하였다.

  중학교에 진학하려고 하니 우선 국민학교 재학생이어야 가능하기 때문에 그때 집안에서 잘 알고 지내시는 성호국민학교 선생님께 부탁드려 비공식 전학생으로 성호국민하교 6학년 4반에 2학기만 다니게 되었다.

  성호교에 편입되기 전 그때 필요한 서류를 구비하기 위하여 통영에 갔더니 나의 이름은 이승기李昇基였다. 고향에서 졸업할 때는 이

광무李廣茂였다. 나중에 알고 보니 일제 때 창시개명되어 나의 이름은 '목산광무牧山廣茂'였는데 해방되니 성만 바꾸고 이름은 일본식으로 그냥 두었기 때문이고 출생신고에는 이승기였기 때문이다. 나이도 많아서 그때 단기 4272년생을 4274년으로 낮추어 억지로 편입이 되었다.

1954년 봄, 지금 마산중학은 서중이었고 하꼬방 교실이었다. 시험을 치렀는데 낙방하고 말았다. 후기 시험으로 창신중학을 지원하여 합격되어 3년간 다니게 되는데 나에게는 두개의 국민학교 졸업장이 생기게 되었다. 통영 충렬국민학교 10회, 마산성호교 46회, 앞에는 이광무李廣茂, 뒤는 이승기이다.

붉은 벽돌집으로 된 창신중학교 근처는 보리밭이었다. 학급 편성은 ABCD로 나눠 4학급이었다. 처음 배우는 영어는 신이 났고 학년 말에는 72명 중 2등을 하여 우등상을 타기도 했다. 그러나 국민학교부터 중독이 된 영화 보기가 또 시작되었다.

마산 와서 제일 처음 간 극장은 국제극장이다. '부림→국제→강남'으로 세 번의 이름이 바뀐 극장이다. 영화 제목은 〈모히칸족의 최후〉이다. 아마 1936년작으로 흑백필름이었고 인디언과 치열한 전투 신이 기억난다.

창신중학교 3학년때 기말시험 중 컨닝하다 음악 담당 한동훈 선생께 들켜서 뺨이 후끈할 정도로 맞았는데 어른이 된 후 남일해의 〈첫사랑 마도로스〉, 송춘희의 〈수덕사의 여승〉 작곡, 프랑스 샹송 〈라

103

멜〉(바다)을 구성지게 부른 가수가 그분이란 것은 알았지만 다시 뵙지는 못했다.

그때 마산에는 신마산에 마산·제일, 구마산에 시민·국제(56년에 강남江南으로 개명)극장이 있었고 낮 2시, 밤 8시 2회 상영이었다. 영화상영 한 시간 전 4개 극장에는 옥외 대형 스피커를 설치하고 유행가를 틀기 시작하였다. 마산 시내가 시끌벅적하였으나 소음공해라고 항의하는 사람이 없는 낭만의 시대였다.

특히 저녁에는 학생단속을 하였는데 규율부 부원과 인솔교사였다. 그 시절 마산공고 체육교사이신 별명 '호박장군' P선생의 위력은 핵폭탄이었다. 나는 저녁시간을 피하고 수업 4시간 끝내고 친구들에게 대신 출석을 부탁하고 극장으로 달렸다.

〈킹솔로몬〉, 〈황태자의 첫사랑〉, 〈춤추는 대뉴욕〉, 〈평원아〉, 〈줄리어스 시저〉, 〈세기의 여황〉, 〈해적 브랏드〉, 〈아파치 요새〉 등 수없이 보았다. 그러나 마산상고 시절은 어림도 없었다.

여름이면 지금은 흔적도 없어진 선창가 수협 구판장 앞 방파제 돌섬에 수영하며 건넜고 웅남호 타고 한국중공업 자리 적기 해수욕장도 자주 갔다. 캠핑하는 선배들과 군용 천막을 치고 잤는데 모기 때문에 혼쭐나기도 하였다.

지금 노인종합복지회관, 경남대 평생교육원 자리 공터에 서커스 공연을 자주하였다. 마산상고 2학년 때 사촌 여동생이 성지여고에 다녀서 그녀 친구하고 나의 창신고 친구 4명과 같이 구경을 갔는데,

나오다 근처 불량배에게 여자친구 많은 재수 좋은 놈이라고 두들겨 맞아 턱이 아파 밥 먹기가 곤란했던 시절의 추억도 아련히 생각난다.

그때 강남극장에는 1950년대 최고의 인기 여성 국극단을 위하여 방을 만들어 놓을 정도로 대접을 하였다. 특히 임춘앵 국극단의 공연은 연일 인산인해를 이루었고 98년 세상을 떠난 나의 어머니는 장사를 단축할 정도였는데 〈백호와 여장부〉의 임춘행의 허스키 목소리는 지금도 들리는 것 같다.

〈모래시계〉라는 TV연속극과 배우로 인기 있는 최민수 군의 외할머니가 전옥全玉 여사이다. 지금은 고인이 되었지만 '백조가극단'의 〈항구의 일야〉, 〈유랑자의 복수〉는 유명하였다. 요리조리 피하면서 구경한 것이 어제 같은데 벌써 50년 전 일이다.

나는 용마산과 인연이 깊다. 마산상고 3년을 다녔으니 자주 올랐고 졸업 후 집에서 동서고금 문학작품을 대본소에 빌려 용마산 위 공동묘지 풀밭에 누워 읽으면서 청춘의 갈등도 많이 느꼈다. 그리고 마산문화원 부원장 6년도 용마산이다.

지금 산호동은 그때 반냇들이었다. 추수가 끝난 들판을 바라보면서 고교 2학년 때 읽은 안톤슈낙의 《우리를 슬프게 하는 것들》을 생각하였으니 문학에 대한 집념도 불탔던 시절이었다.

나는 마산에 1953년 9월에 와서 지금까지 떠나본 적이 없고 1남 2녀를 낳았는데 아들은 오동동 95번지, 큰딸은 오동동 포도밭거리, 막내는 중성동에서 태어났고 전부 성호초등학교 출신이다. 오래 전

아들을 장가보냈는데 며느리도 마산 사람이고 그 후 손자를 보았는데 신마산 파티마병원에서 출생하였으니 역시 마산과의 인연은 끈질기다.

내 고향 통영의 번화가인 항남동에 하루종일 서 있어도 아는 사람을 만날 수 없지만 마산의 창동에 서 있으면 몇 분 안에 아는 사람을 만날 수 있다. 어느 글에 '자기가 사는 곳의 길을 모두 알면 그곳은 고향이 된다'고 하였다.

1959년 나는 마산상고 3학년이었다. 그때 단과대학인 서라벌예술대학에 연극영화과가 있었고 그곳에 입학하여 영화감독이 되는 꿈을 꾸고 있었다. 학교생활은 주산, 부기, 기하, 대수, 화학, 물리 과목은 팽개쳤고 국어, 영어는 그래도 최하위 성적은 면했고, 나만의 특별과목 영화감상은 드디어 정학처분까지 가는 수모를 당했고, 결국 취직도 진학도 물거품이 되었다.

그해 추석날은 9월 16일인데 최고의 태풍 사라호가 전국을 강타 수많은 인명피해, 재산피해를 가져왔다. 그래서 극장들은 그 다음날 9월 17일 연속 상영하였는데 낮 2시쯤 입장하였다.

시민극장 추석프로는 그랜포드 주연의 〈뇌격명령Torpedo Run〉이었고 내용은 세계2차대전 때 미국 해군의 용맹성을 그린 내용이다. 영화내용이 아무리 건전해도 학교 승낙 없이 극장을 출입하여 발각되면 처벌을 받는 시절이었다.

공원 벤치처럼 된 의자에서 영화가 끝나자 영어담당 선생님께 적

발되었다. 그냥 나왔으면 반성문 쓰고 변소청소 정도로 관대히 처분 받았을 것 같은데 주저앉아 연속상영을 끝까지 보았다. 취직도 진학도 되지 않는 나의 처지는 체벌이 겁나지 않았다.

지금 생각하면 괘씸죄까지 추가되어 15일간 유기정학 처분을 받았고 3년 고교시절 처음이자 마지막으로 교문 게시판에 이름이 크게 붙었다. 그 이후에도 영화감상은 역사적 사명감을 가지고 계속하니 영화 소식을 많이 알고 집에는 경향신문을 구독해서 다방면의 영화정보를 가지고 있었다. 특히 이 신문은 자유당 정부를 질타하는 논조를 많이 게재했고, 특히 칼럼 〈여적〉으로 정권의 눈에 가시가 되어 정간처분을 당했다.

그 시절 서울 충무로 영화계의 대부는 임화수였다. 5·16쿠데타로 형장의 이슬로 사라졌지만 한국영화계를 휘어잡은 거물이었다. 한국연예주식회사를 만들어 홍콩합작영화 〈이국정원〉을 제작하고 그때 거의 불가능한 논산훈련소를 배경으로 양석천, 양훈 주연의 〈홀쭉이 뚱뚱이 논산훈련소에 가다〉를 만들 정도로 막강한 힘을 가진 권력자였다.

자유당은 다음해 영구 집권하기 위하여 수단방법을 가리지 않고 불법탈법을 일삼았다. 임화수가 희극배우 김희갑에게 폭력을 휘둘러 갈비뼈가 부러져도 후려치는 신문이 적었고, 한국일보 사설에 〈예술가의 정치 참여는 그런 것 아니다〉로 한방 두들겼는데 임화수가 벼르고 있다는 이야기도 돌았다.

1959년 임화수는 이승만 대통령에 아부하였고 국민여론을 집중시키기 위하여 신상옥 감독, 김진규·최은희 주연에 국내 스타가 거의 출연하는 〈독립협회와 청년 이승만〉을 만든다. 이 영화는 전 국민이 보아야 하는 국민영화로 탈바꿈하고 마산에서 학생단체관람은 물론 통반장이 관람을 권유하는 영화였다.

어마어마한 권력의 소용돌이 속에서 우뚝선 임화수는 약방의 감초 격인 '반공'을 앞세운 '반공청년단'을 조직하고 그 단장에 취임하고 전국 조직망을 만든다.

1960년이 밝기 전 마산 출신 민주당 허윤수 국회의원은 변절하여 자유당으로 옮겨 마산 시민의 분노를 사고 있었다. 3월 15일 정부통령 선거를 앞두고 자유당은 3인조, 6인조를 만들었다. 투표소에 혼자 들어가는 것이 아니고 3인과 6인이 한 조를 만들어 기표를 감시하는 불법방식이다.

그해 나는 불안, 초조, 환멸, 인생무상의 고뇌 때문에 졸업식에도 가지 않고 집에서 책만 읽고 있었다. 투표일 며칠 전 투표통지표가 나왔는데 우리 집 유권자는 5명인데 나를 포함하여 3명은 나오지 않았으니 원천적 부정이었다.

마산 오동동 투표소는 선창가에 있는 마산 제빙창고였다. 9시경 구경삼아 가니 투표소 100m 앞에 동창생 L군이 서 있는데 옆에 가니 집에 가라고 한다. 알고보니 반공 청년단 마산지부 단원이다.

제빙회사 실내에는 백열전구가 켜 있는 것이 멀리서 보였다. 민주당 마산시지부 사무실은 불종거리 향촌다방과 홍안과 사이 건물 2층이었다. 대형 스피커에서 울먹이는 방송이 울려 퍼지면서 10시를 기하여 선거를 포기하였다는 내용을 듣고 11시경 우리는 당사무실 앞에 모였다.

당사 스피커에는 계속 마산 시민에게 선거포기 호소문을 되풀이하고 있었다. 많은 군중이 모여서 구호를 외치고 있을쯤 집에 와서 쉬다가 오후 3시쯤 다시 가니 데모대가 소방차 물세례를 받아 일단 해산되었다고 웅성거렸다.

오후 민주당 사무실 앞 길거리에는 많은 시민이 운집하기 시작했다. 지금 코아양과 자리는 1층이 콘티엔탈다방, 2층이 전원그릴, 바로 옆집이 태양약국이었다.

17시경, 지금 오동동 프라자 건물, 그때 동보극장 방향 비포장도로에 먼지를 일으키며 스리쿼타 한 대가 민주당사 쪽으로 올라왔다. 가까이 도착하여 보니 차에는 마산 주먹왕 K, 그리고 나의 동창생 T군을 포함 5명이 탑승하였고 차에는 애기 호박만 한 돌이 많이 실려 있었다.

그들은 운집한 군중을 향하여 돌을 던질 태세를 취하며 해산하기를 협박했다. 모두 반공청년 단원이다. 나는 민주당사 앞 한성여관 골목으로 피신하는데 헤어지는 군중이 저녁에 마산시청에서 만나자는 이야기를 나누었다.

우리집은 오동동 댓방골목이었다. 19시가 넘어서 창동에 나오니 상업은행부터 거리는 전부 철시하여 적막한 느낌이 들었다. 시청을 가기 위하여 제일은행 방향을 가니 남성동 파출소 앞에 100여 명의 데모대가 집결하고 있었다. 파출소 정문에는 푸른색인지 하늘색인지 커다란 둥근 등이 달려 있고 민주경찰民主警察 글귀가 한문으로 등에 쓰여 있었다.

날이 어두워지면서 구호를 외치던 데모대가 돌을 던지기 시작했다. 정문의 보안등이 깨어지면서 분위기가 고조되는 순간 검은 제복의 순경이 모자테를 턱에 걸고 당황하는 모습으로 2층에서 불쑥 나타나는 순간 '탕' 소리가 나고 '맞았다'는 소리도 들렸다.

탕소리는 총소리였고 한 사람이 맞았다고 부축하여 병원으로 달렸다. 나도 뒤를 따라가니 시민극장 앞 골목 안에 있는 동병원이었다.

동병원은 입구에 잔디밭이 있는 병원인데 데모대가 들어가니 혼잡하여 우리 몇 사람은 뒷길로 갔다. 병원 뒷길로 가니 방범용 쇠창살 문이 있고 종이로 선팅되어 있어 쇠문을 잡고 올라서니 실내가 훤히 보인다. 부상자는 머리 부분을 맞은것 같고 나의 기억으론 잘 익어 벌어진 석류를 보는 것 같았다.

데모대가 의사에게 치료를 독촉하니 놀란 간호부가 울면서 안절부절하던 모습은 확실하다. 나는 심장이 뛰고 다리가 후들거려 집으러 가는데 마산시청 쪽에는 콩 볶는 듯한 총소리가 들렸다.

나의 단짝 친구는 오동동 포도밭 근처에 살았다. 나지막한 초가집 봉창을 두들기니 그는 집에 있었다. 나오지 말라고 일러두고 다시 불종거리 방향으로 가던 중 북마산 파출소가 화염에 휩싸였고 데모군중의 함성, 총소리 그리고 정전으로 마산시내는 암흑천지로 변했고 나는 공포감으로 집으로 갔다.

3월 16일부터 자유당 정권은 마산 3·15의거를 용공으로 조작하였고 그날 밤 발포로 사망한 열사들 명단도 발표되었다. 그때 마산상고에 입학한 김주열 열사의 주검이 초점이었다. 데모에 참가해서 행방불명되었고 시체를 어디에 버렸다는 소문이었다. 하루는 마산시청 옆 보선사무소에 있는 큰 연못에 버렸다고 해서 물빼는 작업을 했으나 발견되지 않았다.

격동의 3월이 가고 4월 11일 오후 김주열 열사의 시신이 마산중앙부두에서 떠올랐고 마산도립병원에 안치되었다는 뉴스가 전해졌다. 우리는 도립병원으로 달려가니 입구 오동나무 아래에 가마니를 깔고 그 위에 김주열 열사의 시체를 눕혀 놓았다. 그 처절함을 보고 분노하지 않는 마산 시민은 없었다.

그날 저녁부터 시작된 2차 데모는 마산시가지가 군중의 파도였다. 남성동파출소는 가는 데모대 오는 데모대가 두들겨 부수고 오동동 파출소 순경은 도망가고 서류뭉치가 길거리에 흩어져서 날리고 있었다.

4월 12일부터 마산시내 학생 단체가 하루종일 데모를 했고 그때 여학생 교복은 목에 '카라'라고 부르는 흰목도리를 달았는데 소방차 탱크물에 붉은 염색소를 넣어 여학생에게 뿌려 '카라'가 붉은색으로 물들어 우는 모습도 기억나는데 철길 개나리동산 근처였다. 해산, 체포를 겸한 작전이었다.

우리나라 최초의 상업방송은 부산MBC(HLKU)인데 4월 12일인가? 13일인지? 오후 마산 데모를 중계방송하였다. 역사적인 데모 중계 기록이다.

4월 14일 도립병원 앞은 정적이 흘렀다. 13일 밤 김주열 열사의 시신을 고향 남원으로 옮겼기 때문이다. 마산 3·15 1차·2차 데모는 마산시민 중 강보에 싸인 아이, 병원에 입원한 중환자 말고는 모두 참가한 마산시민의 위대한 승리였다. 국민은 자유당 정권의 몰락을 예견했지만, 마산 3·15의거는 민주주의 역사의 물줄기를 앞당기는 장대한 역할을 점등하는 등불이 되었다.

이제 나도 칠순이다. 세월의 빠름을 느낄 틈도 없다. 남에게 자랑거리도 못되지만 그래도 95년에 《스크린야화》, 99년 회갑 수필집 《명정리明井里》, 2004년에 《1950년대 추억의 영화》 세 권의 졸저를 출판하였다.

영화와 책에 대한 관심도 애착을 넘어서 집착 이상이었다. 땅 한 평, 집 한 채는 생각 없고 좋은 책 있으면 구입하고 우리 지역의 헌책방과 부산을 넘나들었다. 수필평론집 1,000권 전시회를 마산, 김해에서 개최하였고, 창간호 500여 권 전시회도 여러 번 개최하고 찾아오신 분들께 선물로 책도 많이 드렸다.

1986년 대한출판협회 선정 모범장서가로 1993년 책의 해에는 결혼 주례로 900여 쌍에게 책 선물을 하여, 93년 책의 해 9월의 인물이 되어 상금 50만 원을 도서상품권으로 받아 주위에 선물로 나누어 드렸다.

자택이 없으니 이사 갈 때마다 책이 문제였다. 이삿짐센터가 제일 싫어하는 이삿짐이 책이다. 심지어 이삿짐센터 책임자가 책더미를 보고 나중에 오겠다는 약속을 지키지 않아서 곤욕을 치르기도 하였다. 깔끔하기로 이름난 나의 어머니 덕택으로 그 많은 책을 정돈했지만 98년 떠나신 후는 엉망이 되었다.

잡지 창간호 800여 권은 잡지협회에 드렸고 해방 후부터 1960년까지 수필 평론집 희귀본 100여 권은 삼성출판박물관에 기증하였다. 동서고금의 문학작품도 섭렵하였고 책으로 상도 받으니 몇년 전부터 책을 사랑하는 후배들에게 조건 없이 나누어 주고 있다.

1978년 40의 나이로 우연히 시작한 결혼식 주례 서기는 올해로 30년, 3천 쌍을 맡았고 지난해는 2대代주례, 28년 전 부부 인연 후 낳은 아들을 다시 축하하였으니 보람된 일이 아닐 수 없다. 인생의 새 출발을 축복하면서 말만 할 것이 아니라 실생활에서 모범을 보여야 한다는 사명감으로 항상 처신에 조심하고 있다.

마산에서 50년간 모아온 영화자료를 마산문화원 지원으로 마산문화원 영화자료관을 2007년 10월 30일 개관하였고, 개관기념으로 박재현 감독, 엄태영 촬영의 독립영화 〈외계인〉을 상영하였고 나의 주연 작품이다. 이제 영화배우가 되었다.

2000년부터 2002년까지 거제대학 산업체 특별학급에 '영상예술의 세계'를 3년간 강의했고 2007년에 창원전문대에서 '영화와 영화 읽기' 과목을 1년 강의하여 강사이지만 주위에서 교수라 불러주니 내 생애 최고의 보람이 아닐 수 없다.

영화자료관에는 1950년 국내외영화 포스터, VIDEO, DVD, 영화 이론서, 영화잡지, 기타 자료 수천 점이 보관, 전시되고 있다. 자료관 상영관에는 추억의 영화상영이 올드팬들의 성원에 힘입어 주 2회에서 주 4회로 연장 상영되고 있다. 지난 4월 6일 일요일 7시 40분부터 8시까지 KBS부산 1TV에서 나의 주연 〈외계인〉이 방영되어 부산 지인의 칭찬도 받았다.

이제 남은 나의 최고 희망은 영화감독이 되는 것이다. 수억의 제작비가 투입되는 극영화는 엄두도 내지 못하고 단편영화 한 편 찍는것이다. 단편영화 주연, 감독이면 나의 꿈은 이루어지는 것이다.

우연히 출연한 마산MBC TV 〈얍! 활력천국〉에서 실버 개그맨으로 근 5년간 활약하고 라디오 영화이야기는 수년을 방송하였다. 경쟁이 치열한 TV프로그램에서 살아남을 수 있는 비결은 끝없는 자기 개발이다.

1970년대 우리나라 유흥업소에는 전부 악단이 있었다. 가수, 무용수도 많고 경기도 좋은 시절이라 연예인의 수입도 짭짤했고 연예협회라는 조직의 힘도 있었다. 연예협회 회원이 아닌 비회원은 유흥업소 무대에서 연주할 수 없는 공연법이 있었다.

연예협회 경남지부는 마산, 진해, 울산을 아우르는 협회였다. 이

협회 사무장직을 맡으면서 약간 소질이 있는 나의 사회 솜씨를 발휘하여 위문공연을 많이 하였다. 39사단, 예비군 부대, 김해 미사일기지, 해병대 신병교육단, 해군함대사령부, 육군공병학교, 국군병원 그러나 제일 반응 없는 고역스런 단체는 경찰서 그리고 교도소였다.

예명 'Star Lee'라는 이름으로 신나고 보람 있는 공연도 많았다. 80년대 명사회자 송해 선생이 회장을 맡은 새마음봉사단 연예인봉사대라는 조직이 있었다. 경남지부 발대식을 마산 극동예식장에서 거행할 때 사회를 맡았는데 행사 후 공항으로 가시는 차 안에서 우리 지부장에게 지방에서 활동하기는 아까운 MC라고 칭찬했다는 말씀을 들었는데 아마 지금 TV활동의 밑거름이 되었다고 생각한다.

고향 떠나 반세기를 마산에 살면서 좋은 친구도 많이 만났고 아름다운 추억도 수없이 만들었다. 소년으로 고향을 떠나 마산에서 늙은이로 인생을 마무리할 것이다.

몇년 전 고향 초등학교 반창회에서 초청하여 참석하니 이제 늙어서 알아보기 힘들었고 고향 떠난 지 오래되어 서먹서먹함을 느꼈고 동창명부에는 행방불명이 되어 있었다.

아련한 추억 속의 고향은 그림자 같았고 50년을 살아온 마산은 나의 삶에 활력을 솟게 하는 역동의 제2고향이다. 이제 나의 아들, 딸, 손자는 마산이 고향이 되었고 그들의 사랑하는 도시가 될 것이다.

이승기 마산문화원 영화자료관 관장

두 번째 인 연

마산과의
인연·3

시의원이 되기까지

박 중 철

제2의 고향 마산.

열세 살 어린 나이에 시작된 마산에서의 객지생활. 중학교 시절부터 하숙집을 전전한 흔적을 보면 마산시 관내 12개 동을 옮겨 다닌 것 같다. 하숙집을 전전한 기억과 낯익은 골목을 지날 때마다 옛날 살던 집이 생각나고 새로운 길을 만나면 사라져버린 집들과 유년시절의 움직임이 되살아난다.

회원동 500번지와 철길, 그리고 지금은 대로로 변한 무학여고 앞 철길과 구마산 역 광장, 신마산 역과 마산극장, 아파트로 변한 태양극장. 대학시절 누볐던 월영동 600번지 일대와 반월동 문화동의 골목들. 해운초등학교가 들어선 철도청 관사 자리하며 도로로 편입돼 사라진 경남대학교 앞 하숙집.

막걸리 한 말이 800원 하던 시절, 그 술도가는 사라졌고 도다리 회 한 접시에 500원 하던 댓거리 횟집과 300원짜리 가오리무침으로 대학 새내기들을 유혹했던 허름한 판자촌, 소위 신마산 나래비집.

5만kW의 전력을 생산하던 화력발전소도 사라지고 창포동 선창가도 매립되어 아파트가 들어선 지금 세월만큼이나 많이도 변했다.

그러한 세월을 따라 도시의 변화만큼 우리도 변해가고 만나고 헤어지고 이판의 세계에서도 윤회를 거듭한다. 마산의 품 안에서 부대끼며 돌고 돌았던 북마산과 구마산 신마산 그 언저리. 젊은시절의 흔적과 함께 마산을 껴안고 반가운 이웃을 만나고 친구들을 만나면서 마산을 노래한다.

나의 마산생활은 의령초등학교를 졸업하고 마산동중에 입학시험을 치르면서 시작됐다. 그래도 공부는 좀 했는지 소위 촌에서 마산으로 유학을 온 셈이다. 당시 6명의 친구들이 합격해 다들 어려운 살림살이에 자취를 한데 반해 처음부터 하숙을 하게 된 것은 그나마 조금은 나은 형편이었던 것 같다.

69년 3월 입학을 앞두고 아버님은 하숙집을 물색하다 고향 사람이며 지인인 정씨집으로 결정하고 나를 맡긴 것 같다. 그 집은 할아버지와 할머니, 형과 누나 등 식구만도 5명이었다. 게다가 함께 입학한 친구—자기의 할아버지 집—까지 7명의 대식구였다. 집의 형태는 구마산 역 광장 입구 적산가옥으로 단층으로 된 기와집이면서 점포가 늘어선 집이었다.

집 앞에 플러타너스 나무 한 그루가 그늘을 주고 평상에 앉아 놀고 있으면 주인집 할아버지의 해묵은 천식으로 인한 기침 소리가 집 밖으로까지 새어 나오곤 했다.

집 옆의 합기도 도장을 시도 때도 없이 들락거리며 놀았던 기억하며, 집 앞에 원불교 본당이 들어서고 어지럽게 이어지는 골목길을 따라 오르면 태양극장 뒷골목에 자리했던 유도 도장이 기억난다.

일요일이면 당시 자유무역지역 공사현장이었던 개펄에서 뒹굴다 온몸에 시궁창 냄새가 배어 씻어도 없어지지 않던 기억 속에 오늘날 시원스레 뚫린 자유무역지역 해안도로를 달린다.

학교 가는 길은 골목길을 따라 문창교회를 지나고 북마산 역 앞으로 나오면 철길을 가로질러 처음 생긴 보도육교를 지나게 된다. 또 철길 옆 좁은 길을 따라가다 보면 회산다리 위쪽 회원동 500번지 남쪽 입구에 다다른다. 만화방과 찐빵집들이 눈에 선하다.

당시 마이크로 합승버스 차비가 6원 하던 시절. 10원을 주고 4원을 돌려받지 못하면 하교길에서 기다렸다가 차장으로부터 거스름돈 4원을 돌려받던 그 얼굴이 그 얼굴인 시절이었다.

학교 앞에는 예나 지금이나 리어카 행상이 진을 치고 꼬챙이에 끼인 삼각형 어묵 한 조각이 1원 하던 시절. 입학시험을 치르고 나오다 사먹었던 어묵의 맛은 지금의 어떤 음식보다 맛있었던 유년시절의 기억이다.

하기사 당시 도시락 반찬으로 어묵볶음만 한 것도 없었다. 하숙집 도시락 반찬의 단골 메뉴는 어묵에다 멸치볶음이고 어쩌다 도시락 밥 위에 얹어주는 계란 프라이는 최고 수준의 하숙집임을 증명하는 바로미터가 되기도 했다.

하교길은 어쩌다 친구들과 동중 후문을 빠져나와 국제주유소를 건너 철길을 따라 구마산 역으로 들어오는 길을 택하기도 했다. 구마산 역 철길을 따라 이어진 사창가를 지나면서 여자들을 쳐다보는 것이 사춘기 시절의 호기심이었다.

'특정 O호' 라고 새겨진 나무 팻말을 문패 삼아 길게 늘어선 사창가는 삼역 통합으로 구마산 역의 철거와 함께 육호광장 도로에 편입된 지역이다. 구마산 역 광장에는 교보빌딩이 들어서고 원불교 교당 건물도 사라지고 최근에는 당시 그 언저리에 새로운 사옥을 지어 입주했다.

날씨가 흐린 초저녁에는 서원곡 입구 화장터에서 풍기는 누릿한 냄새와 변변찮은 화구시설로 인해 '펑' 하는 소리까지 들려 어린가슴을 졸아들게 했다.

상남동에서의 하숙생활은 그리 길지 않았다. 하숙집 손자인 친구와 대판으로 싸우고 하숙집을 옮겨버린 것이다. 말다툼 끝에 평소 부당한 대우(?)가 폭발해 검정고무신으로 두들겨 패주고는 아버님께 옮겨달라고 해 옮긴 곳이 회산동 창신학교 담장을 끼고 도는 골목길 주택이었다. 이 집 역시 아버님의 외가 쪽 친지집이었는데 시골에서 유학 온 마산상고 2학년이었던 형과 함께 한방을 쓰게 되었다. 기억으로 곽씨 성을 가진 그 형은 훗날 젊은 나이에 사고로 돌아가셨다는 소식을 들었다.

하숙집 옆은 회산목욕탕으로 기억한다. 목욕탕 구조는 옛날 목욕탕이 다 그러했듯이 보일러실 쪽으로 쪽문이 나 있고 탕 안에서 큰소리로 "더운물" 하고 고함치면 더운물을 보내주는 식이었고 냉탕은 남탕과 여탕이 공동으로 사용하는 형태였다. 바가지로 물을 퍼서 사용하던 시절 짓궂은 친구들은 목을 내밀고 여탕 쪽을 기웃거리던 전형적인 옛날 목욕탕이었다.

학교 가는 길은 가까워 지금의 동중사거리를 지나 철길을 지나면 건빵공장인 동양물산이 나오고 회원동 500번지 대로를 따라 종종걸음을 쳤다.

철길은 유년시절 유일한 놀이터였다. 대못을 철길 위에 놓고 기차가 지나가면 칼을 만들기도 했다. 레일 바퀴에 눌린 못이 일시적이나마 자석이 된다는 사실이 신기했고 레일에 귀를 대보면서 기차와의 거리감을 가늠하기도 했다. 레일 위를 누가 오래 걷는가 내기하면서 균형감각을 키우기도 했다.

하굣길에 목격한 철길 사고는 어린 나이에 '비참하다'란 말을 실감나게 했다. 기차에 치인 사체는 철길을 벌겋게 핏자국으로 물들였고 찢어진 살점들이 흩어져 우리를 놀라게 하기도 했다.

한달에 한 번 고향에 가는 길은 서성동 터미널까지 걸어서 간 뒤 빨간색 완행버스를 타고 회성동을 거쳐 중리와 함안, 군북, 의령으로 가는데, 1시간 30분 정도 소요된 걸로 기억한다.

향토장학금(?) 때문에 가는 길이지만 즐거울 때도, 아니 그때는 가기 싫은 날도 많았다. 어린 나이에 촌에 가면 일을 시킬 것이 뻔하고 돈만 아니면 가지 않았으면 하는 마음이었다.

한 달에 한 번이지만 할아버지 할머니는 "장손 왔나" 하며 반갑게 맞이해 주었고 동네 어른들 역시 "도련님 왔네" 하면서 나를 깍듯이 맞이하곤 했다.

당시는 쑥쓰러운 마음이 앞섰지만 훗날 나 자신을 돌이켜 보면 그분들의 기대에 미치지 못하는 못난 도련님이 됐다는 생각을 하면 미안함이 앞선다.

고향 친구들과 오랜만에 만나 악동 노릇을 해도 선의로 받아들여 주던 어른들. 야간에는 과수원의 과일 서리에다 남의 집 닭서리 등 계절에 따라 온 동네를 휘젓고 다니기도 했다. 객지에서 배운 알량한 운동실력으로 이웃동네 친구들을 때려주기도 하고 어설픈 대장 노릇에 자만심만 커져 갔던 시절이었다.

당시 동중 뒷산인 봉화산에는 매년 한 차례 이상 산불이 발생했다. 불이 나면 산불을 끈답시고 우르르 몰려가던 기억이 새롭다. 학교 뒤편 대나무밭도 우리들의 놀이터였다. 대숲에 들어서면 외부와 단절

된 채 우리들만의 공간이었고 지금은 대숲도 사라지고 새로운 집들과 도로가 뚫려 언저리조차 가늠할 수 없게 되어버렸다.

회원동 500번지는 이제와 돌이켜 보면 애환이 많은 동네였다. 다닥다닥 붙은 판잣집과 공동화장실, 질척거리는 골목길과 기름 먹인 종이로 덮은 지붕, 매캐한 연탄가스 냄새가 집집마다 새어 나오고 수시로 터져 나오는 싸움 소리들, 회원동 500번지 그 언저리를 맴돌던 중학교 시절이었다.

회원동 500번지 일대에서 자취하는 친구들의 집에서 먹는 라면은 나에게는 간식에 불과한데도 친구들에게는 주식이었음을 당시에는 알지 못했다. 그들의 끼니를 수시로 축내었으니 무척이나 미울텐데 아무런 내색 없이 기꺼이 라면을 내주던 친구들의 정이 스며 있는 곳이다.

무슨 만화방이 그리도 많았던지 만화방의 잡지들은 항상 하숙방에 나뒹굴었고 빌려왔다 하면 돌려주지 않으니 쌓일 수밖에 없었다. 그때의 왕성한(?) 독서력이 사춘기 시절의 방황을 슬기롭게 헤쳐 나가도록 도와준 디딤돌이었다면 지나친 비약일까.

당시의 기억으로는 닥치는 대로 읽었던 것 같다. 불량 우량도서를 구별하지 않고 소위 성인잡지도 마다하지 않았으니 독서를 통해 친구들보다 조숙해진 것은 말할 나위도 없다.

성호동에 잠시 영어 과외를 한답시고 선생님 댁에 하숙을 한 기억도 새록새록하다. 당시 7천 원의 하숙비를 내고 영어 공부도 하고 선생님댁에 하숙을 한 것. 훗날 그 선생님은 교육부에서 퇴직한 뒤 천도교 교령으로 발령난 사실을 알았다.

　당시의 하숙비는 처음 마산에 올 때만 해도 3천 500원을 주든가 아니면 쌀 두 말을 하숙비로 내면 됐지만 훗날 쌀 두 말에 천 원을 주다가 다시 1천 500원으로 올랐다. 중학교 졸업할 쯤에는 돈으로 환산하면 7천 원 상당이었던 것 같다.

　마산에도 극장 전성시대가 있었다. 강남, 시민, 중앙, 3·15극장을 비롯 지린내가 진동하던 동보극장하며 태양극장, 제일극장 등이 성업했다. 젊은이들의 거리는 역시 창동이었고 평소에는 극장 갈 엄두도 못 내지만 학교에서 단체관람이라도 하면 대개가 극장으로 몰려 갔던 시절이었다. 단체관람비는 영화 프로에 따라 달랐으며 16원, 26원하던 시절이었다.

　마산하면 잊을 수 없는 것이 먹거리다. 지금의 아구찜보다는 미더덕찜이 유행했고 학창시절만 하더라도 아구찜은 그렇게 많이 찾던 음식이 아니었다. 아니 먹어본 기억조차 없다.

　3·15탑으로 가는 길 어귀. 지금의 중고가구 거리에는 단팥죽을 끼 얹어 주던 찐빵집이 문전성시를 이루기도 했다. 대·중·소 크기의 노란색 알미늄 쟁반 일명 '오봉'에다 찐빵을 올려놓고 다시 단팥죽과 설탕을 뿌려주면 쟁반 바닥까지 깨끗이 비워내기도 했다.

　길도 건물도 음식도 세월 따라 사라졌다.

　특히 강남극장 부근 닭전골목은 불과 한 집만 남아 그 명맥을 이어

가고 있고, 지금의 창동 입구 평안안과 부근의 수입물품을 팔던 거리는 두 차례의 화재로 없어지고 도로에 편입돼 흔적조차 없다.

학생들에게 인기가 있었던 C레이션은 유통기간의 개념조차 몰랐던 시절 미군 부대에서 흘러나온 야전 식량으로 당시로서는 거금인 120원. 초코릿과 황도 백도 비스킷, 여섯 개비 들었던 담배와 딱성냥, 커피도 들어 있고 껌도 들어 있는 '모둠' 간식으로 최고의 상품이었다.

또 강남극장 부근 군복 수선집과 검은색으로 물들인 야전점퍼를 멋으로 입고 다니면서 '캔톤'이라는 상표를 자랑스레 내세우며 즐겨 입었던 청바지와 함께 나의 마산은 성장해 갔다.

지금도 생생하게 기억하는 사회 교과서 한 구절은 '마산은 인구 17만으로 전국 7대 도시의 하나이며 5만kW의 화력발전소가 있는 도시다'라는 것이다.

2002년 7월 마산시의회 의원으로 등단해 마산의 쇄락을 걱정하며 도약을 위한 발판을 마련하자며 "한때 전국 7대 도시였던 마산이 이제 경남의 4위 도시로 전락하고 있다"고 외치기도 했다.

그러나 그 말이 돌고 돌아 내로라하는 기관장 모두가 한 번씩 서두에 써먹는 단골멘트가 돼 버린 안타까운 마산. 이제는 쇄락을 탓하기보다는 온몸으로 껴안고 발전을 위한 도약을 노래해야 한다.

박중철 마산시의회 의원

두 번째 인연

대학이 맺어준 숙명의 땅

백 남 오

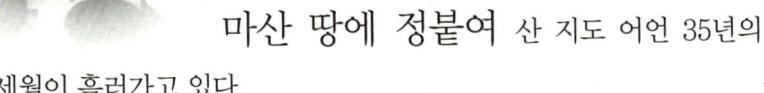

마산 땅에 정붙여 산 지도 어언 35년의 세월이 흘러가고 있다.

1974년 1월, 전기대학에 실패한 스무 살 청년시절, 이곳 마산에 첫 발을 딛는다. 일가도, 친척도, 친구도, 티끌 하나 잡을 만한 연고도 없는 이 땅에, 혈혈단신 입성한 것은 오직 나에게 맞는 대학에 입학원서를 접수시키기 위함이었다. 결과적으로 그 첫 발걸음은 운명의 길이 되어, 군 생활을 제외하고는 단 1년도 마산을 떠나서는 살아본 적이 없는 동아줄이 되고 말았다.

그 춥고 외로웠던 시절과 지금을 비교해 보면 나는 모든 면에서 엄청난 부자가 되었다. 자랑스러운 모교를 갖게 되었고, 출근할 직장이 있고, 아내를 만나 가족을 얻었고, 벗을 만나고, 선배와 후배, 문우를 만나고, 스승님을 모시게 되었고, 많은 제자까지 두게 되었으니 말이다. 실로 무에서 유를 창조한 것과 다를 바가 없다. 하지만 그 모든 것들이 저절로 이루진 것은 없다. 30년이 넘는 세월과 시련과 노력의 결과물이다. 잠깐, 지난 세월 속으로 돌아가 본다.

1974년 3월, 나는 경남대학교 국어교육과에 입학했다. 산간오지 출신인 나로서는 당장 거처할 곳이 문제였다. 정말 다행으로 자산동 약수터 밑, 마산중학교 뒤편, 철사공장 심 사장님 댁에서 입주 가정교사로서 마산 생활의 첫출발을 할 수가 있었다. 고향의 8촌 형님께서, 당신의 이모할머니 집을 어렵게 소개해 주신 것이다. 이 부분에 대하여 나는 잊지 않고 남걸 형님과 그 집에 감사하고 있다.

내가 태어나 자란 고향은 경남 의령군 부림면 권혜리 상권. 아직도 버스가 들어가지 못하는 첩첩 두메산골이다. 하도 멀어서 '머릿골'이란 이름도 가지고 있으며, 어느 곳에서 들어가도 산 넘고 물 건너 두 시간은 족히 걸어야 닿을 수 있는 작은 마을이다. 나는 그 산골에서 유년의 꿈을 키우며 초등학교까지 마쳤다. 신반중학교를 다니면서부터, 집 떠난 객지 생활이 시작되었고, 대구에서 경북공고를 졸업했다.

대학생활은 힘겹지만 즐거웠다. 입학과 거의 동시에 학보사 수습

기자 시험에 합격하여 기자생활을 시작하였기에, 바쁜 일과 속에서도 대학의 낭만 속에 푹 빠져들 수 있었다. 취재를 한답시고 교내는 물론 마산시내까지 시야를 넓히는 계기도 마련하였다. 당시 같은 재단인 중앙중학교를 출입하기도 하였는데, 담당 교사이던 김형춘 선배님은 그때 만나 신세를 지기도 했다. 또한 학교 앞 회무침 막걸리집, 산호공원, 가포의 해변, 창동 불종거리, 홍콩빠, 정원다방, 희다방, 북마산 태양극장 등을 쏘다니며 대학생으로서, 마산의 초년생으로서의 기본기를 익히기 시작한 것이다. 그 시절 만나 지금까지 함께 하고 있는 벗들이 이성모, 최재섭, 임성철, 서석준, 지종삼 등이다. 김정대, 김상길 형은 선배로서 만났고, 김영태, 신상철, 조진기, 정학성, 하길남 선생님은 은사로서 처음 만났다.

그렇게 자산동에서 2년을 지냈다. 3학년이 되어서는 입주 가정교사 집을 양덕동으로 옮겼는데 1학기를 끝으로 가정교사 생활은 정리를 했다. 경제적인 여건이 나아진 것은 아니지만, 학보사에서는 편집장이라는 중책을 맡게 되었고, 3학년을 마치고 군 입대를 해야 하기 때문에, 한 학기 정도는 자유로운 나의 시간을 가지고 싶었다. 지금의 자산동 주민센터 및 달동네에 방 한 칸 얻어 자취생활을 하면서 3학년을 마무리하고 군 입대를 했다.

1979년 4월, 27개월 만에 영예로운 전역을 하고 4학년에 복학했다. 교련 학점 덕분으로 6개월 단축을 받았음이다. 자산동 철사공장 밑 개천가에 있는 주택에서 자취방을 얻어 삶의 둥지를 틀었다. 복학을 하니 새로운 교수님들이 많이 오셔서 캠퍼스는 생기가 돌았다. 김영일, 김영진, 서종문, 이동하, 최동호 교수님이었는데, 최동호 교수님은, 이때 만난 인연으로 내 문학의 뿌리가 된 스승님이시다.

대학 4학년 때인 79년은 역사적으로도 혼돈의 시기였다. 그해 10월은 박정희 대통령이 시해되어 유신이 종결되었으니 얼마나 혼란스러운 시대였겠는가. 봄부터 유신철폐 시위로 학교는 휴교령이 내려져 굳게 문을 닫았고, 부마사태로 위수령이 발동되는 등 정상 등교가 어려웠다. 그런 와중에서도 학사 일정은 진행되었으며, 나에게 가장 중요한 관심은 취업 준비였다. 가난한 농민의 아들로 태어나 소 팔고 논 팔아 어렵게 대학을 다녔으니, 졸업 후 직장을 잡을 수가 없다면 낭패였다.

사범대학을 다닌 나의 꿈은 응당 교사였다. 신문기자의 길과 다소의 갈등은 있었지만 교사의 길이 더 강렬했다. 사회 어느 곳에도 아무런 연고가 없는 나로서는, 순위고사에 합격하여 공립학교에 발령을 받는 것이 유일한 지름길이지만, 지금이나 그때나 임용고사에 합격하는 일이 호락호락하지는 않았다. 나는 열심히 공부했다. 시험은 부산과 경남교육청 두 곳에 응시를 했는데 모두 상위성적으로 합격을 했다. 그때는 나도 깜짝 놀랐다. 마산을 떠날 수 있는 기회도 온 것이다.

그러나 결국, 나는 마산을 떠나지 못했다. 부산의 학교를 포기하고, 거제에 발령을 받아 내려가는 길목에서, 신 교수님께 인사차 방문한 것이 원인이었다. 철저하게 공립주의자이셨던 선생님께서, 나에게만은 예외였다. 마산시내에 있는 명문 사립, 마산여상에 자리가 있으니 의향이 어떠냐는 것이다. 나는 거절했다. 사립이라는 점, 실업학교라는 점, 여학교라는 점, 모두 내가 꿈꾸는 학교가 아니었기 때문이다.

그날 저녁 교수님과 밤늦게 토론한 결과, 결국 마산여상(현 마산무학여고)에 가는 길을 선택하였다. 어쩌면 사립이라는 점, 실업고교라는 점, 여학교라는 점이 내가 마음을 정한 이유였는지도 모른다. 그것은 척박하게 살아온 나의 삶과 일치하였기 때문이었으리라.

1980년 4월 1일, 그렇게 나는 마산시내 여학교의 교사가 되었다. 마산의 딸들을 가르치고, 장차 마산의 아들을 낳아 기를, 미래의 어머니를 교육하는 소명의식을 부여받은 것이다. 무학여고에서 서익수, 서정욱 교장님, 성선경 시인을 만나 평생 같은 길을 가는 연을 맺었다. 그렇게 마산을 떠날 수 없는 못을 박았다. 그것도 큰 대못을 꽝꽝 박아버린 것이다. 그 길로 30년이 다 되도록, 한자리에서 떠날 수 없게 되었으니 말이다. 그것이 나의 숙명이라고 알게 된 것은 많은 세월이 지난 후였다.

교사가 되었다고 하지만 고단한 육신 하나 드러누울 단칸방 하나 없는 빈털터리였다. 그나마 자취생활을 청산하고 회원동, 봉화산 밑, 국제주유소 옆에서 처음으로 하숙생으로서의 길은 행운이었다. 학생이 아니라 마산시민으로서 첫출발을 하는 순간이다. 그렇게 총각 선생으로 2년을 보냈다.

　1981년 12월 27일, 상남성당에서 결혼식을 올린 날이다. 열세 살부터 시작한 객지생활, 자취생활, 눈칫밥의, 기나긴 고난의 세월에 종지부를 찍고, 가장으로 등극하는 감격의 순간이기도 했다. 아내는 파티마병원에서 일하는 간호사로, 무학여고와의 인연으로 만났다. 자산동 김경달 교장 선생님의 둘째 따님이기도 하다. 이 얼마나 자산동과 끊을 수 없는 인연의 조화란 말인가.

　회성동 2층 주택에서 시작한 신접살림은 월포동 전세 아파트, 구암동 임대 아파트를 거치면서, 나 역시 중년으로 성숙해 갔다. 특히, 만 10년을 산 구암동 시절은 나의 인생에 아주 중요한 의미를 가진다. 딸 아들, 두 아이가 자라고 유치원, 초등학교 6년과 중학교 생활까지 그곳에서 마치게 되었다. 40대를 맞이한 나 또한 자신을 객관적으로 바라볼 수 있는 여유가 조금 생긴 시기이기도 하다. 동마산병원 김홍양 원장을 대부로 모시고, 구암성당에서 가톨릭 영세를 받고, 테니스에도 입문하고, 무엇보다 '산'이라는 인생의 주제를 접하게 되었다. 천주산 자락에 위치한 지리적 환경과도 무관하지 않을 것이다.

　그 시절, 나는 거의 매일 천주산에 올랐다. 10년을 오르고 또 오르다보니 산에 관심을 가지게 되었고, 전국의 명산을 두루 섭렵하게 되었고, 결국은 지리산에 빠져, 20년이란 세월을 투자하게도 되었다. 그리하여 지리산을 화두로 글을 쓰게 되었고, 등단을 하여 수필가가 되었고, 국무총리 표창을 받았고, 문인협회 회원도 되었다.

지금 내가 사는 곳은 무학산 아래, 다시 자산동이다. 처음으로 소유한 집이며, 10여 년 넘게 살고 있다. 작은 아파트에 불과하지만 가고파의 바다 합포만이 내려다보이고, 무학산이 하루 종일 빤히 올려다 보이는 양지바른 보금자리다. 그곳에서 우리 가족이 오순도순 꿈을 키워가고 있다.

배고프던 청년 시절, 나는 가끔 이런 생각을 했다. 먼 훗날, 나의 집을 소유하게 된다면 자산동 양지바른 언덕 위에 짓고 싶다고. 낯선 마산 땅에 처음 발붙인 곳, 대학생활의 추억이 서리고 아내가 소녀시절 꿈을 키운 곳. 그곳에서 살고 싶었다. 결국 그 꿈은 이룬 셈이다.

나에게 마산은 숙명의 땅인지도 모를 일이다. 20대 초반의 청년이 꿈꾸며 학문을 닦은 곳. 마산의 딸들을 가르치며 젊음을 송두리째 바친 곳. 가정을 꾸리고 내 아이들의 고향이 된 곳이니 말이다.

마산은 아름다운 낭만의 도시다. 유토피아 같은 무학산이 있고, 갯내음 풋풋한 바다가 있다. 그 바닷가에는 수많은 사람들이 만나고 헤어지는 선창이 있고, 풍성한 먹거리가 있다.

마음이 울적한 날, 나는 어김없이 무학산에 오른다. 정상에 서면 내면에 새겨둔 꿈의 실체를 볼 수 있어 위안이 된다. 멀리 영남알프스와 동해바다, 지리산, 일본 땅 대마도까지 아련한 그리움이 되어 일렁인다. 그 사이로는 유년이 꿈이 묻어나기도 하고, 아직도 찾아 헤매는 유토피아의 모습까지 그릴 수 있다는 자신감도 가진다. 기분

좋은 날은, 다정한 사람들과 통술집에서 대포 한 잔 거나하게 걸치고, 다음 날 선창에서 싱싱한 횟감이나 복어매운탕으로 속을 푸는 일 또한, 내가 사랑하는 마산 생활이다.

마산, 이제 내가 죽어 눈을 감을 또 하나의 고향이다.

백남오 수필가 · 마산 무학여고 교사

두 번째 인 연

마산과의
인연 • 3

꿈을 키워준 안태 고향

이 홍 식

집 앞에는 호수 같은 항구가 펼쳐져 있고 뒤에는 병풍 같은 산에 에워싸여 평화롭고 인심 좋은 아름다운 도시 마산의 중심가인 교원동이 내 안태 고향이다. 교원동에서 태어나 회원초등학교(13회)를 졸업할 때까지 그곳에서 자랐다. 교원동은 겨울이면 골바람이 심했지만 여름에는 노닐 곳이 많은 곳이다.

신포동이나 가포동같이 바닷가가 아니라 갯벌에서 게 잡이나 해삼 잡는 재미는 없었지만 무학산 서마지기에서 흘러내리는 계곡물에서 물장구 놀이를 하고 병풍산 자락 그늘 밑에서 숨바꼭질이나 흙장난을 하며 어린 시절을 보냈다. 중학교 다닐 때는 동갑내기들과 가끔 서마지기 산에 올라가 마산시내를 내려다보며 청운의 꿈을 키우기도 했다.

산 정상에서 내려다보면 학이 나래를 펴고 비상하려는 형상이어서 이름 붙여진 무학산과 병풍산 숲속에서 흘러내리는 맑은 물에 발을 담그고는 우리들도 성인이 되면 학같이 날자며 소년시절에는 참으로 꿈도 많이 꾸었다.

마산중학교(13회) 입학을 앞두고 창동으로 이사를 하였다. 그곳에서 마산고등학교(23회)와 연세대학을 졸업할 때까지 살았다. 그래서 나는 창동 거리를 유독 잊을 수 없다. 어느 날 저녁을 먹고 바람을 쏘일 겸 대문을 나왔는데 여러 번의 총성이 울려 퍼졌다. 부정선거 반대와 민주주의를 외치는 시민들에게 경찰이 발포하여 피를 흘리고 사상자가 속출하는 장면(3·15의거)을 두 눈으로 똑똑히 보았다. 무서워서 감히 대열에 합류하지는 못했지만 내 가슴에 뭔가 새겨지는 감동을 느끼기 시작했다.

그때 새겨진 정도正道가 내 젊음에 뜻으로 새겨진 것 같다. 뜻을 펼치려면 정도를 걸어야 한다. 고등학교를 다닐 때와 특히 대학을 다닐 때는 역사의 낙제생이 되어서는 안 된다는 신념에서 이성과 비판에 대한 소위 지식인의 사명과 기능에 깊은 관심을 가졌다. 한번의 도의원 후보와 두 번의 국회의원 후보에서 낙선의 고배를 맞게 된 것이 그때 키워온 꿈(불의에 타협하지 않고 소신껏 살겠다) 때문이었다.

어릴 때 또래들끼리 학이 마산바다를 거침없이 비상하면 무학산의 정기가 돋을 것이라는 꿈같은 얘기는 '나 자신에게 필요한 내가 되자' 라는 새로운 좌우명을 잉태시키고 막을 내렸다. 1979년에 나는 진주 여인 김진옥을 아내로 맞아 크리스탈호텔에서 결혼식을 올렸다.

그때부터 선대에서 물려받은 가업을 키워 기업인으로서의 사명을 다하며 오늘에 이르기까지 앞만 보고 달려왔다. 한때는 자전거와 리어커, 삼륜화물차와 항상 함께하며 밑바닥 생활을 체험한 적도 있다. 아들 승준이와 딸 승민이를 중·고등학교 보내면서도 서민적인 생활을 체질화하고 항상 겸손하면서 주변에 도움 되는 생활에서 일탈하지 않으려 애썼다. 그러나 지내놓고 보니 의욕만 앞서고 직간접으로 부딪치며 마산을 위해 뭔가 해야겠다는 몸부림은 있었으나 지금은 아쉬움만 남고 있다.

내가 태어나 성장했고 내가 묻힐 마산, 내 사랑하는 고향 마산 그 파란 물이 눈에 보이고 내 뛰놀던 뒷산, 정든 동네 그 사랑했던 추억이 묻혀 있고 그 아름다움을 키워준 말마馬 뫼산山이 어디서나 들먹여 지는 내 고향 마산, 결혼을 하고 가정을 꾸리고 자식을 낳고 그렇게 얽히고설킨 고향에서 나는 참으로 하나의 작은 씨앗이 되어 꿈을 키워주는 그런 삶을 살고 싶었다.

청년기 때의 꿈을 접으려고 무던히도 애를 쓰지만 쉽게 지워지지 않는다. 그러나 이제 마음을 비우려고 한다, 고향 지킴이로 순수 하나만 걸치고 살아가려고 한다.

이홍식 (주)대림가스공업 · (합)한려가스개발 · (유)공단가스산업 대표이사

두 번 째 인 연

내 삶의 터전

한 판 암

마파람에 움튼 연緣의 실마리

　전생의 업보로 인해 디아스포라diaspora의 운명을 타고났음인가. 중학교부터 배움을 핑계로 부모님 곁을 떠나 부평초浮萍草처럼 이리저리 옮겨 다닌 지 어언 반백 년이 되었다. 하지만 그동안 오래 정착했던 곳은 오직 두 군데뿐이다.
　먼저 대학을 다녔고 신혼의 둥지를 틀어 두 아이를 얻으며 열다섯 해를 살았던 서울이 있다. 그 다음은 스물아홉 해를 살아오고 있는 일터가 자리한 마산이다. 이런 관점에서 생각할 때 실질적인 사회생활의 시작부터 이제까지 마산의 문화와 인정을 먹으며 진한 정서에 푹 빠져 삶을 누렸다. 그러므로 부모에게 물려받은 육체를 제외하고 정신이나 가치관을 가릴 것 없이 마산 사람 때깔이 확연한 모습으로 변모했지 싶다. 이런 셈법이 맞는다면 내가 보고 들으며 느끼는 마산은 얼추 참에 가까운 궤軌와 맥脈에 근접하리라고 믿는다.

 돌이켜보니 마산과 인연의 시작은 거리낄 게 없고 풋풋한 젊음을 구가하던 삼십대 중반이었다. 우연히 그것도 아주 우연히 일터가 이곳으로 정해졌다. 흔히 말하는 지연이나 혈연 그리고 학연이 닿지 않은 생소한 도시로 말이다. 서른다섯이 되던 해인 지난 80년 봄 얼떨결에 경남대학교에 몸을 담게 되었다. 그리고 새로운 학문을 전공하는 컴퓨터공학과를 개설하여 일하면서 캠퍼스를 지켜왔다. 마산으로 머리를 틀던 해의 봄(春)에 너무도 급해 진동한동*하며 혼자 내려와 하숙을 하다가 그해 섣달에 아내와 두 아이까지 이사를 하며 둥지를 옮겼다. 참으로 죄송한 얘기지만 한두 해 살다가 서울 쪽으로 옮겨갈 것이라는 약삭빠른 셈을 하며 가벼운 여행을 떠나는 심정으로 내려왔었다. 그런데 얽히고설킨 연緣의 끈에 순응하다가 백두옹白頭翁 모습으로 오늘에 이르렀다.

＊진동한동 : 바쁘거나 급해서 몹시 서두르는 모양.

배산임수背山臨水의 땅

어린시절 사회시간에 마산은 기후가 온화하여 결핵요양소가 있고 항구라는 이점을 살려 화력발전소를 가진 도시로 배웠을 뿐 '가고파의 고향'이라는 사실에 대해서는 깜깜했다. 따라서 마산에 터 잡기 전에는 지형적 특성이나 유장한 도시의 색깔에 대해서 무지한 맹탕이었다.

월영골(경남대학교)의 가족이 되었던 그해 오월의 개교기념 축제 일환으로 벌이던 '무학산舞鶴山 등반'에 참여했었다. 무학산 정상에서 바라본 마산의 지형적 특징은 배산임수背山臨水의 땅으로서 풍수지리에서 얘기하는 좌청룡左靑龍 우백호右白虎 형국이었다. 먼저 주산인 무학산에서 왼쪽으로 지기地氣를 이어 나간 팔룡산이 창원과 마산의 경계를 지으며 좌청룡 역할을 하고, 오른쪽으로 길게 뻗어 덕동德洞에 이르는 청량산 줄기가 우백호 형상이었다. 이처럼 좌우로 내닫는 산줄기 사이에 마산만을 향하여 급하게 흘러내리던 산비탈은 경사가 완만해지며 널따란 둔덕을 빚어놓고 바다와 맞닿은 해안선海岸線을 따라 병풍처럼 마산항이 펼쳐졌다.

마산은 무학산 자락이 뻗어 내리다 생성된 둔덕에 터 잡아 해안을 경계로 한 자태가 자연스러웠다. 또한 산 위에서 내려다보면 마산만에 가득한 바닷물은 잘 차린 밥상을 받아 놓은 넉넉한 모양새였다. 만일 바닷물이 먼바다로 빠져나가는 날물 모양이라면 재물이 새 나가는 형상이기 때문에 쇠락衰落하는 형국이다. 그런데 마산만은 먼바다에서 내만內灣으로 들어오는 길목이 구불구불하여 막힌 것처럼 보인다. 거기다가 가까운 돝섬이 만灣의 한가운데를 가로막아 바닷물이 늘 고여 있는 형상이라서 곡간에 재물을 그득하게 쌓아둔 길상吉相이었다. 결국 마산은 배산임수 지형이며 무학산을 중심으로 팔룡산과 청량산을 좌우에 거느린 길지吉地에 따리를 틀었기에 기라성綺羅星 같은 인걸人傑이 즐비한가 보다.

다른 분야는 어물쩍 넘긴다 해도 문학계에서는 우리 가곡의 격조를 한층 드높인 〈가고파〉의 가사를 읊조렸던 노산 이은상 님이나 사후死後의 내세來世를 생각게 하는 〈귀천歸天〉의 천상병 님이 유난히 빛을 발한다. 음악계에서는 선구자의 조두남 님이 우뚝하고 미술계에서는 세계적인 조각가 문신 님이 불멸의 업적을 남겼다. 거기다가 대한민국 아버지들이 술 한잔 거나하게 걸치면 뉘랄 것 없이 불러대는 〈불효자는 웁니다〉의 반야월 님 또한 가요계의 영원한 별이리라.

송죽松竹을 빼닮은 충절의 고을

크고 깊은 마산의 인심과 기백을 작은 눈과 새가슴으로 어찌 혜량하리오마는 내게 투영된 실상은 이렇다. 한 번 옳다고 판단되면 망설

＊저어하다 : 염려하거나 두려워하다.

이거나 남의 눈치 보지 않고 과감하게 추진하지만 남에게 책임을 전가하거나 변명을 하지 않는 활달하고 호방豪放하며 저어함*이 없는 기품이 마산을 대표한다는 생각이다. 이는 언제나 '충언忠言'을 소신에 따라 직간直諫하는 우직한 정의파正義派'의 전형典型이 아닐까. 이런 기질에 연유했던가. 근현대를 거치며 역사의 질곡에서 민족이 고난에 빠져 허우적일 적에는 망설이지 않고 횃불을 높이 들고 나라를 위해 자신을 초개같이 던짐으로써 송죽 같은 기개를 자랑하는 충절의 고을이 마산이다.

일제의 탄압에 항거하고 독립을 염원하며 전국을 휩쓸었던 기미년(1919)의 '4대 독립항쟁獨立抗爭' 중에 하나가 '마산삼진의거馬山三鎭義擧' 아니던가. 이보다 더 자랑스럽고 영광스러운 조상의 얼을 어느 고을에서 찾을 수 있으리오. 그 이후 해방이 되고 건국 초기에 이승만 정권의 독재에 항거하기 위하여 부정선거를 계기로 봉기했던 '3·15 의거(1960)'는 이 땅에 민주화의 싹을 틔우면서 역사의 흐름을 바꿨다. 또한 무력으로 정권을 휘어잡은 군사독재의 몰락을 재촉하는 기폭제인 '10·18 부마항쟁(1979)'의 불씨를 지핀 민주화 성지이기도 하다. 이처럼 마산은 나라와 민족이 어려울 때마다 분연히 일어서 선봉장으로서 단죄하거나 바로잡으려 했던 위대한 정신과 얼이 살아 숨쉬는 고장임을 만방에 자랑할 일이다.

토속 먹거리 예찬

마산에서 먹거리와 술 문화에서 어리둥절하게 만들었던 것은 바닷가에 길게 말집처럼 지은 임시 건물에 아라비아 숫자를 달고 있던 '홍콩빠'라고 불리던 횟집촌과 오동동을 중심으로 성업했던 '통술집'이었다. 먼저 '빠'라고 하면 여자와 춤을 추며 술을 마시는 연상이 따르게 마련이다. 그러나 바닷가에 자리 잡았던 '홍콩빠'는 횟집촌으로서 각 횟집을 '1' '2' '3' 식의 숫자로 구분하는 게 신기하기 짝이 없었다. 그리고 외지인들은 '통술집'이라면 통에 담은 술을 파는 집으로 여길 개연성이 다분하다. 그런데 실상은 전혀 다른 유형의 술집이다. 그곳에서는 병瓶술을 팔며 기본 안주가 푸짐하게 나오는 일종의 실비집이었다. 나는 다른 도시에서 이런 유형의 술집을 본 적이 없어 무척 생경했지만 신선한 경험으로 각인되었다. 내가 마산에 뿌리내린 지 서른 해에 이르려는 지금 '홍콩빠'는 영원히 사라졌다. 그런데 '통술집'은 그 옛날 오동동에 주로 자리했는데 요즈음은 신마산 '함흥집' 근처에서 여러 집이 성업 중이다. 이 술집을 타 지역에서 찾아온 객客에게 소개한다면 분명히 각별한 경험으로 추억될 것이다.

마산을 대표할 만한 먹거리는 무엇일까. 설왕설래하겠지만 대부분 '마산의 오미五味'로 선정된 음식을 추천하지 싶다. 나는 서슴지 않고 그중에서 마산을 상징하며 토속적인 냄새가 물씬 풍기는 오동동의 '아구찜 골목'의 아구 요리나 어시장 한켠 골목에 성업중인 '복국거리'의 복 요리 등을 으뜸으로 추천한다. 이들 두 거리는 그들 먹거리를 전문으로 하는 음식점이 길게 늘어서 골목이 풍기는 특이한 맛과 멋이 외지인들에게는 자별하고 오롯한* 경험을 안겨주고 마산 음식문화의 온새미*를 보여준다. 그러므로 외지의 길손에게 마산에서 다른 고급음식 대접은 잘해야 체면치레face saving이고, 아구찜이나 복국 대접은 고유한 정취와 멋을 각인시켜 주는 미식 여행이지 싶다. 그러나 유감스럽게도 통틀어 생각할 때 마산의 먹거리 문화는 크게 내세우기 어렵다는 소견에서 자유로울 수 없다.

명품문화의 염원

마산을 대표하는 명품 브랜드의 문화나 축제는 있는 걸까, 고개가 갸우뚱해진다. 마산을 상징하는 축제를 생각한다. 진동鎭東의 정월 대보름 축제, 미더덕 축제, 어시장 축제, 만날제, 가고파국화축제 등이 떠오른다. 주체 측에서는 항변할지 모르지만 지역 주민을 제외하고 외지에서 찾는 방문객이 얼마나 되는가. 그리고 경제 논리적 관점에서 수익 분기점을 넘긴 행사인지 유리 상자를 들여다보듯이 속속

＊오롯하다 : 모자람 없이 온전하다.
＊온새미 : 가르거나 쪼개지 아니한 생긴 그대로의 상태.

들이 따져볼 일이다.

  최근 지방자치제도가 도입되면서 민선 단체장이 현시적顯示的으로 업적을 자랑하기 위하여 앞 다투어 만든 축제 공화국이 되었다. 이 같은 연유로 축제를 위한 축제가 경향 각지에서 하루에도 여러 개 동시에 열리기 때문에 주관하는 그들만의 축제라는 비아냥을 피할 도리가 없는 경우가 허다하다. 그렇다면 마산에서 열리는 축제 중에서 진해의 '벚꽃 군항제軍港祭' 처럼 전국에서 관광열차나 승용차로 줄지어 찾아오는 축제에 버금가는 경우가 없음은 왜일까. 심각하게 고민해 봐야 할 사안이다. 케케묵은 삼류 가수의 노래는 슬프거나 심금을 울려도 들어줄 청중이 없다. 명품 축제나 문화가 없는 현실에서 끝없이 소모적인 행태를 반복하는 초라한 축제를 탈피하여 세계적인 걸출한 축제나 문화를 창출하여 고을의 성가聲價를 드높이고 소득을 끌어올릴 꿈은 어디에서 실마리를 찾아야 할까.

새로운 성장동력 구축을 위한 자성

  한동안 농촌을 살리겠다면서 '떠나는 농촌에서 돌아오는 농촌' 으로 만든다는 구호를 호들갑스럽게 외치던 기억이 새삼스럽게 떠오른다. 마산을 지탱해 오며 버팀목 역할을 하던 산업체가 이런저런 이유로 역외域外로 줄지어 이사를 갔거나 역내의 마산자유무역지역(옛날에는 마산수출자유지역)의 다국적 기업도 봇짐을 싸고 다른 나라로 발길을 돌리는 경우가 적지 않다. 먼저 마산 역외로 떠난 국내 기업 중에 손꼽히는 경우가 한일합섬, 한국철강, 몽고간장, 유원산업이다. 이들 외에도 부지나 공해문제로 적지 않은 기업이 떠남으로써 산업 공동화 현상이 나타나는가 하면 세수稅收가 줄어들어 시세市勢가 약해지고 있음을 부인하기 어렵다. 이런 현실에서 이제까지 산업정책의 얼개에 대한 뼈아픈 자성을 토대로 어떤 성장동력을 축軸으로 하여 부강한 도시로 다시 일으켜세울 것인가와 함께 가고파의 명성을 되찾을 방안 모색을 위한 고민이 절실한 작금이다.

화합과 융화의 지혜

'고향이 따로 있나 정들면 고향이지' 라는 유행가가 있다. 하지만 우리 사회는 언제부터 왜인지 정확하게 가름할 수 없지만 뿌리를 따져 너와 나의 존재를 이분법적二分法的으로 나누거나 줄 세우기에 길들여졌는데, 특히 선거철에 이르면 그 변형된 증상이 적나라하게 나타난다. 이 때문에 서로 화해하고 용서하며 융합을 위한 지혜를 은근히 외면했던 것은 아닌지 곱씹어 볼 일이다. 이런 풍조가 만연되어 도시 인구의 절대 다수가 외지에서 유입된 현실에도 불구하고 관행과 습성에 휩쓸려 쌀에 섞여 있는 뉘를 가려 내듯이 골라 토박이와 뜨내기를 구분하는데 익숙한 사회이다.

산업화로 인한 도시화는 오늘을 사는 모두가 고향에서 뿌리가 뽑

히게 만들어 이 고을 저 도시로 유랑하며 삶을 꾸리는 현대판 떠돌이를 확대 재생산시키는 꼴이다. 이 같은 비정상적인 정황을 치유하기 위한 방안은 화합과 하나됨의 지혜로 모두가 슬기롭게 융합하는 길이 아닐까 싶다. 내 경우에 태어나 유아기에서부터 어린시절과 6·25 전쟁으로 인한 피란시절을 포함하여 기껏해야 십 년 남짓 살았던 고향의 의미와 30년 가까이 내 일터이며 둥지를 틀고 삶을 꾸리는 마산 중에서 어느 쪽이 더 각별한 인연이었으며 영향을 미쳤을까. 그 해답은 너무도 자명하다.

편가름 문화는 우리 사회 전반에 만연된 고질적인 병리현상이다. 그러므로 결코 내 삶의 전부를 펼쳤던 마산을 두고 불손한 의도를 가지고 허투루 이르는 얘기가 아니다. 이렇게 괴이한 문화를 들먹임은 지역이나 계층을 기준으로 줄을 서도록 부추기고 패거리를 짓게 하는 견고한 유리벽을 과감하게 타파하기 위하여 대승적 견지의 융화가 절실하다는 차원에서 사족蛇足으로 곁들인 얘기이다. 이같은 세상 인심에도 불구하고 세속世俗이나 어쭙잖은 사회적 통념을 초월하여 내 생의 꿈을 펼치도록 넉넉히 품어주며 둥지를 틀고 가솔을 건사하도록 기꺼이 넓은 가슴을 활짝 열어 감싸준 마산은 영원한 어머니 품 같이 안온한 또 다른 고향이어라.

한판암 수필가, 경남대 교수

두 번째 인연

마산과의
인연·3

오일륙 때 공무원이 되며

김 종 두

　　　　　　　　마산은 아름다운 항구도시로 근대사에서
3·15와 4·19의거의 본거지로 역력히 기록된 역사적인 항도이다.
나는 50여 년을 고향 지킴이로 살아오면서 인근 마산과 인연을 맺게
된 것이 내가 20대 후반인 1965년 1월부터이다.

　그때 군사혁명 정부 시절 경남도지사는 현역 군인이며 육군 준장
이었는데 그야말로 서슬이 푸른 시절 나는 지방행정 공무원으로 마
산시청 총무과 서무계에 발령을 받고 가장 말석에서 서무행정 업무
를 분장받아 밤낮없이 열심히 업무에 종사하였고, 그 이듬해 보건요

원으로 마산시 보건소 보건행정계로 발령받아 의무醫務와 약무藥務를 맡아 보게 되었는데 이로 인해 나는 마산과의 인연이 더욱 깊어지게 되었다.

그 당시 마산에는 역驛이 세 군데 있었는데 하나는 북마산, 구마산역이고 또 하나는 신마산역이다. 나는 기차로 통근을 하였는데 창원 소답동에서 창원역까지 약 3㎞를 눈이 오나 비가 오나 더우나 추우나 걸어서 다녀야만 했다.

1967년으로 기억된다. 오전 8시 25분경 통근열차가 신마산역 폼으로 들어갈 때 열차 정면 충돌사고가 있었다. 나는 열차에서 내리려고 좌석에서 일어서는 순간 갑자기 열차가 급정거하는 듯하더니 쾅! 하는 소리와 함께 객차가 공중으로 치솟고 옆으로 기울면서 쭈구러러 들었다.

정신을 차려보니 나는 객실 의자 밑에 머리가 박혀 있었고 객실과 객실의 연결 출입구 근처에 서 있던 사람들은 쭈구러든 객차에 끼여 빠져 나오지 못하고 있었는데, 나중에 산소 용접기로 차체를 해체하였더니 기관사는 사망하고 부상자가 많았다. 나는 사망한 기관사를 직접 보았는데 나둥그러져 있는 시신은 화통이 터져 뜨거운 증기에 삶겨 있었다. 나는 무릎에 약간의 찰과상을 입었지만 다행히 크게 다친 데는 없었다.

추억의 신마산역은 나에게 낭만의 역이기도 하다. 한겨울 통근열차를 놓치고 막차를 기다릴 때면 나처럼 기차를 기다리는 통학생도 많았는데 그때 내 친구의 질녀가 마여고에 다녔고 내 종질녀는 성지여고에 다녔다.

역에서 만나 춥다고 웅크리고 있으면 배도 고프고 하여 역 앞에 있는 중화요리집에 들어가 짜장면이나 찐빵을 사먹곤 했다. 늦은 밤중에 창원역에 당도하면 집에까지 싸늘한 달빛을 밟고 두셋이서 팔짱을 끼고 걸었다. 아득한 세월이 수십 년 흘러 그때 그 여고생은 벌써 60대의 할머니가 되어 있고 나도 할아버지가 되었다.

북마산 쪽으로 무학산 비탈에 있었던 철쭉농원과 지금 석전동 사거리쯤의 '용포식물원'은 내가 공직에 있으면서 시내 출장 때 가끔 다니던 곳이다. 식물에 관심이 많은 나로선 그 농장의 주인과 친하게 되고 재배와 경영에 대하여 묻고 배우기도 하였다.

마산시청 앞 장군동 시장의 돼지국밥집과 시래기 된장국집은 시청 직원이라면 소문나 즐겨찾던 집이었는데 지금은 그 맛을 내는 음식점을 찾기가 어렵다.

마산 하면 돝섬과 가포유원지 해수욕장을 잊을 수 없다. 한여름이면 보건행정계에 근무하던 나는 간호사 2명과 며칠씩 가포유원지에서 보건업무에 따른 출장 근무를 하였다. 가포의 여름바다는 아늑하고 낭만이 있었다.

지금도 어쩌다 지나쳐갈 때 바라보이는 가포의 국립결핵요양소는 내가 업무상 가끔 드나들던 곳인데 그때 친했던 그 약제과장은 지금 어떻게 되었을까?

1967년부터 1969년까지 의약업무를 보면서 마산시내 약국과 병의원은 모두 내 업무 소관이라 거의 매일같이 도보로 걸어다니며 확인 출장을 해야 했고, 때로는 무허가 단속을 하느라고 시내 일원을 골목골목 누비며 다녔기 때문에 그 당시는 눈을 감아도 마산시내 지도를 한눈에 보는 듯하였다.

토요일 오후 퇴근하면 으레 개봉영화를 보러 다녔다. 창동의 시민극장과 부림시장 앞의 강남극장은 나의 단골극장이었다. 20대 후반에서 30대 초반까지 나는 영화광이었으며, 멋진 영화의 주인공을 보면서 나도 주연배우가 되고 싶었고 주연이 못 되면 조연이라도 되는 것이 나의 가장 큰 희망이요, 꿈이었다.

그래서 아무리 돈이 아쉽고 시간이 없어도 좋은 외국영화가 개봉한다면 안 보고는 못 배겼다. 겨울에는 주로 강남극장을 많이 이용하였는데 그것은 극장 앞에 땅콩을 볶아 파는 집이 있기 때문이었다. 영화를 보면서 땅콩 먹는 맛은 더욱 일품이었다.

마산과 창원은 인근에 접해 있는 시市와 군郡이었다. 창원이 산업도시로 발전하면서 시市로 승격하고 도시는 팽창하여 지금은 인구가 60만에 이르지만 30여 년 전만 해도 창원의 모든 생활권은 마산에 있었다.

제삿장을 보려고 해도 마산으로 가 모든 것을 사와야 했고 옷 한벌을 사도 마산으로 갔다. 지금도 백화점은 마산을 이용하는 사람들이 많은 편이다. 1970년대까지도 교통사정이 불편하고 생활이 넉넉지 못한 사람들은 창원에서 마산 어시장까지 도보로 걸어서 시장을 보기도 했다.

나도 6·25동란 직후 나의 재종형이 마산중학에 다닐 때 나와 동갑인 재종과 함께 마산중학교 운동회 구경 간다고 철길을 따라 마산까지 내려가, 몽고정 가까이 있는 철교를 건너다가 중간쯤에서 밑을 내려다보니 어지럽고 무서워 건너지도 못하고 엉금엉금 기다시피하여 겨우 건너온 기억이 생생하다.

마산과의 인연 중에서 나의 자전거 통근을 빼놓을 수 없다. 1967년 신마산역 열차 정면 충돌사고 이후 나는 자전거 통근을 결심하고 새 자전거 한 대를 샀다. 40년 전이라 지금 생각하면 소나타 승용차를 구입한 격이었다. 번쩍거리는 새 자전거를 타고 양복 입은 청년이 넥타이를 바람결에 펄럭이며 소답동 마을에 쏜살같이 들어오니 마을 사람들의 눈이 휘둥그레졌다.

그 당시 우리 마을에 이렇다 할 만한 자전거 한 대 없었다. 아랫마을 우체부 아저씨의 낡은 자전거와 옛날 마을 이장하던 아저씨집 녹슨 고물 자전거 한 대가 고작이었는데, 나의 새 자전거를 보고 다들 부러워했다.

아침에 출근할 때 통학하는 학생들 중 내 마음에 쏙 드는 학생만 골라 창원역까지 태워주기도 하였는데, 여학생 한 명은 아예 길가에서 내가 오기를 기다리고 있기도 했다.

비가 오거나 날씨가 싸늘해지니 자전거는 인기가 없어졌다. 지금 생각해도 길도 좋지 않았던 그 시절, 자갈길을 자전거로 통근한 추억은 대단했다는 생각이 든다.

　나는 마산을 좋아했다. 지금의 자유수출단지 일대의 바다를 매립하기 전에는 마른 갈치 건조장이 즐비해 있었고 어쩌다 마른 갈치 한 묶음 사와서 짚불에 그을려 먹으면 그 맛은 일품이었다.

　마산은 내 젊은 날의 영혼과 추억이 여기저기 아직도 새겨져 있다. 그 옛날 신마산역 대합실, 가포유원지, 성호골, 돝섬, 어시장, 창동거리와 오동동다리, 몽고정, 부림시장과 강남극장, 완월동과 추산동 언덕배기 모두 내 낭만과 추억의 거리지만 지금은 많이도 변해 있다.

　옛날에 서울이나 대전, 대구 등 대도시에 갔을 때 간혹 '어디 사느냐'는 물음에 창원에 산다면 잘 모를까 싶어 마산에 산다고 말한 적도 여러 번 있었다. 이와 같이 마산은 나의 고향이나 다름없고 객지에서 마산 사람 만나면 창원 사람이나 똑같이 반가운 것은 나의 거짓 없는 솔직한 심정임을 밝혀둔다.

김종두 시인, 회산분재원 대표

두 번째 인연

마산과의 인연·3

날 붙들고 놓아주지 않는 마산

이 한 영

형님 손에 이끌려 기차에서 내려 신마산역 플랫폼을 나오던 기억이 지금도 생생하다. 역사의 전등불빛은 대낮처럼 밝았고 내가 타고 온 기차는 꽥— 소리를 지르며 허연 연기를 하늘로 마구 토해내고 있었는데, 개찰구 너머에서는 중학교 교복을 차려 입은 작은형님이 환하게 웃으며 손을 흔들고 있었다.

이것이 지금도 생생히 떠오르는 내가 마산에 첫발을 디뎌놓던 그 날의 추억이다. 11살인 4학년 2학기 때, 생전 처음 기차란 걸 타고 이렇게 산골촌놈이 마산에 내려온 것이다. 그때 두 분 형님은 이미 몇년 전에 마산에 내려와 있었고 할머니는 1년 전에, 그리고 나와 어머니는 고향에서 한 해 농사를 더 짓고 이듬해 가을걷이를 끝낸 후 모든 걸 정리하여 뒤따라 내려왔다.

내 고향은 산청군 신안면 외고리, 더 소상히 말하면 내고마을 안곱대라는 곳이다. 신라 때부터 고을이 있었다 하여 고읍이라 불렸던 것이 고읍대, 곱대가 된 것이다. 지금은 9촌 아저씨가 제일 가까운 친척으로 남아 있어 별 반겨줄 사람도 없는 고향이지만, 그래도 가끔 고향에 갈 때는 마음이 설렌다.

어릴 때의 추억이 곳곳에 서려 있고 할머니 어머니의 산소를 비롯한 선산이 있기 때문이다. 만약 그때 마산에 내려오지 않았더라면 지금 어찌되었을까? 지금까지 고향에 살고 있을까? 아니면 그 후에라도 진주나 마산으로 나왔을까? 그것은 지금으로서는 모를 일이다. 많은 고향 젊은이들이 부산, 마산, 진주 등지로 나왔으니 나 또한 지금까지 고향에 살고 있을 것 같지는 않다.

그대로 그곳에 눌러 살았더라면 지금보다 더 행복했을 것 같기도 하고 더 많은 갈등 속에 살아왔을 것 같기도 하다. 역사에 가정이 없듯이 한 인간의 삶에도 지나간 세월에 대해 가정을 해 본다는 것 자체가 무의미한 일이다.

마산, 우리 형제들에게 마산은 기회의 도시였을까? 1954년, 전란이 끝난 후 큰형님이 제일 먼저 마산으로 내려왔다. 고모님과 누님이 마산에 살고 있었기 때문이다. 이것이 우리 집안과 마산과의 인연의 시작이었고 그 한 5년쯤 후 어머니와 내가 내려옴으로써 나와 마산과도 깊은 인연이 맺어지게 된 것이다.

> 무학산 뻗어 내린 푸른 맥박이— 남해의 문을 열어 꽃피운 고장
> 그 아래 새 희망을 누려온 우리— 보아라 16만 단란한 가족
> 산 좋고 물도 좋아 인심이 후한 곳— 살기 좋다 이 고장 마산이란다

60년대 초, 내가 중학생일 때 마산의 인구는 16만이었다. 마산 문인들이 가사를 쓰고 조두남 선생이 작곡한 것으로 기억되는 이 〈마산의 노래〉를 그때는 행사 때마다 많이도 불렀다. 무학산 기슭 따라 옹기종기 모여 신마산, 구마산, 북마산이 전부였던 그야말로 단란한 가족 같은 도시였다.

그때 마산 앞바다는 정말 푸르고 맑았다. 언덕배기인 신월동에서 바라보면 마산 앞바다가 손에 잡힐 듯 훤히 내려다보였는데(지금은 산복도로를 지나도 고층 건물에 가려 바다가 잘 보이지 않지만), '부앙—' 하는 뱃고동 소리와 함께 하얀 물살을 가르며 떠나가는 배를 바라보노라면 알 수 없는 그리움이 피어오르곤 했다. 바닷가에 나가면 '어영차! 어영차!' 소리에 맞춰 그물을 당기는 고깃배, 낚시하는 사람들, 수영복 입고 물속에 뛰어들어 해삼이며 조개를 주워 올라오는 사람 등의 모습을 어렵지 않게 볼 수 있었으니 지금 생각하면 전

설 같은 이야기다. 물이 얼마나 맑던지 부두에서 내려다보면 두세 길 물속이 훤히 들여다보였으니까. 연안여객선 스피커에서는 온 마산이 쩌렁쩌렁하게 '잘 있거라 부산항' '첫사랑 마도로스' '삼천포 아가씨' 등의 바다 노래가 끊임없이 흘러나와 그야말로 마산이 항구도시란 걸 몸으로 느끼며 자란 어린시절이었다.

중학교 3학년 때 나는 마산을 떠났다. 초등학교 4학년 때부터 5년을 살아온 마산을 떠나 진주로 이사를 가게 된 것이다. 그러나 고등학교와 군대를 마치고 나서인 10여 년쯤 후, 나는 다시 마산으로 내려왔다. 이미 마산은 우리 집 생활권역 속에 들어와 있었기 때문이기도 하려니와 한번 맺어진 인연의 끈이 나를 계속 붙들고 있었기 때문이다. 그 후부터는 지금까지 쭉 마산에서 살아오고 있으니, 사람의 인연뿐만 아니라 한 지역과의 인연도 우리 삶에서 얼마나 소중하고 운명적인가 하는 생각이 든다.

가끔 친구들끼리 마산과 진주를 놓고 마산이 좋으니 진주가 좋으니 하고 입씨름을 할 때가 있다. 그럴 때면 내 마음속에는 약간의 갈등이 생겨난다. 마산은 내 어린시절의 추억이 서려 있는 곳이요, 진주는 청소년 시절의 추억이 깃들어 있는 곳이기 때문이다. 그래서 마산에서는 진주를, 진주에서는 마산을 더 옹호하는 애매한 입장을 취하는데, 그런 나를 녀석들은 줏대 없는 놈이라고 놀린다. 그러나 아무래도 내 마음속에 더 깊은 인상으로 새겨져 있는 곳은 철없던 어린시절을 보낸 이곳 마산이다. 할머니 어머니와 두 분 형님과 함께 언덕배기 전셋집을 전전하던 그 어린 시절이 내 인생에서 가장 행복한 시절이었으니, 지금도 그 시절을 생각하면 눈시울이 뜨거워진다. 다시는 돌아갈 수 없는 그 시절이 그리워 가끔 그 신월동 언덕배기를 배회해 보지만, 아무리 눈을 닦고 봐도 옛 모습은 흔적조차 찾을 길이 없다.

  그 후 내 생활 근거지는 줄곧 마산이 되었다. 직장 따라 조금씩 옮겨 다녔지만 마산 권역을 크게 벗어나지 못했다. 기쁜 일, 슬픈 일, 좋은 일, 궂은 일이 모두 마산에서 일어났다. 결혼을 해서 가정을 꾸린 곳도 이곳 마산이요, 할머니 어머니를 여읜 곳도 이곳 마산이다. 마산에서 아이들이 태어났고 직장생활도 거의 마산에서 했으며 문학과의 만남도 마산에서 이루어졌다. 내 인생에서 중요한 일들이 모두 마산에서 일어난 것이다. 그리고 다시 30여 년을 살아왔으니, 누가 물으면 이제 내 고향은 마산이라고 말해도 조금도 거리낄 것이 없다.

  간혹 출타했다가 마산에 돌아오면 마음이 편안해진다. 아무리 늦은 밤이라도 역이나 터미널에서 내려 집으로 돌아올 때면, 낯익은 거리와 건물들이 그렇게 정겨울 수가 없다. 수시로 만날 수 있는 친구들이 있고, 도래도래 마산을 중심으로 형제친척과 친지들이 살고 있기 때문이다. 마음이 울적할 때면 가포와 수정 앞바다로 드라이브를 하고, 휴일이면 무학산, 팔룡산에 올라 지친 심신을 다독인다. 단지 안타까운 건 생기를 잃어버린 마산 앞바다인데, 그것은 앞으로 우리가 어떻게든 풀어가야 할 크나큰 숙제이다. 전국 7대 도시의 위상도

가고파의 영광도 다 옛말이 되었고, 열악한 문화시설에다 변변한 시민 휴식공간 하나 갖추지 못한 마산…… 그럼에도 불구하고 나는 마산이 좋다. 얼큰한 아구찜, 복요리가 그렇게 맛있을 수 없고, 전어회 한 접시에 국화주 한 잔이면 만사 시름을 잊고 마는 나는 어쩔 수 없는 마산 사람이다. 지금까지 그랬듯이 앞으로도 나는 인연 따라 어울려 살다가 인연 따라 갈 것이다. 내 사랑하는 이곳 마산에서—.

이한영 극작가, 아동문학가

두 번째 인연

마산, 또 다른 고향에 살면서

안 화 수

빡빡 깎은 머리에 교련복 바지를 즐겨 입었던 학창 시절, 자산동 골목골목을 거쳐 창동과 부림시장을 다녀오는 길은 언제나 가벼운 발걸음이었다. 하루에 밥을 네 끼씩이나 먹어도 배부른 줄 몰랐던 한창때 친구들과 부지런히 쏘다녔다. 이웃에 강석룡이란 고등학교 동기가 있었는데, 앞니가 유난히 길고 넓었으므로 그를 강냉이라고 불렀다. 부모 팔아서 친구 산다는 그 나이에 매일 아침저녁으로 등하굣길을 함께하면서 친해졌다. 우리는 특별한 일이 없으면서도 틈만 나면 낯선 곳을 돌아다니곤 했다.

농촌에서 마산으로 유학한 시골뜨기의 눈에는 모든 게 신기할 따름이었다. 극장이었던 3·15 회관과 시민극장, 강남극장이 그랬고, 신마산역과 북마산역, 구마산역들이 모두 처음 보는 것들이었다. 한 번은 친구들과 무학산에 올랐다가 좁은 견문見聞에서 생기게 되는 무식함의 극치를 보이고 말았다. 고향에서는 기껏해야 실개천이나 남강南江 정도만 보았던 터라 마산 앞바다를 가리켜 커다란 강이라고 말했던 것이다. 친구들은 배꼽이 빠져라 웃었고, 그날 이후 한동안 촌놈 티를 떨치지 못했다.

내가 마산에 첫발을 딛게 된 것은 1975년 3월 초, 마산경상고등학교─지금은 창원시에 편입되어 경상고등학교로 교명이 바뀌었다.─에 입학할 무렵이었다. 마산과 인접한 함안군에서 태어나 중학교를 마칠 때까지 줄곧 그곳에서 자랐다. 이전까지 마산에 대한 기억은, 서성동 시외버스주차장에서 기름기가 밴 땅을 잠깐 밟은 것이 전부였다. 방학이 되면 가끔 고모님이 계시던 부산을 다녀오곤 했는데, 부산을 가기 위해서는 서성동 주차장에서 직행 버스로 갈아타야 했다.

고등학교가 위치한 소계동에서 하숙할 형편이 되지 못해 자산동의 큰외삼촌 댁에서 기숙하게 되었다. 하숙비는 매달 별도로 주는 것이 아니고 아버지께서 손수 농사지으신 쌀로 대신했다. 그즈음 외삼촌 내외분 슬하에는 일곱 살을 비롯하여 밑으로 두 동생이 있었다. 모두 다섯 식구가 방 두 칸의 전세에서 살고 있었는데, 그중의 한 칸을 생질甥姪에게 공부방으로 선뜻 내주셨던 것이다. 어른이 되어 자식을 키우는 입장에서 돌이켜보니 외삼촌도 고맙지만 외숙모는 더욱 고맙다. 몇 년 전, 자산동 인근에 볼 일이 있어 들렀을 때 불현듯 옛날에 살던 집이 그리워 일부러 그곳을 찾았다.

열일곱 살 까까머리 소년의 마산 생활은 자산동 약수터 근처에서부터 시작되었다 처음 유학해 하숙도 자취도 어려워 외삼촌 댁에 기숙寄宿했는데, 다섯 식구 살고 있던 전셋방 두 칸 중에 내가 한 칸 썼으니 외숙모님 너무 고맙다 살아 있는 부처가 따로 있었다 그 집을 보고 싶어 30년 만에 찾아가는 길

책가방 들고 뛰어다니던 길은 보이지 않는다 공동묘지가 있던 곳으로 산복도로가 생겼고 산 아래쪽은 새 동네 되었다 주위의 철사 공장, 두부가 유난히 맛있었던 반찬 가게, 같은 또래의 여학생이 드나들던 파란 대문집, 골목 입구에 서 있던 가로등, 전봇대는 흔적 없다 세상 물정을 몰랐던 나이에 이태 동안 살았던 자산동 옛집이 있던 곳을 찾아 더듬거리다가

"할아버지, 자산동 사무소가 어디 있습니까?"

자작시 〈자산동 옛집〉이란 졸시拙詩의 전문이다. 자산동 동네 위쪽 풍경은 분간할 수 없을 정도로 너무 많이 변했다. 마산 생활을 시작하면서 처음으로 마주한 것들이라 대부분 지워지지 않고 머릿속 깊

161

이 남아 있었기에 엄청난 변화를 실감할 수 있었다.

  자산동에서 21번 시내버스를 타면, 차는 어시장과 오동동다리를 지나 창원으로 향한다. 합성동 주차장 뒷길이 창원 방면으로 가는 간선도로였을 그 무렵, 교복 입은 학생의 차비는 25원이었다. 시내버스가 다니던 왕복 2차선의 좁은 길 양쪽으로 플라타너스만 서 있을 뿐 주위는 온통 논밭이었다. 지금으로서는 상상조차 쉽지 않은 일이다. 학생들을 가득 태운 버스가 벌판을 가로질러 쭉 달리다 창원과의 경계 지점에서 멈추면 거기가 바로 소계동. 내려서 포장이 되지 않은 길을 15분쯤 걸어 올라가면 천주산 자락의 양지바른 곳에 경상고등학교가 있다.

  소계동은 여느 시골과 다를 바 없는 한적한 농촌 마을이었다. 비가 오는 날이면 장화를 신어야 할 정도로 길이 질퍽거렸는데, 시내의 학생들은 신발에 묻은 흙을 보고 경상고慶尙高 학생임을 알아보곤 했다. 그런가 하면 운동장 가운데로 농부들이 소를 몰고 다니기도 하고, 5월이면 개구리 울음소리가 바람에 실려 오기도 했다. 더군다나 농번기에는 학교에서 멀지 않은 곳에서 농촌 일손 돕기까지 했으며, 돌아오는 길에 농로를 따라 걸었던 기억이 생생하다.

  교정에서 창원 시가지를 바라다보면, 기계 산업의 보고寶庫이자 조국 근대화의 요람搖籃인 도시가 한눈에 들어온다. 산업도로에서 그 이름마저 바뀐, 시원한 창원대로와 함께. 다행히 1학년 말쯤에 학교 버스가 생겨 통학의 어려움은 다소나마 덜 수 있었다. 당시로서는 보기 드문 스쿨버스 School Bus였다.

    마산은 민주 정신이 살아 숨쉬는 정의로운 고장이다. 당당하게 자랑할 수 있는 것은 경자년庚子年의 3·15 부정 선거에 분연히 맞서 싸우면서 우리나라 민주주의의 밑거름을 만들었다는 점이다.
    3·15가 무엇인지도 모르던 철부지에서 이젠 자유 민주 정신을 이어 가야 할 책임감을 가질 만한 나이가 되었다. 오늘날 그 정신이 퇴색된 듯하여 서글픈 마음이 들기도 한다. 그러나 이제라도 마음을 다잡아 마산의 자존심을 회복해야 될 것이다. '마산 9경'과 '마산 5미'의 홍보에도 소홀할 수 없지만, 이러한 무형의 참된 정신을 길이길이 계승·발전시키는 데도 행정력이 뒷받침되어야 한다.
    정의는 반드시 이긴다고 하지 않았는가? 1960년 3월 15일에 불의를 보면 참지 못하던 마산 시민들이 이승만 독재 정권의 부정 선거에 목숨 걸고 항거하여 민주의 기틀을 잡았다. 뒤늦게나마 3·15 의거로 희생된 민주 영령들의 혼을 따뜻한 양지에 편안히 모시게 되었는데, '국립 3·15 민주 묘지'는 우리 시민으로서 자부심을 갖기에 충분하다.

        마산시 구암동 544-1번지 애기봉에는
        세계에서 하나밖에 없는
        우리 고장 마산의 자랑거리

국립 3·15 민주 묘지가 있다.

1960년 우리 나라 민주주의 싹을 심은
아직도 차가운 봄날의 3월 15일
자유당 너머 또 다른 자유를 찾아
독재 정권의 부정 선거에 맨주먹으로 항거하여
국가와 민족 앞에 몸을 던진 열사烈士들이
옹기종기 모여 사는 정다운 마을이다.

한동안 여기저기 흩어져 가건물에서
입은 옷에 누운 채로 온갖 수모 겪으며
숨 한 번 제대로 쉬지 못하고 살았지만
새 시대 맞이하여 햇살 비치는 명당 터에
영순위 자격으로 분양받은 유택幽宅
어떠한 권력으로도 사고 팔 수 없으며
웃돈을 얹어도 등기가 되지 않는
대한민국 유공자 묘역이다.

정의가 거짓을 솎음하고 열매 맺기까지
반 세기도 걸리지 않은 짧은 시간
비겁하고 부정한 놈들

발붙이지 못하도록 아직도 두 눈 뜨고
민주와 자유, 그리고 정의를 외치고 있다

—〈국립 3·15 민주 묘지〉 전문(2007년 작)

    마산 정신은 3·15의거에서만 그치지 않는다. 1979년 10월에 대한민국을 놀라게 했던 부·마 항쟁 또한 국민들의 가슴속에 각인되어 있다. 그해 부산 지역 대학생들이 유신 철폐와 독재 타도를 외치며 길거리로 뛰쳐나온 것이 민주의 불씨가 되었다. 그 불은 순식간에 마산·창원으로 옮겨 붙었다. 이에 위기감을 느낀 유신 정권 내부에서 권력 갈등이 생기게 되었고, 마침내 박정희 전 대통령을 시해하는 10·26 사태가 일어나 18년 간에 걸친 군사 독재가 종식되었다. 그때 나는 경남대학 1학년 학생이었다. 재수를 한 탓에 동기들보다 일년 늦게 입학했지만 아직은 정치, 경제, 사회를 제대로 알지 못했던 신입생이었다. 데모대에 앞장선 선배들의 뒤를 따라 남성동으로, 오동동으로 많이도 걸었다. 북마산파출소를 비롯하여 몇몇 관공서가 불탔다는 소식이 들렸다. 너무나 위험한 상황이었음에도, 며칠 밤에 걸쳐 시내 곳곳에서 울리던 시민들의 함성 소리가 지금도 귓전에 맴도는 듯하다. 이렇듯 마산은 부정 부패와 독재의 질곡桎梏에서 벗어나는데 있어서 두 차례나 중추적인 역할을 한 공간이었다. 그래서 마산을 민주의 성지聖地라 일컫기도 한다.

대학을 졸업하고 서울에서, 전라남도 어느 도시에서 교직 생활을 할 기회가 있었다. 그러나 집안의 장남으로서 부모님 곁을 떠날 수 없어 여기에 눌러앉게 되었다. 너무 편안하게 퍼지르고 앉았을까? 함께 공부하던 동기들은 경향 각지에 뿔뿔이 흩어져 있는데 유일하게 마산을 지키는 남학생은 나밖에 없다. 독서 지도사로, 진해상업고등학교에서 기간제 교사로, 그리고 경남고시학원 강사를 두루 거쳐 마산공업고등학교에서 21년째 교편을 잡고 있다. 1990년대 중반, 같은 재단의 마산중앙중학교에서 2년 동안 근무한 것을 제외하고는 지금의 일터에서 학생들에게 국어를 가르치고 있다.

내가 근무하는 학교는 사립私立이라 인사 이동이 거의 없다. 그래서 특별하게 원하지 않는 한 이곳에서 정년까지 일할 수 있다. 졸업생 중에는 산업 현장의 전문 기술인으로 융숭한 대접을 받는 제자가 있는가 하면, 거의 대부분은 열악한 근무 조건에서 땀 흘리며 일하고 있다. 한때는 경남 최고의 실업계 교육 기관으로 명성을 날리기도 했으나 사회 구조의 변화로 찬밥 신세가 되었다. 내가 국어 교사로서 이들에게 해줄 수 있는 일은 그들의 정신을 살찌게 하는 것이다. 시인詩人이 되어 삶의 가치를 일깨워 주기로 했다.

어줍지 않은 시인으로서 관심 밖으로 밀려난 이들에게 정서적인 안정을 주고자 시작한 문단 활동도 어느덧 강산이 한 번 바뀌고도 남을 만한 연륜이 쌓였다. 아마 학생들에게 부대껴 생활하지 않았다면 문학 활동에 열성을 다하지 않았으리라.

그동안 마산 문단의 말석에서 마산문인협회의 사무국장 일을 한 적이 있다. 당시 마산문협 김미윤 회장의 도움으로 각종 행사를 추진하면서 문화 예술계의 수많은 분들을 알게 된 것은 커다란 자산이다. 더욱이 그러한 인연으로 매년 정월 초아흐렛날부터 대보름까지 열리는 마산대동제 운영위원회의 사무국 일을 3년이나 맡아 했다. 시민과 함께하는 화합의 한마당을 만드는 데 이바지한 대가로 마산 문화예술계의 한 페이지 아래쪽에 이름 석 자 정도는 넣을 수 있지 않겠는가?

한 가지 아쉬움이 있다면 마산을 대표해서 내세울 만한 예술 축제가 없다는 것이다. 예로부터 마산은 예향藝鄕이라 불렸다. 그럼에도 그에 걸맞은 예술 행사가 미흡한 실정이고 보면, 예술인의 한 사람으로서 부끄러움이 앞선다. 지금이라도 우리 고장의 특성이 담긴 문화 예술 축제를 만드는 일에 예술인들을 비롯하여 모든 시민들의 힘을 하나로 모았으면 한다.

모두가 지나간 시절을 추억하듯 20년, 30년이 지난 뒤에도 오늘날을 그리워할까? 자동차와 컴퓨터가 발달한 삭막한 시대라 그렇지 않을 듯싶다. 생각하면, 한일합섬의 높이 솟은 굴뚝에서 연기가 피어오르고, 한반도의 방방곡곡에서 모여든 수출자유지역 아가씨들의 손놀림이 바빴던 그때가 마산의 봄날이었던 것 같다. 전국 7대 도시라 불리던 황금기였다. 산업의 변화로 그 활황을 계속 유지하지 못하고 침체 국면에 접어들더니 마침내 양덕 시대를 마감한 요즈음 그저 안타까움만 더할 뿐이다.

  열입곱 살에 자산동에서 시작된 마산과의 인연은 지천명知天命의 나이가 되도록 이곳을 벗어나지 못하고 있다. 아니, 떠날 생각이 없다. 이제는 마산에서 네비게이션 없이도 영업용 택시 기사를 할 만큼 길을 찾아다닐 수 있다. 시인으로서 교사로서 마산의 지킴이가 되어 나름대로 역할을 하고 있는 셈이다.

  대학 시절 월영동·문화동으로, 성인이 되어서는 산호동과 석전동, 그리고 양덕동까지 시내 곳곳으로 옮겨다녔다. 그러다가 10여 년 전에 정착한 합성동, 내 우거寓居가 있으며, 직장 또한 자리하고 있다. 마산에서 삼십 수년을 살아가는 동안 결혼을 하고, 쌍둥이를 포함하여 1녀 2남의 자녀를 두었다. 이곳에 삶의 터전을 마련하여 행복하게 살아가고 있으니 마산이야말로 나의 또 다른 고향 아닌가?

안화수 시인·마산공업고등학교 교사

두 번째 인 연

마산과의
인연·3

이젠 떠날 수가 없어요

황 광 지

대구 사람들은 "나도 마산서 논다면 노요!" 하며 어깨에 힘을 좀 넣어보는 포즈를 취하는 우스개를 하곤 했다. 왜 그렇게 하는지 어디서 연유한 것인지도 모르면서 청소년 시절 그 말을 입에 올리면 주위에서는 까르르 웃어대었다. 마산은 어떤 곳일까?

드디어 마산과 인연을 맺게 되었다. 한국중공업(당시 현대양행)에 다니던 남편이 군포에서 창원기계공단으로 옮기게 되었다. 1979년 5월 마산인지 창원인지 구분도 안 되는 신생도시 허허벌판 산업도로

169

변 내동에 있는 목련아파트에 자리 잡았다. 시장을 보려고 해도 아이를 업고 버스 타고 마산 어시장으로 갔는데, 너무 낯선 지역이라 번번이 다른 버스정류장에 내려 헤매다 돌아오곤 했다.

그 이듬해에 성지여자고등학교 박정희 교장수녀님이 상업 교과목 교사가 한 명 필요하다고 나를 불러들였다. 당시에 성지여고는 인문반과 사회반으로 나뉘어, 사회반에서는 실업계 고등학교와 같은 교과목을 가르치고 취업 진로를 지도했다. 나는 대구 효성여자대학교 경영학과를 졸업해서 상업교사 경력이 있었는데, 대구에 본원이 있는 샬트르 성바오로회 수녀님들 사이에는 실력 있는 사람으로 좀 알려져 있었다. 내 위로 언니와 아래로 동생이 수녀이다 보니 내가 이 지역에서 살게 된 소문이 교장수녀님께 전해졌던 것이었다. 그때는 성지여고가 어디에 붙어 있는지도 모르고 있었다. 전업주부가 되어, 겨우 돌이 된 아이를 돌보고 살림을 사느라고 제정신이 아닌 상황에 놓여 있다가 타의에 의해 성지여고에서 다시 교단에 서게 되었다.

이로써 마산과 본격적인 인연이 되었다.

성지여고에 첫 출근하는 내 마음은 평화 그 자체였다. 왜냐하면, 나는 1977년 결혼하여 서울로 가서 잠깐 교편생활을 했는데 경상도 말씨 때문에 곤욕을 치렀기 때문이었다. 대구에서 교단에 설 때는 내 세상이었는데, 서울에서는 표준말을 쓴다고 써도 악센트가 다르니 학생들뿐만 아니라 다른 선생들까지도 툭 하면 까르르 웃어대어 주눅이 많이 들었다. 그때 자존심이 상했던 기억들을 떠올리며, 나는 이제 경상도에서 마음껏 사투리를 쓰면서 가슴을 활짝 펴고 대구에서처럼 전성기를 누려보리라 힘차게 새 출발을 했다.

그런데, 정말, 추호도 예상하지 못했던 놀림이 쏟아졌다. 이럴 수가! 믿었던 경상도 사람끼리! 같은 경상도인데 대구말과 마산말이 그만큼 다를 줄 정말 몰랐다. 같은 낱말을 두고도 악센트는 확연한 차이가 있어 학생들이 서울 학생들보다 더 웃어댔고, 교사들 중에서도 짓궂게 흉내 내며 재미있어 하는 사람이 있었다. 믿었던 도끼에 발등 찍히는 기분이 되어 서울에서보다 더 화가 났다. 서울서는 의당 그러려니 하는 각오를 했지만, 같은 경상도 사람한테서는 배신감마저 들었다. 다혈질인 나는 얼굴을 붉히기도 했지만, 텃세에 눌려 한동안 주눅이 들어 지냈다.

성지여자고등학교에서는 사회반이 없어진 바람에 1년 후에 마산여자상업고등학교(현 무학여고)로 옮겼다. 멀쩡하게 살림 잘 살고 있던 나를 불러내어 일을 시켰던 박정희 교장수녀님은 그냥 집으로 들여보내기가 민망했던지 마산여상 서익수 교장선생님께 청을 넣어 자리를 마련해주셨다. 참 책임감이 남다른 수녀님이셨다.

마산여상에서 나는 또 한 번 인생의 전환점을 맞게 된다. 서익수 교장선생님의 배려로 교도교사 자격을 취득하였고, 마산여상에 상담실을 설치하여 활기차게 운영하게 되었다. 개신교 장로였던 교장선생님은 어렵게 공부하는 학생들에 대한 측은지심이 컸던 분이었다. 실업계 학교라 시골에서 온 학생이나 궁핍한 학생들이 많으니 상담실에서 이 아이들을 어루만져 줘야 한다는 것이 그분의 교육철학이었다. 나는 교장선생님의 뜻에 쫓아 헌신적으로 일하려고 노력했다. 이때부터 상담하는 사람으로서의 기본자세가 길러졌다고 본다. 서익수 교장선생님으로부터 학생을 극진히 사랑하는 것을 배운 나는 이분을 떠올리면 직장의 상사라기보다 스승으로 느껴지는 때가 더 많다.

1986년까지 마산여상에 몸담았던 나는 하나 있는 아들을 잘 키우겠다는 일념으로 교단을 떠났다. 그 후 창원에서 월간 《경남문화》의 편집장으로 일한 3년 정도를 빼면 꽤 느긋하게 지냈다.

그 후로 줄곧 창원에서 살았는데, 1995년 2월에는 주거를 마산시 중앙동으로 옮겼다. 당시에는 마산과 창원이 동일학군이었다. 아들이 마산 중앙고등학교에 배정되어 창원 남양동에서 1년간 다녔다. 창원 끝에서 마산 끝으로 통학하는 게 보통 일이 아니라 우리 가족은 이사를 단행했다. 나는 직장에 다니지 않았고 남편은 한국중공업(현 두산중공업)에서 창원이나 마산이나 거리가 비슷했으므로 이사하는 것이 마땅했다. 신마산에 살더니 남편은 이곳의 공기가 말할 수 없이 좋다며 계속 마산에서 살겠다고 마음을 굳혔다. 그는 취미로 난을 키우고 있었는데, 공기가 좋아 난이 잘 자란다고 다른 사람들에게 말하고 다녔다.

1997년 아들이 서울로 진학하여 떠나고 나니 한층 홀가분해졌다. 어디든지 돌아다니며 멋지게 여행하고 더 자유롭게 살겠다고 다짐할

즈음 마산역 근처에 있는 가톨릭여성회관에서 나를 불러 잡아 앉혔다. 부설기관인 마산가정폭력상담소 소장에 부임하게 되었다. 솔직히, 남편이 대기업에서 잘나가는 자리에 있었고 나는 문단활동으로 단조롭지 않은 생활이라 특별히 욕심을 더 낼 일도 없었다. 직장에 대한 필요성을 별로 느끼지 못하고 있었기에 처음에는 많이 부담스러웠다. 가정폭력상담이라 대상은 다르지만, 마산여상에서 했던 상담일을 다시 하게 되었다. 청소년 상담을 하다가 성인 가족들을 주로 상담하게 되었지만, 마산여상에서의 상담 경력이 큰 힘이 되었다.

1999년 1월 가정폭력방지법이 제정되어 시행됨에 따라 지역의 상담기관으로 부각되었고, 나는 경남상담소·시설협의회 회장직을 수행하면서 이 일에 몰두하게 되었다. 경상남도와 마산시의 행정지원을 받고 경찰 등과 연대하여 여성폭력 추방을 위한 사업을 펼쳤다.

2002년 8월에는 또 예상치 못한 일을 맡게 되었다. 제7대 가톨릭여성회관 관장이었다. 마산의 명동성당이라고도 불리는 가톨릭여성회관 역사에 기혼자가 관장을 맡은 적이 없었으므로 정말 뜻밖의 임무라 할 수 있었다. 이 회관은 1976년 설립된 이래 줄곧 '협조자'라고 불리는 가톨릭교회의 특별한 소임을 받은 독신여성이 관장직을 맡아오고 있었다. 그러니 내가 관장이 될 줄이야 꿈엔들 알았겠는가.

상담만 주로 하던 나는 관장이 되고부터는 경남지역의 시민단체와 연대하여 시민운동에도 관여하게 되었다. 나의 소신이나 철학을 떠나, 가톨릭여성회관이 가진 사명감 같은 것이 크게 작용하고 있었으므로 본의 아니게 나는 막중한 임무를 갖게 되었다. 내 인생설계와는 달리 내게 맡겨지는 일을 수행하며 하느님의 섭리를 깊이 깨닫게 되는 계기도 되었다.

우리 지역의 마산대우백화점에서는 놀랍게도 문화상을 제정하여 예술부문, 여성부문, 봉사부문으로 시상하였다. 나는 가정폭력상담소 소장으로 가톨릭여성회관 관장으로 여성의 권리를 회복하는 일에 노력한 공을 인정받아 2003년에 제1회 대우백화점문화상 여성부문을 수상하게 되었다. 지역의 일꾼으로 더 큰 책임감을 지니게 하는 기회가 되었다.

가톨릭여성회관에는 부설기관으로 마산지역자활센터가 있어 저소득층 주민들을 위한 사업이 진행되고 있다. 나는 마산지역자활센터장을 겸하고 있을 뿐만 아니라 오랫동안 한국지역자활센터협회 경남지부장을 맡아 빈곤한 주민들의 자활자립을 위한 사업에도 몰두해야 했다.

가톨릭여성회관 관장으로 일하면서 나는 특히 마산의 3·15정신과 민주항쟁의 역사를 되새기게 되었다. 마산 사람들의 기질을 피부로 느끼게 되면서 아무도 말해주지 않았지만 "마산서 논다면 노요!" 하는 연유를 내 나름대로 정리해 보기도 했다. 한 번도 와보지 않았던 '마산'을 입에 담고 성장했던 청소년 때를 떠올리며 '이것이 그것이었나!' 하고 머리를 치기도 했다.

내가 문학에 발을 들여놓은 때는 1987년이었는데, 가향문학회의 초대회장을 거쳐 창원문인협회에 입회하여 활동하였다. 마산으로 이사를 했지만 창원에서 문학의 기반을 닦은 터라 선뜻 적을 옮길 수가 없었으며, 2005년부터 4년간 창원문인협회 회장직을 수행해야 했다. 한편 천주교 마산교구에 소속된 가톨릭문인협회 회장으로 2006년부터 일을 하고 있는 중이다.

지금도 나를 만나 이야기를 나누던 사람이 "마산 사람이 아니네요, 경북 쪽 말씨네요." 하고 귀신같이 알아보는 사람들이 있다.

그렇다. 나는 대구가 고향이다. 그런데 이곳으로 내려와 대구에서 산 기간보다 더 많은 30년을 살았다. 남편은 공기가 좋다고 신마산 끝 지역에 있는 월영동 동아아파트를 분양받으면서 평생을 살겠다고 하더니 그냥 일찍 세상을 떠나버렸다. 아들은 서울에서 계속 살고 있다. 나 혼자 남은 마산이지만 그래도 나는 마산을 떠나지 못할 것이다. 이제 오히려 대구가 낯설게 되어버렸다. 이곳에는 글친구를 비롯해 인연을 맺은 사람들이 은하수처럼 뿌려져 있어 그것을 건너지는 못한다.

황광지 수필가, 마산가톨릭여성회관 관장

두 번째 인연

기지를 맘껏 펼치다 잠들 마산

최 경 석

내가 마산과의 인연을 맺은 것은 우연이 아니다. 당시 마산에는 폐결핵병원이 많았다. 가포에 국립마산병원, 월영동에 국군통합병원(현재는 진전면 소재)이 있었고 지금은 없어졌지만 경남대 본관 자리에 철도병원이 있었는데 이들 병원이 모두 다른 과목도 있었지만 주요 진료과목이 폐결핵 중심의 병원이었다.

확실하지는 않지만 마산에 결핵병원이 많이 생긴 이유는 맑은 공기와 깨끗한 수질 때문이라는 설이 있다. 특히 마산에는 대륙성 기후와 해양성 기후가 맞물려 이상기류가 형성되는데 이 공기가 발효식

품(술, 간장 등)에 적합하여 한때는 술과 간장 공장이 많았다는 것이다. 그런데 이 공기가 폐결핵 환자의 치유에도 좋다는 설인 것이다.

나는 부산대 약대를 졸업하고 이왕이면 마산에서 약방을 차려 마산 사람들의 보건향상에 기여하고 싶은 생각이 들어 신포동에 미보약국 간판을 올리면서 마산과의 인연이 시작되었다. 조금 더 구체적으로 얘기하면 내 출생지는 남해군이다. 남해는 원래 섬이다(지금은 남해대교가 생기면서 육지나 다름없이 되었다). 남해 섬사람들의 기질과 음식, 생활방식이 항구도시인 마산 사람과 유사할 것 같아서 체질에 맞는 약을 조제하면 될 것 같은 자신감이 생긴 것이 나를 마산 사람으로 만든 결정적인 원인이 아닌가 한다.

그때가 1973년 6월이었다. 그러니까 마산 사람이 된 지 35년이 되었고 그동안 내 식솔들도 많이 늘고 그들도 마산 사람이 되었다. 내가 그런대로 마산민의 보건 향상에 기여했다면 피부병에 대한 치료약의 조제였는데 그것은 솔직히 바닷가 사람들의 체질을 어릴 때부터 터득한 체험의 영향이었을 것이다. 내 아버님께서 피부병으로 많이 고생하실 때 얻은 경험도 큰 보탬이 되었을 것이다.

집사람(강외선) 또한 삼천포에서 성장했다. 1971년도 삼천포 미진예식장에서 결혼하여 장녀(최민경, 약사, 서울서 개업), 차녀(설빈, 고1)가 이곳 마산에서 태어났으니 우리 가족 모두는 바다와 깊은 인연이 있는 셈이다. 이왕 마산에 정착하여 기반을 구축했으니 마산을 위해 구체적으로 무엇인가 보탬이 되는 시민이 되어야겠다는 생각에서 1985년부터 3년간 마산청소년위원회 회장, 마산로타리클럽 회장 등 나름대로 여러 단체에 기여하다 1984년부터는 병의 치료뿐만 아니라 우리 민족의 애환을 어떻게 하면 조금이라도 푸는데 기여할 수 있을까 하고 생각한 것이 민족통일 마산시협의회 회장을 맡아 일하기도 하였다.

 6 · 25 민족상잔 때 특히 마산은 피난민들이 많이 몰려와 흩어져 살았기 때문에 이산가족이 많았다. 가끔 (지금은 작고하셨지만 윤희룡 선생 등) 그분들의 한 많은 얘기를 들을 때마다 조국통일에 일조를 해야겠다는 마음이 굳어지면서 지금은 약국 일보다 오히려 통일을 위한 일념에 사로잡혀 2004년부터는 경상남도 회장직까지 맡게 되었다. 원래 바닷가 사람들의 기질은 육지에서 성장한 사람과는 조금 다른 면이 있다. 바닷가에서 태어나 바닷가에서 성장한 사람과 결혼하고 바닷가에서 일생을 살아오다보니 뱃사람의 기질과 무관할 수 없는 게 나의 끈질긴 승부욕이다. 이제 살아온 날보다 살아갈 날이 많지 않은 것 같다. 이은상 선생의 노랫말 '내 고향 남쪽바다……' 조두남 선생의 〈선구자〉, 세계적인 조각가 문신, 마산은 특히 예술인들을 많이 배출하였고 아름다운 경관까지 겸비한 미항美港이다. 이 정감 있는 도시에서 나는 내 기지를 마음껏 펼치다 이곳 마산에서 조용히 잠들고 싶은 제2의 고향으로 매김될 것이기에 더욱더 애착이 간다.

최경석 민족통일경상남도협의회장, 미보약국장

두 번 째   인 연

의사로서 한평생

구 자 운

1. 학창시절 6년

초등학교를 졸업하고 마산상업중학교에 입학하기 위해 시험 치러 가던 해가 1949년이었다. 당시 학교 제도는 고등학교는 없었고, 중학 6년 제도였다. 경남 함안군 칠북면 봉촌리에서 자라면서 칠북국민학교 분교였던 이령리 예배당 한 칸짜리 학교에서 공부하다 3학년을 마칠 무렵에 해방이 되었고, 간이학교는 이령국민학교로 독립하였다. 1회 졸업생 28명은 중학 진학이 꿈이었다. 의사가 되겠다는 나의 희망은 인문학교 실업학교를 구별 못하고 명문학교만을 입학할 목적이었다.

중학 2학년 때 6·25동란이 일어나고, 피난길을 다니다가 학교 복학 소식을 듣고 회원동 일대 무학농장 근처를 옮겨 다니면서 소나무 아래서 몇 명이 모여서 선생님 강의를 들었다. 그러다가 4학년 진급을 할 무렵 중·고등학교로 분리되어 고등학교 입학시험을 다시 치게 되었다.

용마산 아래 마산상업학교는 육군병원으로 되어 있었고, 마산상고 학생들은 회원초등학교 운동장 가에 군용천막을 치고 공부를 하였다. 흙먼지 날고 펄럭이는 천막 속에서도 미래를 위해 젊은 학도들은 영어단어를 외우며 눈빛은 별빛보다도 더 반짝였다. 9월 학기가 3월 학기로 바뀌면서 회원동 골짜기의 보리밭은 봄빛에 일렁이며 합포만의 푸른 물결과 합창을 하고 있었다.

고등학교 2학년이 되어 산호동 용마산 아래 본교 운동장 가에 판자를 곁들인 천막을 치고 이사를 했다. 더불어 군사훈련이 강화되었다. 나무를 가지고 총 모양을 만든 목총과 군복을 입고서 매일 한 시간씩 훈련을 했다. 육군 장교가 2~3명이 배정되고, 연중 1회 사열 심사가 있어 최우수의 판정을 받기도 했다. 방과 후에는 군복을 입은 채로 귀가하다가 육군 헌병들의 추격을 받기도 했다. 군복 단속 때문이었다. 뒤늦게 학생들에게 검은 물을 들이고 국방색의 의복을 입지 말라는 명령을 하기도 했다.

6·25 동란 이후 마산항 부둣가에는 군수품이 하역되고 있어서 군용의복, 농구화 및 기타 생활필수품까지 많이 시판되고 있었다. 전쟁 중 혼란기의 비참한 사회상의 일면이라 할 수 있다.

1955년 2월 졸업식까지 본교 교실은 여전히 육군병원으로 되어 있어서 졸업식은 강남극장에서 거행하였다. 당시 교사 진영은 아주 좋았다. 피난살이라 대학교수님들이 많았고, 졸업 이후 국회의원과 법무부 장관을 지내신 선생님도 계셨다. 국문학 교사로서는 살뫼 김태홍 선생님과 문덕수 선생님, 국문학사 선생님은 조문제 선생님이셨다. 김춘수 선생님은 마산고등학교에 계셨다.

"해야 솟아라. 해야 솟아라, 말갛게 씻은 얼굴 고운 해야 솟아라······."

젊은 패기가 넘치는 문덕수 선생님이 발령받아 와서는 박두진 시인의 시 〈해야 솟아라〉를 우리들 책상 사이를 오락가락하시면서 암송하시고 설명하던 모습이 추억으로 상기된다.

피난 시절 기초학을 배우지 못한 우리들은 밤잠을 설치면서 기초공부를 해 가면서 과목별 전과서적에 매달려 분발하고 있으면서도 새로운 외국영화라는 문화에 매료되어 극장 출입을 하고 싶은 충동에 안절부절하였다. 각 학교 장교들 인솔하에 규율부 간부들과 당번직 선생님들이 금지구역을 순찰하고 있을 때 〈황태자의 첫사랑〉이라는 영화초대권이 있었다. 부림동 국제극장에서 상영 중이라 몰래 숨어들어 보려고 했다.

다음날 아침 첫 시간은 국문학사 시험 보는 시간이었다. 화장실에 숨어 있다가 우리 반 담임 서기현 선생님과 2반 담임 조문제 선생님에게 들키고 말았다. 교관들 보기 전에 어서 나가라는 도움을 받았으나 때맞춰 상영벨이 울렸다. 집에 가는 척하다가 2층 앞자리 쪽으로 살금살금 숨어 들어가서 한참 보다가 주위를 둘러보니 선생님 옆자리에 앉아 있었다. 선생님은 모른 척하시고 나를 그대로 둔 것이 지금도 잊혀지지 않는 은사의 사랑이란 것을 깨닫게 된다.

6년간의 학창생활에서 여름이면 선창가 방파제에서 수영을 하고 돌 사이에서 게를 잡아와 된장찌개를 해먹던 추억 또한 잊을 수 없다. 마산만의 바닷물이 그렇게도 맑을 수 있었으랴. 신마산 가포해수욕장은 천혜의 파란 물결이었으며 해파리와 물고기가 함께 수영을 했다.

북마산역과 구마산역 사이에 있는 노비산(당시 우리는 제비산이라고 함)에서 보리가 누렇게 익을 무렵에 영어 단어 20개를 적어 산책하면서 외우고 내려오던 일과는 문학의 싹을 틔우기에 충분했다.

"노비산 모롱이에 앉은뱅이 피련마는……"

이은상 선생님의 시를 암송하면서 빨간 벽돌집 창신중학교와 이은상 선생님 댁을 내려다보았다. 정월 대보름날 달맞이와 바다가 보이는 남쪽 비탈을 뛰놀면서 동심에 젖어보기도 한 아담한 산이 지금도 그립기만 하다.

무학산 서원곡 맑은 물소리에 새벽 세수를 하고 사춘기 소년이 목청을 틔인다고 고함치던 친구들이 하나 둘 사라지고 모두 다 백발노인이 되어 가고 있다.
  부산에서 대학을 다니고 서부경남에서 보건의료 공직생활을 하던 15년간은 마산을 기점으로 하여 왕래를 하고 인연을 끊지 않았다.

2. 의사醫師 생활 16년

  1970년 12월에 마산 추산동 1번지에서 구자운의원을 개설하였다. 당시 마산에 의사회원은 45명 정도였다. 기존 선배님들을 한 분도 빠짐없이 직접 방문하여 인사를 올리고 지도편달을 부탁하였다. 좋은 선배님들이 도시 의사 생활의 의무사항을 상세히 알려 주시면서 두 손을 감싸 잡아주셨다.
  처음 병원 개설은 울산에서 할 생각이었다. 울산 시가지가 막 형성될 무렵이라 초대받아 둘러보고 오던 날, 배신경정신과 배대균 박사님이 개업을 하고 있어서 하룻밤을 자고 귀가하기로 했다. 밤새워 도란도란 대학시절의 우정을 나누면서 모교와 동창을 두고서 울산을 가려느냐고 반문하면서 마산에서 개원하기를 권유받았다. 옳은 말이라는 생각으로 마산에서 개원하였던 것이다. 전셋집으로 전전하다가 마산시가 확장되면서 회원동 영역이 대지로 발전할 무렵에 동중 입구 철길 건널목 직전에다 지하 1층 지상 3층의 빨간 벽돌 건물을 지었다.

외과 산부인과 위주의 환자를 보면서 고향 땅 함안군 환자들과 동문들이 소개한 환자들로 바쁜 시간을 보냈다.

특별히 잊을 수 없는 선배님의 배려지덕은 유광현 내과원장님이 방송하시던 생방송 건강 상담 프로그램이다. MBC, KBS의 화요일 및 금요일 방송시간을 저에게 양도하셨다. 근 3년간 농어촌 방송분까지 의뢰하여 왔기에 사투리를 고치느라고 고생을 좀 하였다. 여기서 추창영 시인을 알게 되어 마산수필동인회 회원으로 입회를 하였다. 이광석 시인은 고등학교 동기로서 알게 되고 수필가 신상철 교수는 수필가 배대균 선생님의 동기로서 다같이 동년배로서 알게 되었던 것이다. 한여름 수박과 맥주병을 놓고서 선풍기 바람 맞으며 수필 작법을 논하던 일은 수필가로 가는 길에 큰 도움이 되었다. 마산을 기점으로 여러 갈래 문학지가 만들어지고 주 멤버들은 동인수필 회원들이었다는 기억이 아련하기만 하다. 나는 아직도 동인수필 회원으로 남아 전국 동인지의 최고령지인 마산수필동인회의 자리를 지켜가고 있다.

마산MBC와 동인수필과의 인연 하나가 생각난다. 수필 제목이 〈향기 잃은 국화〉였다. 국화 단지로 유명한 마산의 국화가 눈으로 보기에는 아름답지만 냄새로서는 향기를 잃은 것 같다는 한편의 수필을 남긴 것이 〈TV Essay 2호〉로 방영된 것이다. 뒤늦게나마 지난해에 수필집 《아름다운 그곳》과 《자연의 하모니》를 남기고 있다.

전문업 이외 또 하나의 외도적 취미생활로서는 묵향이 좋아 서예

가로서 사군자를 배워 그린다. 1980년대부터 진찰실 구석에 문방사우를 준비하고 낙서를 하기 시작하다가 남성동 파출소 뒤편 소은화실에서 소은 장병화 선생님에게 사군자의 가르침을 받았다. 이것이 인연이 되어 1999년 함안에서 예총을 만들면서 미술가 서예가로서 중앙에 등단하고, 함안미협 지부장 및 예총 초대 회장직을 맞게 되었다. 세월의 흐름에 따라서 경남미술원로작가회 창립멤버로서 초대회장직을 맡아 4년간의 4대 임기를 마치고 회원으로서 활동하고 있다.

마산과 연관된 서예 문인화는 1986년도 소은 묵란회 전시회에서 전시한 〈노안도蘆雁圖〉—화선지 전지 40호 그림이다. 당시 MBC 문화담당 PD로 계셨던 박소웅 님께서 문화뉴스에 방송한 그림이다. 지금도 응접실 벽에 걸려 남강가의 갈대밭에 내려앉는 노안의 풍경을 그대로 연상시켜 주고 있다. 수필집 1권의 표지 그림이 바로 이 그림이다.

묵향이 좋아 사군자를 그리니 자연의 묘한 미가 화선지에 옮겨져 노년기의 행복으로 이어진다.

의사가 할 일은 여러 곳에 많기도 하다. 마산시의사회 의무이사로 있을 때 마산교도소의 의무관 문제로 교도소를 방문하고 의사회에서 지원할 문제들을 거론한 적이 있다. 마산교도소는 병원 교도소 역할을 하고 있기에 당시 결핵환자 500여 명과 정신과 입원환자 100여 명 도합 600여 명의 입원환자가 있었다. 의무관 공직 희망자가 없어서 마산시 의사 회원 중에서 촉탁진료를 해야 할 형편이었다. 촉탁의

사로 오랫동안 봉사하신 김병국 도의사회 회장님 이하 여러 임원들의 합일된 건의 사항이 겸직 공무원 발령 문제였다. 그 많은 환자를 관리하자면 의무관이 여러 명 필요한 인력 규정이기에 당시 한도희 소장님을 통하여 국가에 건의를 해 보았다. 이것이 허락되어 대통령 특별채용으로 의무관 5명이 발령되고 전국 교도소 의무관 확보문제가 해결이 되었다. 이는 마산시 의사회의 협조안의 결과로서 큰 업적이라 아니 할 수 없다. 정년퇴직하기까지 근 24년간의 봉사직으로 재소자의 이중고를 도왔다.

이와 같이 법무부 소관 일부 근무 덕인지 마산시 청소년 선도위원장을 장기간 맡아보다가 동마산 경찰서가 분리되면서 동마산 선도위원장을 아울러 맡아 보았다. 마산시의사회 순회 진료도 여러 차례 행함과 동시에 검찰 산하 이동 순회 진료도 여러 차례 시행하기도 했다.

마산시 제27대 의사회장직을 맡아 보던 해는 전국체전 행사가 있어서 분주히 보내기도 하고, 연말이면 불우한 노인댁이나 경로당을 방문하여 시의사회의 불우 돕기 전달식에 빠짐없이 다니기도 했다.

의사들이 지역사회에 참여하는 분야 중에는 교육 분야도 있다. 마산상고 총동창회 부회장을 맡으면서 전국 상위급에 해당하는 장학금 모금에도 참여하여 후배 육성에 이바지하고, 마산간호전문대학에 외래강사로서 10여 명의 선후배님들이 근 15년 이상 강의를 하여 지역 의료업에 헌신하기도 했다. 절대적으로 부족한 간호원 지원을 위하여 보조간호원제도를 건의하여 육성하고 환자 진료에 이바지한 의사회의 공로들도 많다. 이와 같이 마산시의사회 일원으로서 헌신하던 젊음이 보람으로 기억되기도 한다.

의료보험제도가 정착되면서 일차 의료전담을 위해서 대한가정의학회 창립에 관여하고 경남 회장직을 맡고 있으면서 전국회장단 모임과 입법화하는 일에까지 얼마나 많은 시간을 보냈는지를 알 수 없으나, 지금은 전국 5천여 명이 넘는 가정의 전문의가 만들어져 일차 진료에 이바지하고 있다. 일을 하다보면 대한가정의학회 회장직까지 마치게 되는 영광을 안기도 했다.

이렇듯 마산은 나의 제2고향이며, 내 인생살이 대부분의 삶의 향기를 뿌린 곳이기도 하다.

16년간의 마산시 의사생활을 마치고 고향 땅 함안의 농민을 위한 의사 상의 약속대로 1997년 함안 군북으로 돌아와 구자운의원을 그대로 개설하고 지금껏 농촌의 고령 환자를 돌보고 있다.

구자운 수필가, 함안 군북 구자운의원 원장

두 번째 인연

내 인생의 황금기

백 종 흠

　　　　　　　　　　마산이라는 땅에 생활의 뿌리를 내린 것
은 지금으로부터 스무 해 전인 1987년 2월 말이다. 대학 졸업 후에
직장을 갖고도 여러 지역으로 전전하다가 모처럼 생활과 마음이 안
정되었던 고성읍에서의 생활을 접고, 둘밖에 없는 자식 중에 아들의
교육을 위해 고등학교 졸업 때까지만이라는 단서를 달고 가족이 이
사를 한 것이다. 비록 내가 태어나고 부모님의 흔적이 남아 있는 그
고향의 면지역은 아니지만 고향이 있는 군청 소재지에서 새로운 인
간관계를 형성하여 사회활동을 이어갈 때라 아쉬운 마음이 아주 많

았지만 자식의 장래를 위한 일에 주저할 수 없었다.

나는 고성군 영현면 봉발리 바느절이라는 산촌에서 태어나 그곳에서 초등학교까지만 부모님과 살다가 중학교부터는 혼자서 타향으로 전전하였다. 어릴 때 순수했던 고향에서의 추억이 고희를 바라보는 지금도 아련하게 떠오른다.

어릴 때부터 병치레가 심했던 내가 초등학교를 졸업할 즈음에 부모님께서는 중학교 진학은 초등학교 가까이에 있는 면내의 중학교에 진학하라고 했다. 몸도 허약하니 시골중학교에 다니면서 부모님의 농사일을 거들기를 바라는 마음에서였다.

그러나 오히려 나는 몸이 허약하여 힘으로 하는 농사는 도저히 못할 것 같았다. 그래서 한사코 셋째 형이 고등학교에 다니는 통영의 중학교에 보내 달라 졸랐다. 그리고 부모님께 나는 '앞으로 농사로 내 밥벌이는 하지 않겠다'고 선언하였다. 이로 인해 내 아버지께서는 이후에 내가 성인이 된 뒤에도 농사일을 한 번도 시키지 않으셨다.

시골에서 농사일을 거들면서 중학교에 다니게 되면 나는 영원히 농사꾼이 되고 말 것이며 고등학교, 대학 진학은 요원할 것으로 생각되었다. 어린것이 한사코 도시로의 진출을 요구하니 부모님은 형과 의논하여 나의 요구대로 통영중학교에 입학시험을 치르되 입학성적이 상위 10명을 뽑는 장학생이 되지 않으면 시골 중학교에 진학하라는 것이었다. 장학생으로 합격하지 않으면 포기한다는 조건을 제시하였다. 시골에서 공부를 잘한다는 소리를 들었지만 시지역 중학교의 입학시험에서 10위 이내에 들기는 어려우리라는 계산에서였다. 나는 자신이 있었고 이판사판으로 그 내기에 동의하였다.

시험에 떨어지기를 바라는 부모님이니까 시험장에는 물론 오시지도 않았다. 혼자서 학교에 찾아가서 입학시험을 치른 뒤에 합격자 발표하는 날 강당 벽면에 써 붙인 합격자 수험번호를 나는 찾을 필요가 없었다. 나에게는 합격 여부가 문제가 아니고 장학생이 되는 것이 문제였기 때문이었다. 그래서 장학생 명단 발표만을 찾아보았기에 지금도 합격자 명단에 나의 수험번호가 있었는지 기억이 없다. 장학생 발표 명단에 7등이라는 것만 확인했을 뿐이다.

부모님은 아들과 약속을 지키지 않을 수 없었고, 중학교 입학시험에서 장학생이 된 것이 이후 타향 생활의 시작이었고 어려운 가정환경에서도 나의 학업 지속의 계기가 되었다. 그리하여 고등학교는 진주로, 대학교는 대구에서 고학으로 학업을 이어갔다.

나는 초·중·고·대학을 한 도시에서 다니지 않았을 뿐만 아니라 학교를 다닌 도시에서는 근무하지도 못했다. 대학을 졸업하고는 곧바로 교직에 들어왔으나 근무학교도 평균 이태 만에는 옮기곤 하여 한곳에 정착하지 못하다가 가정을 이루고부터는 비록 근무 학교는 자주 옮겼어도 생활 근거는 한 지역에 머물게 되어 고성읍에서 10여년을 살았으며 이후에 마산에서도 20년째 살아가고 있다.

나는 고등학교를 다닌 진주가 생활하기에 좋은 도시라고 생각하고 있었기에 정작 상공업 도시인 마산에서 이렇게 정착하게 될 줄은 전혀 생각도 못하였다. 마산에 정착하기 전 학생시절에 버스를 타고 마산을 경유하는 정도가 고작이었으며, 여름방학 때 합성초등학교에서의 교육연수 시에 가포 바닷가에서 같이 연수받는 선생님들과 해안을 거닐며 앞바다의 물결을 바라본 적이 있으며, 그 외에는 교원수업연구 참관 차 마산에 왔던 기억 등이 있을 뿐이다.

마산가포고등학교 교장으로 재직 중에 가포 유원지에 나갔다가 바닷바람을 받는 청솔은 옛날처럼 푸르고 의연하였으나 맑은 바닷물은 보지 못하고 오염된 바다를 보면서 이은상 시인이 노래한 가고파의 그 푸른 바다는 어디로 갔는지 격세지감을 감출 수 없었다. 후에 마산가포고등학교 교장이 되어서 볼 수 있었던 오염된 그 바다도 이제는 메워져 육지가 되어가고 있다.

내가 아내와 처음에 살림을 시작할 때는 사글셋방, 그 다음엔 전세방, 그리고 전셋집에서 살다가 누구의 도움도 없이 나 혼자의 힘으로 고성에서 작으나마 처음으로 내 집을 마련하여 아들 딸과 네 식구가 오순도순 살다가 아들이 중학교를 졸업하게 되어 고등학교를 어느 도시의 학교로 진학하느냐는 문제에 봉착하자 선뜻 결정하기 힘들었다.

내가 고등학교를 다녔던 교육 도시 진주냐 아니면 나의 근무학교와의 교통이 편리하고 더 큰 도시인 마산이냐 둘 중 하나를 선택해야 했다. 전자는 나와의 연고가 있어 호감이 가는 점도 있으며 후자는 교통이 편리하고 보다 큰 도시라는 유리한 점이 있어 쉽게 결정을 못하다가 그래도 아들이니까 보다 큰 지역으로 진출하여 활동무대를 넓혀주는 것이 좋다는 주위의 조언을 따르기로 하여, 마산의 고등학교에 입학시험을 치르고 합격하여 학교배정 절차를 밟고는 새학기 시작 직전에 중앙동에 전세 아파트를 구하여 이사를 하였다. 이것이 마산 생활의 시작이고 아파트 생활의 시작이 되었다.

이사를 하면서 우리가 살던 고성의 집은 전세를 놓았다. 고등학교를 졸업하고 아들을 서울의 대학으로 진학시키고 나면 다시 돌아온다는 계산에서였다. 그때는 딸은 전혀 염두에 두지 않은 아내와 나의 계획이었다. 아들이 초·중학교 성적으로 보아 서울의 일류대학에 능히 진학할 것으로 생각하였지만 고교 2학년 이후에 우리의 기대는 어긋나게 되었다.

아들이 우리가 목표하는 대학에 못 갈 바에야 내 경제 사정으로 굳이 서울로 진학시킬 수 없어 인근 도시의 지방대학에 진학하게 하고는 늦게나마 딸과 아들 둘 다를 위해 마산에 그대로 머물기로 마음을 정하게 된 것이다. 그때까지도 아들만을 생각하고 학교 성적이 좋았던 딸의 진학은 염두에 두지 않고 고성으로 되돌아갈 생각으로 그 전에 살던 시골집은 전세를 놓았었다.

그러나 점차 시골로 돌아간다는 생각이 옅어지고 전셋집 생활로 인한 불가피한 이사도 불편하여 집을 사기로 하였다. 하지만 전세 놓았던 시골집을 팔아도 마산에서 집을 사기에는 돈이 턱없이 모자라

주택은행에서 융자를 내어 아파트 가격이 가장 높을 때에 내 명의의 아파트를 매입하여 마산에서 세 번째 집으로 이사하여 마산에서의 정착이 굳어졌다. 주위에서 모두가 가능하다고 생각하고 우리도 능히 이룰 것으로 믿고 희망했던 아들의 일류대학 유명학과의 진학은 포기하고 가까운 지방대학으로 진학하게 되었다. 비록 우리가 마산으로 이사 온 큰 목적은 제대로 이루지 못하였으나 어쩌겠는가.

처음 마산에 이사 오자 고등학교 동기인 친구 정목일 수필가가 많이 관심을 가지고 인쇄업을 하는 친구와 동문 모임이나 동기 모임에도 적극 참여토록 신경을 써주었고, 마산문인협회나 문학인들의 모임에도 참여토록 도와주었으며 지금도 나를 챙겨주어 고맙게 생각된다.

처음에는 별로 정감이 가지 않던 마산이라는 상공업 도시지만 살아가는 세월이 쌓여갈수록 점차 마산을 떠날 생각을 할 수 없게 되었다. 그러면서 오히려 나의 교직생활은 안정되어 갔고 또 나도 점차 인정을 받게 되어 승진과 영전을 하게 되었다.

마산으로 이사 온 지 두 해 반 동안 두 번을 이사하였으며, 승진하기 전에는 신마산에서 시내버스를 타고 소답동에 가서 북면행 버스를 갈아타는 출퇴근을 하다가 그 당시에는 조금 빠른 나이에 교감으로 승진하여 통근이 가능한 인근 지역 고성의 중학교로 이동이 되었는데, 그 학교는 부장교사뿐만 아니라 평교사의 반 정도가 교감인 나보다 나이가 많아 학생지도에 소극적이었다. 나보다 나이 많은 교사들의 소극적인 활동으로 교사들에게 지시하기보다는 교감인 내가 학생 등교 지도나 용의복장 지도도 직접 하여 교사들이 포기하고 있던 학생 질서를 바로잡았으며, 두해 뒤에는 다시 더 큰 읍지역의 학교로 영전을 하였다.

여기도 나보다 나이 많은 부장교사와 같이 근무하게 되니 교감 자리에 앉아 있지 않으면 처음 보는 분은 내가 교감인지도 모르는 경우가 많았다. 교감이 된 뒤에도 마산에서 시외버스로 출퇴근을 하였다.

이 학교 근무 1년 만에 전혀 내신도 희망도 하지 않았는데도 방학 중에 갑자기 도교육청에서 전문직으로 이동을 하겠느냐는 연락이 왔다. 시내버스로 통근이 가능한 곳이면 좋다고 하였더니 창원의 경남교육연수원의 연구사로 영전이 되었고 이후 5년 동안 마산에서 창원까지 시내버스로 출퇴근하였다.

교육연수원 근무 중 교장자격연수를 받고 첫 교감 부임지에 다시 첫 교장으로 승진하여 부임한 것도 마산에서 생활하면서 이루어진 것이다. 당시 도단위 기관에서 근무하던 전문직이나 교감들은 읍면이 아닌 시내의 큰 학교로 발령을 받을 수 있었으나 나는 평교사나 교감으로는 한 번도 시내학교에 근무한 경험이 없기에, 시골학교에서 교장의 경험을 쌓기 위해 마산에서 통근이 가능한 시외지역으로 발령을 요구하였고 내 희망대로 버스로 통근이 비교적 용이한 학교로 발령받을 수 있었다.

결국 마산시 신창동 무학빌라에 살면서 교육계의 꽃이라 할 수 있는 교감, 교장으로 승진한 것이다. 어쩌면 마산과의 인연이 아니었으면 이처럼 승진이 빠르지 못했을 수도 있었겠다는 생각을 아니할 수 없는 일이다.

마산에서 고성의 회화중학교 교장으로 재직 중에 아들을 결혼시켜 며느리를 맞아들였으며, 비록 한 해 동안에 불과하지만 교장 경험을 쌓은 뒤에 마산시내로의 전출을 희망하여 마산서중학교 교장으로 영전하여 신창동 무학빌라에서 걸어서 출퇴근하였다. 걸어서 출퇴근을 하게 됨으로써 등하교시 학생들의 상황을 잘 알 수 있었다. 등하교시 학생들의 보행의 불편과 건널목에서의 안전 문제 등이 자연히 눈에 띄었고, 형식적이고 소극적인 교사들의 교통지도가 이루어지는 학교 교문 앞 도로는 수많은 차량의 운행으로 횡단보도에서도 학생 안전이 크게 불안하게 느껴졌다.

대부분 한 가정에 한 자녀를 두고 있는데 그 한 자녀가 다치거나 불상사가 나면 어찌하겠는가? 교장으로서 교사와 학생들의 소극적인 교통지도에만 도저히 맡길 수 없어서 나름대로 횡단보도 안전지도에 직접 나서기로 했다. 학생 등교 시간 한 시간 전부터 한 시간 동안 흰 목장갑을 끼고 빨간 호루라기로 횡단보도 중앙에 서서 양쪽 차를 정지시키고 학생들을 건너게 하였다.

내가 굳이 도로 중앙에서 교통정리를 한 까닭은 차량들이 도로 가에서 하는 깃발 신호를 무시하고 주행하는 경우가 더러 있기 때문이었다. 학생들은 도로 가의 당번 학생의 깃발 신호를 보고 건너가는데 자동차의 운전자가 보지 못하거나 신호를 지키지 않으면 사고가 날 가능성이 커 보여 가만히 있을 수가 없었다.

아침 등교할 때 1시간과 오후에 학생들이 많이 하교할 때는 교장실에 있는 것이 아니라 만사 제쳐두고 학교 앞 횡단보도에 나서는 것이 나의 사명이었고 업무였다. 이후 나의 호주머니에는 흰 장갑과 빨간색 호루라기가 반드시 들어 있어서 필요하면 언제 어느 때나 활용할 수 있는 만반의 준비를 하고 있었다(이로 인해 내 별명이 '흰 장갑 빨간 호루라기'가 되고).

이러다 보니 어느 더운 여름날 아들을 만나러 학교 왔다가 교통정리를 하는 교장의 모습을 보고 고맙다는 글을 인터넷에 올리기도 하고, 자동차를 타고 지나가다가 음료수 한 병을 손에 쥐어주기도 하였다.

비가 오는 날은 학생들이 우산을 받고 길을 건너야 하므로 더욱 교통지도가 필요한대도 정작 학생부에서는 아예 손을 놓고 있어서 비옷을 사서 입고 도로에 나서서 교통경찰처럼 활동할 수밖에 없었다.

이렇게 2년 동안을 교통지도를 하였다. 출장으로 부득이한 날을 제외하고는 교통지도를 한 사실이 경향 각지의 신문에 기사화되기도 하고 도교육청 공보실에서 사진을 찍어가기도 하며 심지어 SBS방송 매체를 통해 방영되기도 하였다.

또한 자기 학교 학부형들이 더 나를 좋아한다는 인근 초등학교 교장선생님의 전화를 받기도 하였다. 처음 시작할 때 빈정거리거나 미

덥지 않게 생각하던 교사들은 놀라면서도 교장이 일상적으로 하는 것으로 말없이 지원하며 바라보았으나 관내의 교장선생님들은 교사들에게 맡길 것을 교장이 직접 나선다고 많이도 빈정거리기도 했다. 그러나 학생들의 안전지도가 어찌 학생부 교사들의 책임뿐이겠으며 교장, 교사의 역할이 다르겠는가. 오히려 수업과 학생지도에 시간을 뺏기지 않는 교장이 교통지도를 하는 것이 타당하다고 나는 생각되어 실행한 것뿐이었다.

마산서중학교에서 나는 학생들이 우리 마산의 자랑 무학산을 봄가을에 오르도록 학사일정을 계획하였다. 마산 사람이라면 마산의 무학산에 가 보아야 하며 남자로서 호연지기도 기르고 극기심도 길러야 한다는 교장의 교육적 취지를 학부모나 교직원이 흔쾌히 찬동해 주었기 때문이다. 교문 앞 횡단보도에서의 교통지도는 1년 더 계속되었다.

유월에는 아내의 성화에 못 이겨서 마산에서 처음이요 내 생에 두 번째의 내 집이었으며 열세 해를 살았던 무학빌라를 팔고 월영동 현대아파트 새집을 분양받아 이사를 하였고 9월에 마산가포고등학교 교장으로 전출되었다. 고등학교 학생들이니까 교통지도가 필요하지 않을 것으로 생각되었으나 나의 눈에는 그게 아니었다. 등교할 때에는 대부분 버스를 타고 와서 학교 앞 버스정류소에서 내리므로 등교 시의 안전은 크게 우려되지 않다고 생각되었다. 그런데 문제는 토요일 수업 후에 일제히 교문을 나서서 버스를 타기 위해 횡단보도를 건너야 하는 것에 위험요소가 발견되어 다시 나의 흰 장갑과 빨간 호루라기가 활약을 할 수밖에 없었다.

  그것뿐만 아니라 비가 오는 날에는 야간 자율학습을 마치고 하교할 때 자녀를 태워가려고 학교까지 오는 학부모들의 자가용 차량과 학교 앞 종점에서 회차하는 시내버스, 그 외 일반 차량으로 교문 앞 도로가 교통혼잡 상태가 되는 것을 목격하고는 나는 비옷을 차려입고 다시 교통경찰 역할을 할 수밖에 없었다. 퇴근하여 집에 있다가도 져녁 늦게 학생들의 하교시에 비가 내리면 어김없이 다시 학교 앞에 가서 교통지도를 하여야 내 마음이 편하였다. 이런 생활도 한 해로 끝나고 말았다. 일년 만에 마산교육청 교육장으로 발령을 받았기 때문이다.

  서울대학교에서 교육행정연수도 이미 이수하였고 고향인 고성교육장이나 중학교를 다녔던 통영교육장으로 전출을 희망했다. 그런데 의외로 발령은 꿈에도 생각지 못한 마산교육장이라 한동안 어안이 벙벙했다.

  당시 마산교육청의 직제는 경남에서 유일하게 2국 체제가 되어 있는 일등 교육청이어서 정말 나는 꿈도 꿀 수 없었던 인사 결과였기 때문이다. 교육장으로 부임한 지 열흘 만에 태풍 '매미'로 마산 지역의 피해는 상상키 어려울 정도였다. 재산상은 말할 것도 없고 인명피해까지 겹치는 크나큰 피해를 당하여 교육장실에만 머물 수가 없어서 관내 학교의 피해를 살펴야 하는 바쁜 몇 개월을 보내기도 하였다. 태풍 매미로 교육청 지하문서실에도 물이 넘쳐 들어와서 문서가 모두 물에 젖는 불상사와 지하차고에 주차시켜 둔 관용차량이 침수되어 차량을 교체하기도 했다. 어려운 시기를 넘기고 그래도 연말에는 딸을 결혼시키기도 했다. 마산교육장으로 1년 반을 근무한 후에는 정년퇴임을 1년 남겨놓고 교육연구사로 5년을 근무했던 경상남도 교육연수원장으로 영전되어 근무하다가 2006년 2월 말 정년퇴임을 하였다. 대학 졸업 후 교직에 들어온 지 꼭 서른 여덟 해 만이다.

정년퇴임 교육자 훈·포장 전수식에서 경상남도 퇴임 교원을 대표하여 인사말을 하면서 이런 말로 나의 희망을 표하였다. "동녘 하늘에 찬란하게 떠오르는 태양으로 아침은 아름답고, 한낮의 밝은 태양도 장엄하지만, 하루가 저물어가는 석양의 서쪽 하늘 황혼빛도 아름답게 물들듯이 그렇게 정말 그렇게 살아갈 수 있었으면 좋겠습니다"라고.

정리하여 말하면 나는 여러 도시로 전전하다가 마산으로 이사를 와서 마산 사람이 된 이후로 초기에는 경제적으로나 가정적으로 어려움도 컸으며 이곳 마산에서 어머니를 여의기까지 하였지만 이후에는 교육자로서 나의 꿈을 이루었기에 마산과의 인연으로 나의 교직 후반기가 황금기가 되었다고 할 수 있겠다.

가정적으로 아들 딸의 결혼도 이곳 마산에 사는 동안 이루어졌으며 이후 손녀 손자 등도 셋이나 얻었다. 개인적으로는 교감 자격을 따서 승진을 하고 같은 해에 시조시인이라는 이름으로 한국문단에 이름을 올릴 수도 있었고, 여러 훌륭한 문인들과의 교류도 이루어졌으며, 교육연구사 그리고 중학교 교장, 마산시내의 중·고등학교 교장, 마산교육청 교육장, 경상남도교육연수원 원장의 직위에까지 오를 수 있었던 것은 모두 마산으로 이사를 온 마산과의 인연으로 인한 것이었다고 생각된다.

 이제 다시 마산을 떠나 고향으로나 다른 지역으로 이주할 생각은 없다. 이미 나는 마산에서 가장 오랜 시간을 살아왔으며 마산 사람이 되었기에 앞으로의 나의 남은 삶도 마산에서 엮어갈 생각이다.

백종흠 시조시인, 전 마산교육장, 경남교육연수원장

절정기의 가포 해수욕장(1966년)

세번째 인연

이한걸
최명해
김관숙
정상철
김연희
서수원
최삼룡
민창홍
김병수
한정호
엄국정
박철종

마산과의 인연 • 3

세 번 째 인 연

마산에 살면서

이 한 걸

　　　　　　나에게 마산과의 인연을 들라면 마산이라는 지명과의 인연 이전에 마산 출신 사람과의 인연이 먼저라 할 수 있다. 지금보다 정보가 훨씬 어두웠던 70년대에 강원도 강릉 산속 마을에서 마산이라는 지명은 대충 경상도 어디쯤일 것이라 막연히 생각할 뿐이었다. 억양이 강한 경상도 사투리로 동료들을 웃기기도 하고 때로 놀림감이 되기도 하던 이정섭 씨와 박만석 씨, 그들이 마산출신이었다. 나는 이 두 분을 통해 마산이라는 도시가 경남에 있고 해안을 낀 항구도시라는 것을 대충 알게 되었다.

지옥이나 다름없는 탄광!

아무리 간이 큰 남자라도 처음 입항할 때는 도살장에 끌려가는 소처럼 다리가 후들거린다. 캄캄한 갱 천장서 퐁 퐁 물방울 떨어지는 소리에 등골이 오싹해지고 귀신이 확 끌어당길 것 같은 공포는 겪어 보지 않은 사람은 모를 것이다. 격한 노동에 퇴근하면 녹초가 된다. 사흘이 멀다 하고 사람이 다쳐 나간다. 툭 하면 사람이 죽어 나간다.

이 지구상에서 노동환경이 가장 열악하다는 탄광 막장에서 그들을 만났다. 1974년 강원도 명주군 강동면 임곡리에 소재한 황룡산업 강릉광업소 제2광구에 후산부로 입사했을 때 마산 출신 이정섭, 박만석 두 광부는 이미 그곳에 둥지를 틀고 질박한 삶을 살고 있었다. 반도의 끝에서 멀리 강원도 산골까지 흘러왔던 것이다.

작업복에 안전모를 쓰고 장화를 신고 간데라를 드는 것이 광부의 기본 장비다. 탄가루 흡입을 방지하기 위해 팔뚝과 무릎에 토시를 한다. 이 기본 장비에 톱, 도끼, 곡괭이를 묶은 것을 멘 사람은 선산부이고 간단하게 삽을 멘 사람은 후산부다. 선산부는 톱과 도끼와 곡괭이로 막장의 탄을 파는 기술자이고 삽을 든 후산부는 선산부를 도와 탄을 운반하는 보조공이다. 선산부 한 사람에 후산부 5~6명이 한 팀이 되어 채탄작업을 하는 것이 광부다. 나는 물론 이정섭, 박만석 씨도 후산부였다.

"달려라 달려! 어이 왜 이렇게 꾸물거리노, 퍼뜩 가자꼬."

뒤에서 광차를 밀고 오던 박만석 씨의 목소리가 쩌렁쩌렁 울린다.

"아따 형님, 잠깐 기다리소. 광차가 돔부(바퀴가 레일에서 이탈)졌단 말이요."

빈 광차가 돔부지면 그래도 다행이겠으나 탄을 실은 상태에서 돔부지면 고생깨나 한다.

"어이 비켜봐라. 남자가 그리도 심이 읍노."

씨름꾼 같은 박만석 씨는 광차 한쪽을 번쩍 들어서 제자리로 맞춘다. 힘이 장사다.

긴 수평갱을 달려 막장을 오르는 경사 노보리에서 동발을 올릴 때에도 박만석 씨는 한몫한다.

"내가 밑에서 올려줄 것이니 위에서 받으라고."

박만석 씨가 밑에서 아름드리 동발을 번쩍번쩍 들어 올려주면 나머지는 중간중간 서서 위로 전달한다. 이 과정에서 갱이 찌그러졌거나 바닥에 물이 줄줄 흐르면 기어 다니면서 동발을 운반한다. 체격이 작은 이정섭 씨는 언제나 맨 꼭대기서 받는다.

"좀 천천히 올리더라구, 허리 부러지것다야."

후산부가 동발을 올리는 사이 선산부는 막장에 구멍을 뚫고 발파를 준비한다. 동발을 올리고 땀을 식힐 여유도 없이 발파를 하고 탄을 끌어내는 작업이 이어진다. 지하 수천 미터의 갱 속을 뛰어다니는 채탄작업은 그야말로 전쟁이다. 탄을 1톤이라도 더 캐려고 눈에 불을 켠다.

"아니, 20톤인데 왜 15톤밖에 안쳐줘요. 얼마나 고생했는데 5톤이나 빼요."

광차 담당자가 검탄원에게 항의하면 검탄원은 검탄원대로 할 말이 있다.

"이봐, 내 눈은 뭐 명태눈깔인줄 아나. 광차 10대는 반밖에 안찼더라고 그게 어째 1톤이야 0.5톤이지. 아무리 고생했더라도 양심적으로 셈을 해야지 턱없이 속이면 되나 젊은 사람이."

이런 소리 듣고 고분고분 물러설 사람이 없다. 광차 담당자는 생산한 대로 인정을 받아야 한다. 팀원들의 임금이 광차 담당자의 능력에 달려 있다.

"뭐여, 가득가득 실었는데 무슨 소리 하는 겁니까? 그리고 안에서 아무리 가득 실어도 밖에 나오면 쑥 내려가는 것을 몰라서 어거지를 써요."

삽자루를 내동댕이치며 검탄원에게 덤벼든다. 광차 담당자는 검탄원과 멱살 잡고 나뒹구는 일도 서슴지 말아야 한다.

이처럼 생산에 치중하다보니 막장이 붕괴되는 사고는 흔한 일이다. 드물긴 하지만 가스가 폭발하고 물통이 터지는 사고도 발생한다. 이 중 가장 무서운 사고는 물통이 터지는 일이다. 땅속에 저수지처럼 고여 있던 물통이 터지는 날엔 갱 속의 광부는 몰살한다. 내가 일했던 탄광에서도 물통이 터지는 사고가 몇 번 있었으나 운 좋게도 휴일에 터졌다. 이 물통이 만약 평일에 터졌다면 끔찍했을 것이다. 동료의 목숨을 앗아 간 사고는 막장이 붕괴되면서 발생한 것이고 광차가 떨어진 사고였다. 공기가 순환하지 못하는 곳은 가스가 차 있다. 언제 폭발할지 모른다. 한 사람의 생명을 앗아가는 사고가 터지면 감독은 도망가고 가족들이 오열에 몸부림치는 광경은 자주 있는 일이다.

고락을 같이하던 동료를 잃으면 치밀어 오르는 분노를 어쩌지 못해 분위기는 험악해진다. 감독을 죽이겠다고 도끼를 들고 으르렁거리는 일도 흔하다. 나는 이 탄광에서 3년 동안 4명의 동료를 땅에 묻었다. 내가 그 지옥 같은 탄광을 떠나 마산으로 오게 된 동기도 재해 때문이다.

혈기왕성한 청년으로 두려움을 모르던 나는 뜻밖의 사고를 당한다. 일과를 마치고 광차를 타고 노보리를 올라오던 중 광차를 끄는 와이어가 끊어지면서 여러 대를 이어단 광차가 막장으로 추락하는 사고였다. 약 45도의 경사도에서 수십 톤의 광차가 추락하였다면 그 광차에 타고 있던 내 목숨은 내 것이 아닐 것이었으나 다행히 운이 좋아 살았다. 광차가 막장에 처박히는 충격에 거꾸로 처박히면서 날카로운 돌에 이마를 깊이 찍히는 것 외는 별다른 상처가 없었다. 떡 벌어진 이마를 봉합하는 것이 치료의 전부였지만 병원에 20여 일 입원하게 된다. 나는 퇴원 후 사고의 충격을 이겨내지 못했다. 막장이 두려웠던 것이다.

오죽하면 막장인생이라 했던가.

목숨을 대문간에 걸어두고 출근했다 퇴근하면서 거둬들이는 광부들의 새까맣게 절은 몰골은 가족들도 분별 못한다. 몸을 겨우 추스르는 좁은 공간에서 팔랑개비처럼 삽질한다. 2톤의 광차를 쏜살같이 밀고 다녀야 한다. 어깨와 등은 찌그러진 동발에 부딪혀 상처 투성이다. 능률이 조금만 떨어지면 감독의 불호령이 떨어진다.

광부들이 회식을 벌이는 장면은 눈물겹다.

광부들은 막장에서 나온 그대로 주막마당을 차지하고 막걸리 잔치를 벌인다. 술이 몇 순배 돌고 흥이 오르면 어느새 노래가 흘러나오고 춤판이 벌어진다. 까맣게 절은 너덜너덜한 누더기 작업복에 이빨만 허옇게 드러난 귀신 같기도 하고 도깨비 같기도 하고 괴물 같기도 한 남정네들이 어깨를 걸고 목이 터져라 노래 부르며 덩실덩실 춤을 추는 모습은 탄광촌 아니고는 볼 수 없는 풍경이다.

사택은 물론 쌀과 연탄이 공급되기에 신체만 건강하면 누구나 쉽게 취업할 수 있는 곳이 탄광이다. 세무공무원, 장교, 선생, 우체부, 농부, 어부, 상인, 사장, 건달 등 전직이 화려한 사람들이라 감독이 쩔쩔맬 정도로 광부들은 똑똑하다. 전과로 낙인 찍힌 사람, 병역기피자, 수배자, 사업체 부도내고 빚에 쫓기는 사람도 서류를 위조하여 들어온다. 들어오기는 쉽지만 나가기는 어려운 곳이 탄광이다. 광부라는 직업의 맛을 알고 나면 이미 탄복을 벗기 어렵다. 죽어서 나오기가 십상이다.

이처럼 끔찍한 탄광 막장에서 마산 출신 이정섭, 박만석 씨와 같은 반에서 3년간 일을 했다. 100여 명의 광부 중에 유독 두 사람이 남다르게 기억되는 것은 너무 멀리서 온 사람들이고 사투리가 정겨워서 그랬을 것이다. 두 분은 늘 독특한 경상도 사투리로 좌중을 웃겼다. 30대 중반으로 가정을 이룬 이정섭 씨는 성격이 차분한 편이고 체격이 건장한 30대 초반의 박만석 씨는 미혼에다 성격은 호탕했다.

그들은 언제나 마산을 자랑했다. 3·15의거 같은 역사의식은 없었지만 마산 어시장과 생선회를 자랑했다. 한일합섬을 자랑했고 마산 수출자유지역을 자랑했다. 한국철강을 빠뜨리지 않았다. 합일합섬과 한국철강을 다녔던 경험담을 늘어놓기도 했다.

다른 광부들은 자신의 고향을 숨기거나 굳이 말을 하지 않는데 이들은 당당하게 자랑을 했다. 헐떡거리며 탄끌개를 끌다 시커먼 가래덩이를 캑 뱉으면서

"한일합섬에서 일할 때가 봄날이었는데,"

이정섭 씨의 말을 받아

"아, 한국철강 시절이 눈에 선하구나."

박만석 씨가 추임새를 넣는다. 언젠가 박만석 씨는 떼거지로 덤벼드는 청년들을 단숨에 제압하고는

"내가 이래봬도 마산 씨름꾼이었어. 이놈들아!"

하고 호통을 친 적도 있다.

이정섭 씨와 박만석 씨의 기억은 너무도 생생하다.

음담패설을 히히거리며 막장을 뛰어다니면서, 장화를 신고 축구 경기 하면서, 밤늦도록 술잔을 주고받으면서 그들의 마산 자랑에 은근히 마산을 동경하기는 했어도 이처럼 반평생이 넘도록 내가 마산

에서 살게 될 줄은 꿈에도 생각 못했다. 인연이란 참으로 묘한 것이다.

지나온 삶이 질박할수록 추억은 아름다운 것이다. 한일합섬을 지날 때마다 탄광에서 만났던 두 사람이 생각난다. 지금은 얼마나 늙었을까? 80년대 정부의 석탄산업 합리화 정책으로 그 탄광은 철거되어 폐광이 되었다. 이정섭 씨는 모두가 떠난 폐광마을에 아직 살고 있다. 쓰레기매립장이 되어버린 그 마을에 혼자 남아 막노동으로 살아간다는 이야기를 들었다. 박만석 씨는 마산에서 몇 번 만난 적이 있으나 소식이 끊긴 지 30년 가까이 된다.

탄광촌을 떠나 창원공단에 취업하였다.

탄광에서 재해를 당한 사고는 우리 가족 모두의 충격이었다. 부모님은 물론 고향 사람들까지 충격을 받았다. 이 사고를 계기로 마침 마산에 먼저 와 있던 형님의 주선으로 한국종합특수강주식회사에 천장크레인 운전공으로 취업할 수 있었다. 저승 문턱까지 갔다 오는 사고를 당하고서야 탄광을 떠날 수 있었던 것이다. 광부들이 그토록 원하는 탄광을 탈출한 것이다. 광부와 광부 가족들의 부러움을 한 몸에 받으며 떠나오던 날은 평생 잊을 수 없을 것이다.

열차를 타고 마산을 향하는 긴 여행은 신천지를 찾아 떠나는 개척자 그 마음이었다. 장차 내가 정착할 마산이라는 도시와 직장에 대한 궁금증으로 가슴 떨렸다. 강릉서 마산까지 14시간이 걸리는 긴 여정이었으나 온통 장밋빛 꿈에 부풀어 지루한 줄 몰랐다. 콩나물시루 같은 만원 열차도 불편하지 않았다. 세상을 훨훨 날 것만 같았다.

마산생활은 단칸방에서 시작되었다.

1977년 가을, 내가 정착한 곳은 마산시 석전동 17번 종점이 있던 안쪽 주택단지다. 골목으로 들어가는 입구에는 '도가샘' 이라는 유명한 샘이 있다. 옛날에는 이 샘물이 식수로 쓰였다고 하나 당시부터 지금까지 공동빨래터로 이용되고 있다. '도가샘' 에서 왼편 골목 끝 집에 셋방을 얻었다.

이 낡은 기와집에는 두 가구가 살았다. 안방은 제지공장에 다니는 가족이 살았고 사랑방인 단칸방에 우리 다섯 식구가 살았다. 부엌도 없는 이 방은 전세 30만 원이었다. 연탄 아궁이 앞을 겨우 비바람 피할 수 있게 막고 부엌으로 사용하였다. 담장과 대문이 없는 마당과 집 뒤편에 밭이 있고 주위의 공간이 넓어 겨울에는 광야에 버려진 기분이었다. 이 기와집과의 인연을 시작으로 석전동에서 다섯 번 이사를 하면서 30년을 살았다.

당시 석전삼거리 비탈에 통근버스가 섰다. 출근 때마다 길게 줄을 서야 할 만큼 석전동에는 특수강 직원이 많았다. 통근버스는 통로까지 발 디딜 틈이 없었다. 공장이 가동된 지 1년밖에 안된 신설회사에다 갑자기 외지에서 온 직원들은 통근버스를 이용하기 쉬운 곳에 몰렸기 때문이다. 출근시간이 되면 골목골목에서 사람들이 쏟아져 나왔다.

마산에 정착한 지 32년, 기억을 더듬어 보면 참 많이 변했다.

시내버스 요금은 15원쯤으로 생각되고 이발 요금이 500원이던 당시는 석전초등학교 앞과 합성동 일대는 허허벌판이었다. 지금의 마산을 관통하는 대로는 철도였다. 철도역은 북마산역과 신마산역이 있었던 것으로 생각된다. 시외버스터미널은 신포동 3·15의거탑 부근이었다.

회사 통근버스 종착점은 자주 옮겼다. 한때는 북마산 태양극장 앞에서 출발하기도 하고 마산역에서 출발하기도 하고 한일합섬 정문 앞에서 출발하기도 하였다. 통근버스에서 내리면 우리는 석전동 일대의 벌판을 가로질러 다녔다. 곡식이 자라는 밭이랑 사이를 동료들과 이야기를 나누며 걸었다.

17번 시내버스 종점은 석전동, 11번 종점은 회성동 등 시내버스 종점은 여러 곳에 흩어져 있었다. 휴일에는 가포유원지에서 보트놀이를 즐겼다. 당시에는 휴일이 되어도 갈 만한 곳이 별로 없었다. 마산에서는 가포유원지가 유일했다. 멀리 창원의 성주사도 사람들이 많이 찾았다.

당시의 마산은, 한정된 도시에 갑작스런 인구 유입으로 주택문제와 도로망이 가장 절실하였을 것이다. 집집마다 슬레이트 주택을 개량하여 방 한 칸에 부엌을 달아 세를 놓는 게 유행이었다. 이름 하여 벌통집이라 불렀다. 한 주택에 5~6개, 많게는 8~10개의 방을 달세로 운영하여 중소기업 못지않게 재미를 본 집이 많다. 벌통집에는 재래식화장실이 하나뿐이어서 화장실 앞에 줄을 서야 했다. 볼일이 급한 사람은 이웃집 화장실을 몰래 이용하기도 하였다. 석전동, 율림동, 산호동, 회원동, 교방동에 이런 벌통집이 많았다. 아침저녁이면 마산수출자유지역, 한일합섬, 마산방직 등 크고 작은 공장에 다니는 여공들이 골목을 메웠다.

자동차는 기하급수적으로 늘어나는데 2차선도로가 고작이었다. 2차선 도로도 옛날 1차선 도로에다 중앙선만 그어놓았다. 꼬불꼬불 좁은 도로를 달리던 통근버스는 맞은편에서 오는 대형차량을 만나면 비켜주기 위해 한쪽에 멈추어야 했다. 비가 많이 오는 날은 도로가 물에 잠겨 교통이 두절되는 일이 자주 있었다. 이런 날이면 통근버스는 봉암다리를 건너지 못하고 창원대로를 둘러 다녔다. 창원대로 옆에는 누렇게 익은 벼가 쓰러지거나 물에 잠겨 있는 풍경을 종종 볼 수 있었다.

잊을 수 없는 추억도 있다.

80년대 초로 짐작되는 어느 해 늦여름으로 기억한다. 갑작스런 홍수로 많은 생명을 앗아가는 자연재해가 발생한다. 장복산의 산사태로 한 마을이 매몰되었다. 이 산사태는 마침 이곳을 지나던 시내버스를 휩쓸고 내려갔다. 여러 채의 주택과 목장을 땅속에 묻어버렸다. 마을이 흔적도 없이 사라졌던 것이다.

우리 회사에서 구조작업을 나갔었다. 우리는 구조작업을 하면서 흙 속에 묻힌 시신 여러 구를 찾아냈다. 진흙 속에서 시신 한 구씩 발굴할 때마다 우리는 고개를 돌려야 했다. 부패하는 시신을 차마 볼 수 없었던 것이다. 곳곳에 살림을 하던 신혼의 흔적이 발견되었다. 썩어가는 젖소를 개가 뜯어먹던 모습도 생생하다. 한창 구조작업을 하는 중에 국무총리가 현장을 방문한다면서 일행들과 산 중턱의 도로 위에서 한참 내려다보고 가던 일도 선하다. 그때의 홍수로 장복산 터널의 초소가 매몰되면서 근무 중이던 군인이 몰살되었다. 마산자유수출 후문 앞의 지하도에서도 목숨을 잃은 사람이 많았다. 끔찍한 홍수였다.

마산의 모습이 달라지기 시작한 것은 통합역사가 준공되고부터라 할 수 있다. 세 곳에 흩어져 있던 철도역이 10년 공사 끝에 완공된 통합역사로 이전하면서 구 철도를 8차선 도로를 만들었다. 해안도로를 뚫고 마산과 창원을 연결하는 봉암교 다리를 새로 세웠다. 이 두 곳의 도로공사가 마산을 획기적으로 발전시킨 원동력이 되었을 것이다. 도로를 따라 경남은행 본점을 비롯한 빌딩이 올라갔다. 신포동의 시외버스터미널이 합성동으로 이전한 것도 통합역이 이전할 당시와 같은 시기였다. 신마산 바닷가에 있던 화력발전소가 철거되고 바다를 매립하여 도시가 넓어졌다. 공장이 헐린 자리와 매립지에는 아파트가 올라갔다.

마산에 사는 동안 도시만 몰라보게 바뀐 게 아니다.

역사도 바뀌었다. 마산의 3·15의거가 이승만 자유당정권을 무너뜨렸듯 1979년 부마항쟁이 불씨가 되어 박정희 18년 군사독재정권을 무너뜨렸다. 낮에는 조용했으나 밤이 되면 시위군중이 시가지를 메웠다. 위기의식을 느낀 정권은 경찰을 앞세워 끔찍한 유언비어를 퍼뜨리며 시민의 참여를 막았다. 나는 비록 이 항쟁에 참여하지는 못했으나 가슴 조이며 빌었었다. 세상이 바뀌기를 얼마나 간절히 원했는지 모른다. 이 두 의거사건으로 마산은 대한민국에서 가장 빛나는 민주성지라는 호칭을 얻는다. 87년 6월 항쟁은 전두환의 항복을 받으며 6·29선언으로 이어진다.

87년 6월 항쟁 당시도 생생하다.

육호광장에서 시작된 시위대는 마산종합운동장 주위를 맴돌며 진압경찰을 유도하였다. 마침 마산종합운동장에서는 한국과 이집트의 국가대표 축구평가전이 열리고 있었다. 진압경찰이 시위대를 쫓아다니며 쏘아댄 최루가스는 바람을 타고 마산종합운동장으로 스며들었고 이집트 축구 선수들이 운동장에 쓰러지는 초유의 사태가 발생한다. 이것이 TV로 전 세계에 중계되었다. 영국을 비롯한 몇몇 서방국가에서는 88서울올림픽을 다른 나라로 옮겨야 한다는 여론을 일으키고 있던 때였다.

마산교도소에는 성고문으로 유명한 권인숙 씨가 복역 중이었다. 시위대의 함성이 마산교도소까지 울렸다고 한다. 민주화운동을 벌이다 투옥된 권인숙 씨는 이 함성을 듣고 군사독재시대의 종말을 예감했다고 한다.

노동시장도 바뀌었다.

군사독재 치하에 장시간 노동과 저임금에 시달리던 노동자 생활도 많이 바뀐다. 시키는 대로 일하고 주는 대로 받던, 인권탄압과 임금 착취의 대상이던, 갓 대학을 나온 자식 같은 관리사원이 아버지 같은 현장사원의 따귀를 때려도 항의도 못했던, 노예나 다름없던 노동자에게도 봄이 왔던 것이다. 6·29 선언에 이어 전국 노동자 파업 이후 12시간 맞교대 근무에서 8시간 3교대 근무로 바뀌었다. 노동조합이 노동자를 대변하면서 탄압받던 인권을 되찾았고 임금도 대폭 인상되었다. 변화는 여기에 멈추지 않고 가히 혁명적이라 할 수 있는 주40시간 근무제 시대가 활짝 열렸다. 노동자가 5일 일하고 2일 쉰다는 것은 꿈에서도 상상 못한 일이었다.

그야말로 격변의 세월이었다.

부마항쟁과 6·10 항쟁으로 두 번씩이나 쿠데타 정권을 무너뜨리면서 그간 막혔던 물꼬가 터지듯 변화의 소용돌이가 몰아쳤다. 강제로 강탈한 정권을 유지하기 위해 총으로 국민의 눈을 가리고 입을 막고 귀를 막았지만 그런 정권일수록 일거에 무너진다. 그에 따른 부작용도 컸다. 그 부작용의 몫은 국민이 겪어야 했다.

노동자가 평화를 노래한 시대는 고작 10년이었다.

민주화의 열망 앞에 도사렸던 적은 정치가 아니라 경제였다. 민주화만 되면 경제는 절로 해결될 것이라던 정치 지도자들의 호언장담과는 달리 민주화 10년 만에 IMF라는 암초에 걸려 나라는 망할 위기에 처하고 만다.

독재정권에 빌붙어 빚으로 얻은 돈으로 흥청망청 회사를 운영하던 기업은 시장원리에 적응하지 못하고 줄줄이 도산하고 노동자는 무더기로 실직한다. 그 대표적인 기업이 한일합섬이다. 한국섬유산업을 이끌었던 한일합섬은 IMF 위기를 극복하지 못하고 끝내 무너지고 만다.

한일합섬 마산공장의 그 많던 여공들은 다 어디로 갔을까?

한일합섬과 한일여고, 파란 작업복과 까만 교복이 양덕동 큰길을 메우던 장엄한 광경은 먼 추억으로 남았다. 영원불변할 것 같던, 마산의 자존심이던 한일합섬 마산공장의 높은 굴뚝은 맥없이 무너지고 그 넓은 땅에 지금 아파트가 올라가고 있다.

어찌 한일합섬뿐이랴.

기아그룹, 한보그룹, 동아그룹 등 열 손가락 안에 있던 재벌그룹이 망하고 이름이 없어진 은행은 그 수를 헤아리기 힘들다.

내가 다니는 회사도 바뀌었다. 우리나라 최초로 31층 빌딩을 지어 '삼일빌딩'이라는 이름을 짓고 10개가 넘는 계열사를 거느렸던 삼미그룹도 이미 10년 전에 이 지구상에 이름을 지웠다. 한일합섬과 다른 게 있다면 생산 공장만은 다른 회사에 인수되어 재기의 몸부림을 치고 있다는 것이다.

조약돌처럼 닳아 가는 게 인생인가 보다.

비록 전쟁 같은 험한 일은 겪지 않았으나 그에 못지않은 시련을 겪었다. 부마항쟁에 이은 10·26사건, 12·12사태에 이은 5·18 광주항쟁, 6·29와 노동자대파업, IMF에 이은 부실기업 도산과 대량의 실직 사태. 실직으로 인한 가정파탄으로 가정이 붕괴되고 노숙자가 지하도를 메우고 있다. 비록 실직의 아픔은 겪지 않았지만 생존을 위한 무한경쟁은 가히 전쟁이다. 삶이 이처럼 치열하였기에 마산 땅에 정이 들었는지도 모르겠다.

무학산을 등지고 합포만을 품은 마산은 오래된 도시다. '몽고정'이라는 몽골인들이 남긴 우물이 남아 있고 러시아인 소유의 주택이 남았다. 일본인들이 남긴 주택촌이 있는가 하면 판자촌이 곳곳에 있다. 가파른 산동네가 있고 출렁이는 바다가 있다. 전통 기와집과 슬레이트 토담집이 집단촌을 이룬 곳이 많다. 끝없이 휘어져 들어가는 긴 골목길은 마산의 자랑이다. 골목으로 시작해서 골목으로 끝나는 골목길, 거미줄처럼 얽힌 골목 문화가 사람을 따뜻이 품는 힘이 되고 있다. 마치 옛 고향 같은 푸근한 정서가 고스란히 간직되어 있어 도시 어디를 가도 삭막하지 않다.

창원은 호주의 어느 도시를 모방하여 반듯하게 개발되는데 비해 마산은 낙후된 채 방치되었다. 창원은 마을마다 느긋이 휴식을 할 수 있는 넓은 공원을 만들고 주택단지와 상업단지를 구분하여 발전 시켰다. 사람들은 개발붐을 타고, 행정관청을 따라 창원으로 줄을 잇는다. 그 많던 특수강 사람들 모두 창원으로 떠나고 발 디딜 틈이 없던 통근버스는 텅 비었다.

나는 왜 마산을 떠나지 못했을까?

개발을 따라 남들 다 가는 창원으로 떠나지 못했는가?

남들은 창원으로 가지 못해 몸살을 앓는데 나는 마산을 떠난다는 생각은 한 번도 하지 않았다. 이상하게 마산을 떠나기 싫었다. 왜 그랬을까?

이유는 많다.

탄광촌을 떠나 마산에 정착하기 위해 먼 길을 열차 타고 내려오는 내내 가슴 떨리던 여정은 영원히 잊을 수 없을 것이다. 낯설고 물설은 타향 땅에서, 험한 세상을 헤쳐가기 위해서는 이 고장을 찾던 처음 그 마음가짐이 변해서는 안 되겠다는 생각을 했다. 석전동 골목을 메우던 동료들이 다 창원을 갔지만 마음이 흔들리지 않았다. 오히려 꿈을 이루기에 좋은 기회라 생각했다. 그리고 무엇보다 맞벌이하기에 좋은 도시다. 어딘지 모르게 격식이 없어 편하다. 내가 조금 가난해도 기죽을 일 없고 불편하지 않다. 집 가까이 무학산이 있어 더욱 좋다. 무학산을 오르면 마산, 창원, 김해, 진해, 남해바다 등 동서남북이 한눈에 들어온다.

대한민국에서 회가 가장 싼 곳이 마산 어시장이다.

소금꽃 피도록 땀 흘리다 동료들과 부담 없이 찾는 곳이 마산 어시장이다. 야간 근무 마치고 아침에 가도 좋고 새벽반 마치고 오후에 가도 알맞게 취할 수 있는 곳이 마산 어시장이다. 가정에 제사나 잔치가 있거나 명절이면 아내는 으레 마산 어시장에서 장을 봐온다. 마산 창원 사람들은 대부분이 그럴 것이다. 마산 어시장은 대중들이 가장 많이 이용하는 시장이다.

32년이라는 세월을 마산에서 살았다.

처음에는 힘들었다. 마산의 모든 것이 낯설기만 했다. 물에 기름이 뜬 것처럼 어색했다. 내가 여기에 뿌리를 내릴 수 있을까? 두려웠다. 그러나 그런 걱정은 사치였다. 그냥 살면 되는 것이다. 비비대고 살면 되는 것을 몰랐다. 먹고살기 바쁜데 그런 걱정을 할 겨를이 없었다. 도저히 정이 붙지 않을 것 같던 서먹한 어색함도 전쟁을 치르듯 치열하게 살다보니 나도 모르게 어느새 마산 사람이 되어 있었다.

이제는 어쩔 수 없이 마산 사람이다. 지난해에 양덕동으로 왔지만 석전동에서만 30년을 살았다. 강산이 세 번 바뀌도록 석전동을 뱅글뱅글 돌았다. 자고 일어나면 봉화산을 오른다. 시간이 넉넉하면 봉화산을 거쳐 무학산 정상을 밟는다. 거친 숨 토하며 정상을 올랐을 때의 그 짜릿한 승리감은 무엇과도 바꿀 수 없을 것이다. 이 매력에 빠져 마산을 떠날 수 없었다. 무학산이 좋아 무학산 오르는 수많은 코스를 다 올라보았다. 무학산 정상을 오른 게 백회도 넘을 것이다. 진정한 마산 사람이 되기 위해서는 이웃 한두 사람과 친해지는 것보다 자연과 친해지는 것이 더 효과적이라는 것을 알았다.

마산에 정이 든 사람은 마산을 떠날 수 없을 것이다.

이토록 깊이 정이 들었는데 이제 어디로 떠날 수 있단 말인가.

체력단련을 위해 산을 오르고 답답하면 바다로 달려간다. 방파제에 서서 드넓은 합포만을 바라보며 바람을 쏘이는 것은 낮보다는 밤이 좋다. 철썩이는 파도 소리와 수면 위로 뛰어오르는 물고기를 보노라면 격정을 치렀던 삶의 치열성은 사라지고 평온함을 찾을 수 있다. 시간이 넉넉하면 구산면이나 진동면을 찾으면 더 좋을 것이다. 굽이굽이 펼쳐진 호수 같은 바다는 모든 시름을 씻어준다. 물고기보다 낚시꾼들이 더 많을 것 같은 바닷가 풍경도 정겹다. 올여름 마창대교가 개통되면 이곳 또한 관광명소가 될 것이다.

마산도 개발 바람이 불기 시작했다. 낙후된 주택지역 40여 곳이 재개발을 추진하고 있다. 10년쯤 후면 마산은 온통 초고층아파트 숲으로 변할 것이다. 지금처럼 푸근하고 안온한 정서는 실종되겠으나 새로운 문화가 꽃을 피울 것이니 미리 두려워할 필요는 없겠다.

민주성지 마산!

마산이 어떻게 달라지든 두 번씩이나 독재정권을 무너뜨린 저항정신은 살아 있을 것이다. 역사의식이 실종되고 물질만능이 판을 치는 혼탁한 시대에 마산시민으로 살아갈 수 있다는 것은 자랑스런 일이다.

이한걸 수필가 · 마산문협 · 경남작가회의 회원

세 번째 인연

마산과의
인연·3

생각하면 생각 사_思로 살맛나는 마산

최 명 해

                  우선 마산과의 인연이란 글을 쓰려니 가슴이 떨린다. 마산에서 보금자리를 잡은 지가 일이십 년이 지난 것이 아니라 50여 년을 훨씬 넘겼기 때문이다. 회고해 보면 참으로 숱한 사연이 주마등처럼 머리를 스친다. 내가 정확히 마산에 안착한 때는 1948년으로 기억된다. 마산고등학교에 입학하면서부터가 정확하다 할 것이다.

  당시 우리나라에 6·25사변 이후 동동구리무(화장품)가 전국 여인들의 가슴을 설레게 할 때이다. 마산에도 백광크림과 중앙크림이 있없는데 마산중앙병원 및 중앙크림을 만드는 여원제약주식회사를 경영하는 맏형(최정해) 댁에서 학교를 다녔기 때문이다.

창원군 웅동면(지금 진해시 웅동면)에서 태어나 전국 7대 도시였던 마산으로 유학 왔으니 방학 때 고향에 다니러 가면 동네 시골처녀들이 돌담 너머로 저기 명해 왔다고 속삭이던 시절이 있었다면 반신반의할 것이다. 이왕 이야기가 나왔으니 하는 말이지만, 대학 다닐 때 어쩌다 서울 명동거리에 나갈 때면 저분 탤런트 아니냐며 사인해 달라는 웃지 못할 일이 있었다는 사실은 믿어도 안 믿어도 추억은 새롭다.

아무튼 동동구리무는 한국 여인들의 선호 덕택에 승승장구하였다. 어느 것이나 마찬가지겠지만 즐거움 뒤엔 어려움이 따르기 마련이듯이 태평양화학이 마산의 화장품 회사에 제동을 걸어왔다. 일컬어 마산에서 제조하는 크림들은 화장품이라기보다 기미, 주근깨 치료제라는 것이다. 화장품이 아니라는 소송에서 승소는 했지만, 약국에서 팔아야 한다는 제한된 판결이 제품 판매를 어렵게 하는 원인이 되었다.

당시 백광크림은 문화동(지금 제일여고 밑)에 있었고 중앙크림은 창동에서 제조 판매했다. 화장품이 아니라는 판결은 여성들로부터 서서히 외면당해 매출 감소로 이어졌고 그 역사는 마산시사 자료에만 수록되는 처지가 되고 말았다.

마산고등학교(11회)를 졸업하고 청운의 꿈을 품고 부산대학교 약대에 입학했다. 당시는 우리 국민들의 건강상태가 취약한지라 그쪽에 기여해보겠다는 원대한 꿈을 가지고 있었으나 세월이 흐르면서 가족들의 만류로 의지가 꺾였다. 1970년 초 신흥여객 주주로 참여하고 있는 것을 이유로 주주들의 권유에 따라 1978년도에 상무이사로 취임하면서 운수업계의 경영수업을 이수하게 되었다.

당시 마산에는 제일여객(마산—진해)이 창동(지금 경남은행 창동지점 자리)에 있었고 서성동(지금 경남대보육센터, 구 MBC 앞)에 신흥여객, 천일여객, 삼도여객 등등의 시외버스터미널이 있었다. (지금은 도내 시내버스 25개사, 시외버스 26개사) 당시 주차장의 검표요원은 대부분 주먹깨나 쓰는 분들이었고 일정한 정류장이 있는 게 아니라 시외를 운행하다가 승객이 손을 들면 승차시키고 안내양이 승차권을 끊는 게 아니었으니 현금을 받았던 사례 등 해프닝 또한 한두 가지가 아니었던 때였다.

그런 가운데서도 뽀얀 먼지를 일으키며 시골과 도시를 연결해 오늘날 교통문화 창달의 중추적 역할을 수행한 것만은 자부하고 싶다. 1946년 12월 31일 신흥여객자동차주식회사를 설립하여 오늘에 이르렀으니 그 역사만도 62년이 된다. 내가 신흥여객자동차주식회사 이사직에 1996년에 취임하여 2005년에 퇴임하기까지 큰 어려움 없이 무난히 임기를 마친 것도 따지고 보면 맏형이 경영하던 여원제약주식회사에서 대표이사를 십수 년간 경영해 본 경험이 큰 도움이 되었다.

마산은 나와는 천생연분이다. 마산여고를 졸업한 집사람(손정숙)

과 20대 중반에 결혼하여 해로하고 있고, 장남 웅산은 서울대 의대를 졸업하고 서울에서 안과를 개원하였고, 둘째 웅대는 의대 졸업 후 서울에서 치과를 개원하였다. 그리고 셋째 웅재는 의대 졸업 후 창원에서 치과를 개원하도록 성장시켜 보금자리까지 마련하여 주었으니 후회 없이 살아왔다.

그러니 나로서는 재미있고 살맛나는 제2의 고향이라 말하고 싶다. 가끔 앨범을 내어놓고 집사람과 웃을 때도 있다. 젊었을 때 유엔군에 참여해 통역관으로 미군들과 찍은 사진은 추억을 새롭게 한다. 마산은 언제 보아도 좋다. 탁 트인 바다나 병풍처럼 둘러싸인 무학산, 더구나 동양 최대의 높이를 자랑하는 마창대교가 오색 등불을 밝힐 때면 그야말로 낭만의 도시가 될 터이니 누구에게 얘기해도 자랑스럽다.

뿐만 아니라, 3·15 민주성지요, 따뜻한 남쪽이니 어찌 살맛나는 곳이라 아니 할 수 있겠는가.

최명해 신흥여객자동차(주) 이사회 회장

세 번째 인연

마산과의
인연·3

어쩌다 안착하게 된 마산

김 관 숙

마산과의 인연, 필자는 어느 누구보다 남다른 인연이 있다. 1968년 12월 17일(음력) 전북 완주군 운주면 어느 산골에서 가난한 농부의 3남 3녀 중 셋째 딸로 태어나 1984년 한일여고에 입학하면서 마산과의 인연을 맺어 마산에서 20년 넘게 살았으니 이제는 필자로서는 제2의 고향이지만 두 딸(고2 가영, 중3 화영)은 안태고향이 되었다. 회고해 보면 마산과의 인연은 우연이 아닌 필연인 것 같다.

어릴 때다. 내가 살던 곳은 두메산골이었다. 서너 가구에 10여 명

225

이 사는 그야말로 벽촌이어서 초등학교를 4km 이상 걸어 다녀야 했고 해가 질 무렵이면 인적이 없는 오솔길을 걸으면서 외로움이 아닌 두려움 때문에 울기도 많이 했다.

우리 가정이 호전될 기미는 없었다. 두메산골의 문전옥답 몇 마지기로서는 연명하기에 급급했다. 그렇다고 부모님이 큰 마을이나 도회지에 나갈 기미는 전무했다. 어린 마음에도 나는 크면 큰 도시에 나가 사람답게 살겠다는 다짐을 초등학교 5학년 때쯤 가슴에 새겼다.

엄동설한이면 해가 빨리 지는 산간 오솔길을 두서너 시간 손을 호호 불며 걷기도 했지만 눈이나 비가 올 때면 그 고통은 필설로 표현키도 어려웠다. 그런 어려움 속에서도 중학교를 어렵게 마치고 전주여상에 합격했지만 우리 가정으로서 고등학교에 진학시킬 여력이 없었다.

공부가 하고 싶어 이리저리 뛰어다니다 우연히 선배 한 분을 만났다. 그 선배는 구세주 같은 얘기를 해주었다.

"관숙아, 마산에 있는 한일여고를 가거라. 거기 가면 돈도 벌고 공부도 할 수 있다. 너는 성적이 좋고 근면 성실하니 충분히 합격할 것이다."

그 말을 듣고 눈물로 부모님과 하직하고 처음으로 긴 여행 끝에 마산 한일여고에 입학원서를 낸 것을 계기로 마산은 나에게 제2의 고향이 되었다.

처음 보는 마산, 필자는 전주와 군산 외에는 가본 일이 없었는데 마산에 와보고 깜짝 놀랐다.
'이야 이렇게 큰 도시가 있었나?'
그리고 탁 트인 바다 그야말로 꿈만 같았다. 고등학교에 꼭 가고 싶으면 수양딸로 가라는 부모님의 권유를 뿌리치고 무모하게 내려온 게 잘했다는 생각을 처음으로 했다. 한일여고 정문을 들어서면서 나는 다시 마음에 굳게 다짐했다.
'어떠한 시련과 어려움이 있어도 이를 극복할 수 있는 사람 외에는 이 교문을 들어설 수 없다. 그렇다. 나는 기필코 이겨내 꼭 국어 선생님이나 문학가가 되어 이 사회에서 없어서는 안될 사람이 되고 말 것이다.'
필자가 국어 선생이나 예술인이 되겠다고 각오한 건 국어 선생은 중학교 다닐 때 국어 선생님이 너무 좋아 느낀 것이고 예술인이 되겠다는 꿈은 마산에 안착하고 난 후 산호공원의 시비, 마산항의 아름다움 특히 마산 출신 예술인들의 활동과 창동 어디쯤인가 예술인들이 모여 담소하는 고모령 통술집을 지나면서 그런 생각을 하게 되었다.
그러다가 도내 백일장, 경남은행 저축수기 공모 등에 입상하고 회사 사보, 기숙사 수기 공모 등에 입상하여 부족한 글이 게재될 때 얼마나 기뻐했던가. 음지가 있으면 양지가 있고 기쁨이 있으면 슬픔도 있듯이 기숙사 생활을 할 땐 참으로 눈물 없는 울음도 많이 삼켰다.
남들이 다 먹는 우유나 간식을 사먹지 못할 때나 남자 친구들을 만난 자랑을 할 때는 서글프기도 했다. 특히 카페트 제조 부서에 배치되어 서툴다고 윗분들의 질책과 야간근무를 마치고 수업시간에 들어가면 쏟아지는 잠 때문에 선생님으로부터의 꾸중은 지금도 가슴을 아리게 한다. 그 때문에 어떤 어려움이 있어도 자식에게 그 유산만은 물려주지 않으려고 무던히도 애를 썼지만 세상은 그렇게 만만치가 않았다.

그럭저럭 고교시절을 마칠 때면 나는 틈만 나면 창동에 자주 나갔다. 반짝이는 샹들리에, 화려하게 장식한 상가, 희미한 가로등, 나에게는 너무나도 신기하고 꿈을 키워 주었다. 옳지, 사람은 나면 서울로 가고 말은 나면 제주도로 보내라는 명언이 새삼 떠오르면서 나도 큰 무대(서울)에서 놀아야지를 몇 번이나 다짐했지만 지금까지 마산을 벗어나지 못하고 있다.

그 꿈이 좌절된 건 결혼 때문이었다. 대학을 진학하려고 먹고 싶은 것, 입고 싶은 것, 하고 싶은 것 참으면서 3년간 꼭꼭 모은 돈을 오빠가 사업자금으로 가져가 실패했기 때문이다. 한없이 울었다. 대학 진학을 하려고 공부하다 잠을 이기기 위해 생커피(더운 물에 타지 않고)를 숟가락으로 떠 먹어가면서 고군분투한 게 한순간에 수포로 돌아갔기 때문이다.

할 수 없이 1991년에 결혼하여 두 딸을 둔 게 고등학교 2학년과 중학교 3학년이다. 두 딸을 키우기엔 한 사람 수입으로는 턱없이 부족해 마산시 석전동에 있는 대한생명이란 직업 전선에 뛰어든 지가 벌써 12년이 되었다.

  직장 생활을 많이 해봤지만 보험회사는 제조업체와 달라 곱지 않은 눈으로 보는 사람도 많고 또한 화술과 인품과 신의를 요구하는 직장이다. 어머니가 아니었더라면 이겨내기 어려웠을 것이다.

  삶은 꿈만 같다고 했던가. 나의 시련은 그것으로 끝난 게 아니다. 내가 직장을 가지니 애기 아빠가 빈둥대기 시작했다. 수입은 줄어드는데다 애들은 성장했다. 국문학자나 예술인이 되겠다는 꿈은 그래서 접었다. 그러나 간간이 글을 써본다. 나의 고된 삶이 후배들에게 도움이 되었으면 하는 바람 때문이다. 그래서 기숙사 생활 때의 애환, 슬픔을 극복하는 사례, 여성이 갖는 직장생활의 고됨 등을 써보지만 막상 써놓고 나면 원고를 제출할 곳이 없어 모아놓는다. 언젠가는 나도 이 세상에 '여기 이런 한 여인이 있었다' 라는 책을 선보일 때면 마산이 나에게 준 가장 값진 선물이 될 것이고 그것으로 위안을 삼고 제2의 고향에 보답하고자 한다

김관숙 주부 · 대한생명 영업소

세 번째 인연

마산과의 인연 • 3

노비산에 얽힌 추억

정 상 철

내 고향 남쪽 바다
그 파란 물 눈에 보이네
꿈엔들 잊으리요
그 잔잔한 고향 바다
지금도 그 물새들 날으리
가고파라 가고파
어린 제 같이 놀던
그 동무들 그리워라

어디 간들 잊으리요
그 뛰놀던 고향 동무
오늘은 다 무얼 하는고
보고파라 보고파

　이는 노산 이은상 선생께서 마산의 앞바다를 쳐다보면서 지은 시로서, 파랗고 잔잔한 바닷물과 날고 있는 물새들 그리고 같이 뛰어놀던 어릴 적 친구들을 그리워하면서 간절한 마음으로 고향에 대한 그리움을 노래한 것이다. 이 노래시가 마산의 앞바다인 합포만을 배경으로 지은 것으로도 유명하지만 중요한 것은 이 노래시를 쓴 장소가 바로 노산 선생의 생가 앞산인 노비산이라는 점이다.
　노산 선생은 서울에서 학교를 다니면서 방학이나 휴가 때면 귀향해서 꼭 노비산에 올라 시정을 떠올리면서 작품을 쓰곤 하였다. 선생의 호도 노비산의 '비'자를 빼고 노산으로 하였다. 그래서 노산 선생은 누구보다도 고향인 마산과 노비산을 사랑한 사람이기도 하였다.
　노산 이은상 선생께서 가고파라는 걸작 시를 내놓은 것이 1930년대였다. 그 후 1960년대에 태어난 나에게 노비산은 시대적으로나 사회상황이 노산 선생과 많이 차이는 나지만 마산과 노비산을 애환으로 함께했다는 동질감이 있고, 나에게 있어 태생과 유년기 시절과 장년기는 노비산과 떼놓을 수 없는 애틋함이 있다.
　나는 1960년대 마산시 상남동 구 북마산역 부근에서 태어나 4살

때 노비산 밑으로 이사해서 여태껏 부모님과 함께 살고 있다. 과거 놀이문화의 장소가 한정되어 있어 나의 놀이터는 바로 노비산이었다. 내가 노비산에서 뛰어놀 때는 노비산이라는 명칭보다는 제비산이라는 명칭이 더 성행하였고, 지금 생각해도 당시에 제비가 많이 날아다녔던 기억이 난다.

노비산에서 친구들과 뛰놀다 지치면 남의 무덤 앞에서 경우 없이 했던 행동들이 지금은 미안한 마음도 들지만 당시 노비산 정상에는 훼손된 무덤 앞에 상석과 비스듬히 기울어진 망부석이 있어 조금이나마 멀리 쳐다볼 요량으로 동무들끼리 먼저 올라가려고 자리다툼을 하던 시절이 있었다.

그래서 마산 합포만을 내려보자면 심심찮게 뱃고동 소리가 어린 동심을 두드리는가 하면 노비산 아래의 구마산역에서 기차가 기적을 울리면서 플랫폼으로 빨려 들어가는 것을 보면서 기차를 타고 어디론가 훌쩍 떠났으면 했던 생각들이 생생하게 기억난다.

내가 어느 정도 성장해서 알고 있는 내용이지만 난 노비산을 가운데 두고 형성된 현재의 노산동이 한때나마 마산을 대표하던 동네라는 것에 자부심을 느낀다. 지금은 신시가지의 개발로 과거 구 도심지가 쇠퇴한 도시로 변해 과거의 위상이나 정서는 찾아볼 수 없다. 난 심심찮게 "대한민국에서 기차역이 2개나 존재한 동네가 있으면 나와 봐"라는 식으로 구 북마산역과 구마산역의 존재를 자랑하곤 했다. 따라서 과거 노비산 부근 동네는 마산의 중심이며 상권의 중심이었다고 해도 과언이 아니다.

과거 70년대 노비산 부근인 현 노산동은 두 역을 배경으로 우시장이 형성되었고 북마산 청과시장, 현재 경남전자고교 자리에는 회성동 두척으로 이전했던 도축장이 존재하였으며, 북마산 중앙시장은 마산의 부림시장 다음으로 규모 면이나 오랜 재래시장의 역사를 지니고 있기도 하였다.

뿐만 아니라 노산 선생의 부친인 이승규 옹이 설립하고 노산 선생께서 다녔던 오랜 전통을 가진 창신중·고교가 북마산역 인근에 위치하여 상권 못지않게 교육적인 면도 높은 지역이었다. 이렇게 1960·70년대만 해도 노비산 인근 동네는 마산의 상업 중심인 창동과 함께 마산의 양대 산맥을 형성했던 곳이다.

그리고 노비산이 비록 낮은 야산에 불과하지만 산의 기운이 있었는지 노비산 주위는 여러 종교단체의 집합체였다. 마산의 교회 중에 메이저급이라 할 수 있는 문창교회, 제일문창교회, 상남교회, 동광교회가 노비산 주위에 위치하고 있었고 대순진리교, 원불교 경남교구청이 노비산 턱밑에 존재하고 있었다. 그래서 마산은 노비산을 끼고 물류수송과 상업시설의 기반에다 그리고 수출자유지역, 한일합섬 등과 어우러져 전국 7대 도시라는 명성이 주어졌던 곳이다.

다시 거슬러 가면 내가 구마산역 아래 상남초등학교를 다니다 보니 노비산은 등하굣길이었다. 하굣길 6년간 친구들 간의 잡담 장소, 운동 장소였으며 방학 중에는 서원곡과 함께 자연학습, 곤충채집 장소로 제격이었다.

　내가 초등학교를 다닐 때는 요즘같이 컴퓨터나 게임기가 없어서 주로 딱지치기, 구슬치기가 주를 이루었고 노비산이 놀이무대로는 안성맞춤이었다. 어쩌다 딱지나 구슬을 많이 딴 재수 좋은 날은 딱지, 구슬을 집에 가져가면 부모님께 혼이 날까봐 노비산의 망부석 옆에 구덩이를 파서 묻고 다음날 꺼내어 놀았던 적도 있었다.

　그리고 노비산의 호주 선교사 사택 앞 잔디마당은 우리 또래 친구들에게는 안방과도 같았다. 당시 TV에 방영된 스포츠로 김일 선수가 나오는 프로레슬링이 한창 인기를 모으고 있었던 때에 또래 친구들은 전날 프로레슬링을 본 것을 실습하고 친구들과 편을 나눠 실제로 잔디에서 뒹굴고 하나씩 습득한 레슬링 기술을 뽐내기도 한 기억이 난다.

　그러다 이것마저도 싫증이 나면 친구들끼리 편을 나눠서 신발 숨기기 놀이를 하는데 술래가 되는 쪽이 신발을 벗어주면 상대편은 신발을 노비산 풀 속이나 나뭇가지 사이에 숨겨놓고 찾도록 하는 게임이었다. 내가 술래가 되어 신발을 찾다가 결국 못 찾았는데 신발을 숨긴 친구마저도 내 신발을 숨긴 장소를 잊어버려 여러 친구들이 산 전체를 수색하였으나 결국 신발을 못 찾고 어머니께 꾸중을 들을까봐 저녁 늦게 집에 들어갔다가 신발을 잃은 것보다 오히려 늦게 귀가했다고 벌 받은 것을 지금 생각하면 나도 모르게 웃음이 난다.

　노비산은 제비가 많아 제비산이라고 불려졌지만 특히 곤충들이 많아 우리 또래에게는 산 교육장이었다. 여름방학이면 메뚜기, 베짱이, 풍뎅이, 잠자리 등 식물이나 곤충 채집이 용이하여 방학 막바지에 잠시 올라가서도 방학숙제를 끝낼 수가 있었다.

그리고 노비산은 좋은 추억도 많지만 오래 기억에 남기고 싶지 않은 추억도 있었다. 친구들이 학교에서 다투다가 싸움으로 이어지면 방과 후 싸움장소로 택해진 곳이 노비산이다. 뿐만 아니라 당시의 인근 중·고교 형들도 여기서 싸움짱을 뽑고 심지어 집단 패싸움의 장소가 되어 인근 북마산 파출소 경찰들이 수시로 순찰을 돌았던 기억도 난다.

이러한 노비산의 추억은 유년기에는 생활의 터전이자 정서가 서려 있는 장소였지만 중학교와 고등학교 때의 노비산은 나에게 큰 의미를 주진 못했다. 내가 집에서 공부를 하다가 더울 때 바람을 잠시 쐬고 시내에 갔다가 돌아올 때 시간 단축을 위한 지름길 역할밖에 되진 못했다.

그러다 마산의 북마산역과 구마산역이 통합되고 구마산역의 임항선이 철거되면서 대신 중앙광로로 바뀌었다. 이렇게 시대의 흐름 속에 도시의 기반시설이 변화되고 노비산은 철저히 외면당하고 있었다. 노비산의 나무나 수풀마저도 벗겨지고 노비산 정상 부근까지 무분별하게 주택지가 들어선 상태가 되었으며, 우기철에는 노비산의 황톳물이 내려와 동네 주위가 누렇게 변하고 산사태의 위험마저도 도사리고 있었다.

우려가 현실로 나타나듯이 1990년대 초여름에는 집중호우로 인한 산사태가 노비산 아래의 주택을 덮쳐 귀중한 목숨도 앗아갔다. 이후 마산의 중심인 6호광장 광로 주위는 제법 단장을 하여 도시의 변모를 갖추고 있었으나 잠시 고개를 들면 누런 벌거숭이가 한눈에 들어오는 노비산은 흉물이 된 지 오래였고 어느 누구도 관심을 가져주는 이 없는 잊혀 가는 야산에 불과하였다.

더욱이 1980년대 선거인단을 뽑는 선거뿐만 아니라 국회의원 선거, 지방의회 초창기 선거에서 노비산 개발을 공약으로 거론하곤 하였으나 공염불에 불과하였다. 노비산 개발에 한 푼의 예산도 배정하는 이가 없었기 때문이었다.

내 유년기 시절을 보내온 노비산에 대한 추억을 못 잊기도 하고 마산의 인프라 개발에 소외된 노비산에 대해 안타까운 심정에서 사회인으로 성장하면 한 개의 벽돌이라도 세우겠다고 다짐한 바도 있다.

그 후 95년 2기 지방의회에 진출한 나는 제일 먼저 시작한 것이 노비산 개발을 위한 부지확보예산이었다. 6년에 걸친 예산확보 노력으로 부지를 확보하였으며 이와 병행하여 2000년 정부가 밀레니엄 사업으로 주관하는 문화 부문에서 노산문학관 건립을 우선적으로 채택, 반영되도록 하였다. 사실 내가 노산문학관 건립을 최우선적으로 생각하기보다는 문학관 건립을 하다보면 노비산 주변을 미관 사업으로 관심을 가짐으로써 조기 예산 확보에 용이하다는 것을 염두에 둔 것이었다.

그런데 노산문학관 건립을 두고 일부 시민단체에서 정확한 자료도 없이 마냥 노산 선생을 친일 인사로 규정하고 문학관 건립을 반대함으로써 내 계획은 벽에 부딪칠 수밖에 없었다. 나도 당시에 노산 선생에 대한 깊은 지식이 없는 터라 내 목적대로 강행할 수가 없어 계획을 연기할 수밖에 없었다. 다만 노산 선생의 친일 행적 여부에서 자유로울 수 있는 노비산 주위의 도로 개설과 구 구마산역에서 6호 광장 간 도로 개설 후 도로 명칭을 노산로로 정하고, 상남동과 교원동을 통합한 후 노산동으로 명칭을 변경하는 선에 머물러야 했다.

그리고 당시 내가 소속된 상임위가 내무위원회였기 때문에 비록 노산문학관은 못 짓더라도 정부 예산으로 마산에 뭔가를 남겨야겠다는 욕심에서 의회와 집행부가 논의 끝에 조두남음악관을 짓기로 결론내어 정부에 사업계획 제출과 예산확보에 심혈을 기울였다.

이에 언론에서도 조두남음악관 건립 예정을 대서특필하였고 언론이나 시민단체도 이의를 제기하지 않았다. 그리고 나는 그동안 잠시 중단된 노비산 개발을 위해 노산과 관련한 서적 및 자료를 찾아 보았으나 친일 행적에 관한 자료는 찾을 수 없었고, 오히려 노산 선생은 1942년 최현배, 이병기 선생 등과 조선어학회 사건으로 일제에 의해 옥고를 치렀고 그 후 1945년 1월에는 사상범 예비검속에 붙잡혀 광양 유치장에 있다가 광복으로 풀려난 것을 알게 되었다.

나는 친일파가 옥고를 두 번이나 치를 수 있는가에 의문을 가지고 노산 선생에 관하여 과거 행적에 대한 토론회를 개최하였고 민족문제연구소에서조차도 친일 행적을 밝혀내지 못함으로써 그간 중단되어온 노비산 개발과 노산문학관 건립을 다시 생각하게 되었다.

그리하여 조두남음악관 건립에 맞춰 정부로부터 노산문학관 건립에도 예산을 일부 확보받음으로써 내 소망이 작게는 노비산 정비는 물론 크게는 마산에 미술계의 문신, 음악계의 조두남, 문학계의 이은상이라는 문화 예술을 더듬어 볼 수 있는 소프트웨어는 물론 하드웨어도 조만간 건립될 수 있다는데 가슴이 부풀었다.

나는 이와 관련해서 평소 개인적으로 비록 타 지방자치단체이지만 통영시의 문화예술정책에 부러움을 가지고 있었다. 난 통영시와 시민이 진정 문화예술인을 기리고 문화를 수용할 수 있고 포용력 있는 문화시민이라고 생각하고 있다.

서양 유화와 추상화의 1세대라고 할 수 있는 전혁림미술관과 친북 활동가였지만 세계적인 음악가인 윤이상과 얼마 전에 작고한 토지의 저자 박경리, 시조시인 초정 김상옥 그리고 친일 논란이 되고 있는 청마 유치환, 꽃의 시인 김춘수 이렇게 이어지는 프로그램은 단지 문화예술 차원의 홍보를 넘어 문화관광 벨트로 이어지고 있었고, 방문자들에게 통영을 한 번 더 생각하고 찾도록 하고 있었다.

이렇게 보는 나의 평소 소견이 짧은 문화관인지는 모르지만 나는 통영 못지않게 문화예술의 인프라를 가지고 있는 우리 마산을 두고 밖으로는 예향의 도시라고하면서 예술에 대한 이해 부족과 예술인에 대한 포용력의 미흡으로 과연 문화예술의 도시라고 자부하고 문화인이라 자긍심을 내세울 수 있는가 반문하고 싶었다.

그런 때에 조두남음악관이 완공되고 개관식이 임박하자 건립 초기에 말없던 일부 시민단체들이 조두남 선생이 친일 인물이므로 음악관 명칭을 사용할 수 없다고 목소리를 높였다. 뒤이어 건립된 노산문학관도 일부 시민단체는 친일 행적을 운운하다 뚜렷한 친일 내용이 없자 나중에는 독재정권에 부역을 했다는 이유를 들어 노산문학관의 명칭을 쓸 수 없다고 발목을 잡았다.

더욱 가관인 것은 의회와 노산문학관, 조두남음악관 건립위원회가 오랜 기간에 걸쳐 논의해서 결정한 내용들을 단체장이 소신 없이 하루아침에 헌신짝처럼 버리고 일부 시민단체의 주장대로 마산음악관, 마산문학관으로 명칭을 정하고, 여기에 무소신과 부화뇌동하는 일부 의원들이 가세하여 결정해 버린 것이다.

그 후 우여곡절 속에 노비산은 과거 어린 친구들이 뛰어놀며 곤충을 잡았던 추억은 뒤안길에 두고 도심 속에 공원으로 재정비되었다. 그리고 과거 노비산 정상에 있던 훼손된 무덤과 상석, 망부석 대신에 이제는 문학관이 건립되어 합포만을 내려다보고 있다. 노산 이은상 선생께서는 노비산에서 시정을 떠올리며 〈가고파〉라는 시를 지어 노랫말을 만들어서 온 국민의 가슴속에 영원히 남겨두고 떠나갔다.

그런데 온 국민이 〈가고파〉라는 노래는 알지만 이 노랫말이 노비산에서 만들어졌고 노산 선생의 생가가 있었던 곳이며 노산의 향기를 느낄 수 있는 곳이 노비산과 마산이라는 사실을 모르고 있으며,

다수의 시민조차도 알지 못하는 가운데 잊히고 있다.

게다가 마산은 대한민국의 대표적인 운문의 대가이자 마산을 사랑하고 고향을 그리워하면서 가고파를 노래한 노산 선생에게 등을 돌렸다. 어느 지방자치단체에서도 마음만 먹으면 문학관을 건립할 수 있듯이 마산시도 별 의미 없는 마산문학관을 노비산 정상에 건립해 놓았다. 이 문학관에 외부인의 발길은 거의 찾을 수 없고 단지 지역 문인이나 지망생과 간혹 시가 주관하는 프로그램에 참여하는 노인들이 그나마 문학관을 이용하는 정도이다.

이제는 우리와 후손들이 가고파를 지은 자리에 대신하여 건립된 문학관에서 문학을 탐구하고 더 좋은 시구를 만들어야 할 때이다. 나는 오늘도 노비산에 올라 마산의 문화예술을 생각해 본다. 내가 철없이 뛰놀던 이 노비산에서 우리나라 최고의 문인이 나왔는데도 과거 질곡의 역사 속에서 명경지수가 되지 못하여 역사 속에 파묻힌 인물로 전락해야 하는가에 대해 안타까움이 앞선다. 그래도 우리 후손에게 물려줄 노비산과 우리 마산의 문화를 생각하면 용서와 포용도 문화인의 덕목이라 생각된다.

예나 지금이나 내가 얻은 결론은 과거 예술인들이 살아온 행적과 작품이 모두가 흠결 없이 타의 귀감이 된다면 더할 나위 없이 좋겠지만, 그렇지 않은 경우라면 예술 작품세계는 작품 자체로 평가받고 생애의 행적은 행적대로 역사적으로 평가받도록 해서 후대에 반면교사가 되도록 하는 것이 마땅할 것이다.

이 순간에도 나는 노비산에서 문학이 살아 숨 쉴 수 있도록 한 노산 이은상 선생과 마산 합포만 바다 속에서 말을 타고 달려 나올 것만 같은 선구자를 노래한 조두남 선생, 카프 문학을 주도하고 노산 선생 못지않게 고향을 사랑한 비운의 시인 권환이 시민의 이름으로 국내·외에 알려지기를 기대해 본다.

정상철 전 마산시의원, 현 경남대 지역문제연구소 연구실장

세 번째 인연

어느덧 43년

김 연 희

마산馬山. 40여 년 전, 세 살 위인 오빠가 말(馬)이 뛰어노는 신기한(?) 산이 있다고 말한 '마산'이란 곳에 처음 신발도장을 찍기는 초등학교 6학년 열두 살이었던 것 같다.

선친이 마산동중학교에 전근을 오시자 나도 따라 진주에서 전학을 오게 되었다. 첫 등교일. 그 당시 마산에 대하여 아무것도 몰랐던 나에게 담임 선생님이 중학교는 어디로 지망하느냐고 묻자, 머뭇거리는 나에게 네 곳 학교명을 일러주시는데 무조건 '제일여중'이라고 당당하게 힘주며 말했다. 그 뒤 시험을 본 후 성적이 우수했던 나에게 달래듯이 마산여중에 가야 한다고 일러주시던 담임의 진지한 모습이 기억 속에 남아 있다.

1970년대 당시 지금의 마산여고 위에 꼿꼿하게 자리 잡아 우뚝 솟아 있던 마산여중 한 교실에 오전 10시쯤, 둘째 수업 시간이면 어김없이 들려오는 건 마산 앞바다의 뱃고동 소리였다. 그 소리는 때론 영혼과 전신에 전율을 일으키며 무한한 꿈을 동경하면서 먼 나라 미지의 세계로 데려가곤 했다. 부풀린 미래의 꿈을 마냥 궁굴리며 그렇게 마산에서의 생활은 시작되었다. 휴일에는 신마산에서 가포 결핵 국립병원까지 걸어가면서 낭만과 자유를 만끽하였고, 가포 해수욕장에서 파도와 놀았던 추억과 무학산을 오르내리던 시절은 이제 아슴푸레하다.

부우웅…… 마산과의 인연. 뒤를 돌아다보니 세월은 스친 뱃고동 소리처럼, 구름처럼 바람처럼 어느새 43년이 그렇게 흘러갔다. 그러나 손짓을 하면 그 시절이 올 것같이 가까이 있는 느낌은 무엇일까?

사랑의 마산. 잠시 멀리 가 있어도 가고파 속에서 존재하던 마산. 문향이 바다 수심처럼 깊은 도시. 태어난 고향은 아니지만 고향과 다름없는 곳에서 배우자를 만나 결혼을 하고 아들 둘을 낳고 손자를 얻은 현재까지 직장 일을 한다는 것은 더할 나위없는 축복이라 믿는다. 잠시 가덕도에서 3년간 근무하면서도 마음은 어머님이 계신 마산 땅으로 가 있었다. 그리운 가족들이 있기 때문이었다. 다시 돌아온 지금 마산 시민 한 사람으로, 농어촌 보건의료 담당으로 살고 있다.

　봄이면 하얀 목련이 하늘 향해 두 손 모아 오르며 바다의 물결과 함께 춤사위를 폈다. 바닷가에 서면 바닷물에서 슈웅슈웅 뛰어 오르는 숭어 떼들의 솟음으로 한 해가 시작되곤 했다. 시시각각으로 변하는 해와 달과 바다와 땅. 무엇보다 바람과 나무와 풀의 향기 속에서 진흙 일구며 하루하루를 살아가는 어진 삶들을 만났다.

　비록 거칠지만 따스한 손을 잡을 수 있었다. 어렵고 아픈 이들을 만났을 땐 더욱 마음이 전해졌다. 태어날 때 빈손 그대로 평화로운 날개 저어 밝고 맑은 마음 부비며 주신 날, 노래하는 새들과 함께 소박하고 진솔하고 욕심 없는 인정들과 오순도순 사는 재미에 세월 흐름도 잊었다.

　마을 사람들…… 어르신, 젊은이, 아이들. 이런 사람 저런 사람들. 가난하지만 행복한 사람들. 어렵지만 서로 위로하며 돕는 사람들. 힘들지만 웃는 이와 결속된 나의 삶이 애환의 마당에서 닻을 올리고 내렸다.

　지금도 시락리의 바다를 바라보며 갈매기처럼 춤추는 물결 앞에서 깊은 호흡을 한다. 그리고는 사랑 앞에 나를 세운다.

　젊은 시절. 그것은 오로지 꿈결같이 달콤하고 무지개처럼 황홀하며 진리와 함께 영원 기쁨의 연속인 줄만 알았다. 그러나 언제나 오래참고 언제나 온유하며 시기도 자랑도 교만도 아니 하며 무례히 행치 않고 자기의 유익도 구하지 않고…….

어느 날 '서둘지 말고 쉬지도 말라' 한 말씀이 이 작은 가슴으로 파고 들어와, 부지런히 평화의 도구가 되고 싶다고 종종거리며 살아왔지만 못다 한 사랑처럼 부끄러운 내 모습이 보인다.

농어촌 보건진료소의 나날에 등장하는 단골손님의 어깨를 달래고 등허리와 마음을 달래느라 눈을 맞추며 진리와 함께 기뻐함을 감사 기도한다. 남은 건 가난한 동통뿐, 겸허한 추위를 안고 영혼의 소리 홀로 들으며 발길 재촉하던 빈 몸들 앞에서 아픔을 맡기는데 다 삭히지 못해 가슴 소리를 토끼귀로 듣던 나의 생활도 어느새 그 기한이 다된 것 같다. 몇 년 남지 않은 직장생활. 아— 이제 나의 수많은 애인들의 곁에서 얼마를 더 지낼 수 있을까. 최선의 끝에서 움직여야 할 시간을 이어 하늘을 올려다본다.

한스 크루파의 말처럼 삶이란 끊임없이 새로워지는 것일까?
아니, 이미 말씀으로 받았다.
'너희는 항상 새롭게 살라'
민주 마산의 땅에 안주하며 날마다 순간을 쇄신하여 살려고 노력해야지. 밭고랑 사이의 숨결에서 희로애락 곡선의 비밀도 지우고, 생과 사의 갈림길에서 아픈 임들 설움을 지우고 다독이던 날들이 세월의 길목에서 저만치 물러난다. 아침마다 산과 바닷새의 인사를 받는다. 새로운 봄이 오고 여름과 가을과 겨울이 가고 바람 속으로 희미하게 사라질 이야기들이 흐르는 물속에 녹아 진한 인연처럼 남아 있는 창. 보드라운 흙처럼 이대로가 좋다고 말하는 그 평범의 위대함이 촛불처럼 빛난다. 영혼의 성장을 위해 마음의 껍질을 벗고 오늘을 초대한 삶에 충실해야 하리라. 그렇다. 세월이 이렇게 화살처럼 후딱 지나가 버릴 줄 몰랐다. 이제 하루를 십 년처럼 살아야 하리라. 주어진 축복의 나날. 푸른 바다로 드림베이를 타고 오늘의 깃발을 세우고 나아가리라. 감미로운 마음을 담아 걸림돌을 넘고 오늘을 또박또박 걸어가야 하리라. 마산은 내 삶의 향기 속에서 안식처로 꿈을 꾸리라. 하늘로 돌아가는 그날까지.

김연희 시인 · 마산문협 사무국장 · 시락보건진료소장

세 번째 인연

마산과의
인연 • 3

종교와의 인연 그리고 마산

서 수 원

　　　　　　　　　　서포 김만중이 꿈을 꾸고 어머님께 편지를 보낸 남해에서, 생후 18개월 9일 만에 어머니를 잃은 이 유아는 설상가상으로 가정 사정이 어려워졌고 형제들의 도움으로 간신히 목숨은 지탱했지만 속내는 점점 강해져 죽순처럼 굳세게 살아온 것이 너무나 단단하고 강인해질 수밖에 없었다.

　겨우 돌을 지낸 그에게 모정母情은 누가 만족시켜 줄 것인가. 답해봐라. 학교에 가나 동네에서 놀이를 하나 이 어린 나이의 쓸쓸한 모습은 지금 생각만 해봐도 불쌍하기 짝이 없다. 그때 근거리에 있던 화방사花房寺 법당을 찾기 시작한 것이 나를 종교로 이끌었고 부처님의 카운슬링이 오늘을 있게 하였다.

종교와 신앙이 어머니의 마음, 신앙의 마음으로 나를 다듬고 선한 심성으로 잘잘못을 분별하여 바르게 살도록 지표를 던져준 것이다. 이것이 현대사회의 교육지표의 원형이 아니겠는가. 그래서 나는 불교를 선택했다. 가정환경, 그리고 주변여건이 그렇게 해주었다.

그때 화방사 주지스님은 일본 와세다 대학에서 유학하고 오신 분으로 초등 4학년생인 어린 나에게 일생의 화두가 될 법문을 들려주었다.

"불교는 마음을 근본으로 하는 심본心本사상이요, 유교는 인본사상 人本思想사상이요, 도교는 자연사상, 기독교 천주교 이슬람교 회교 힌두교 등은 신이 주인이요, 근본인 신본神本사상이다."

초등 4학년생인 나는 이 법문을 듣고, 나의 외로움과 처지가 그렇게 안성맞춤일 수가 있을까 하여 심본사상에 빠져들었다. 주지스님에게 푹 빠져 들어갔다. 일요일이 오면, 방학이 오면 빠짐없이 찾아가 스님을 통하여 천자문千字文을 배웠으며 6학년 말에는 천자문을 종료하고 "자왈子曰 위선자僞善者는 천이보지이복天而報之以福하고"로 시작되는 명심보감明心寶鑑으로 들어갔다. 이리하여 나는 종교로 하여 심본사상을 깊숙이 체질화하게 되었다.

중등학교는 해인고교를 선택하고 불교 경전을 배웠다. 대학 선택에서 해인대학(현재 경남대학교 전신)을 선택하게 되었다. 이것이 마산과의 인연의 시작이다.

　대학은 지망했지만 집안이 어려워 학비를 부담하는 것은 물론 당장 숙식을 해결하기도 어려운 처지였다. 대학을 포기하느냐 마느냐 기로에 서 있었다. 하루는 꿈에 부처님께 매일 108배씩을 하라는 백발노인의 명령이 있었다. 마산에 있는 절을 찾다보니 완월동 대학 부근에 있는 자산동의 낙산사라는 암자를 알게 되었다. 작은 죽림 속에 있는 것이 마음에 들었다. 외롭고 경제적으로 어려운 나에게 어울리는 절이었다. 주지 스님께 어려운 사정을 토로하였다. 스님은, 매일 절 주변을 청소하고 108배를 계속하면 숙식을 제공하겠다는 고마운 말씀을 하였다.

　해인대학은 이때 교명을 마산대학으로 바꾸었다. 나는 이 대학 종교학과에 입학하고 인도철학, 종교철학, 대승기신론 등의 교과목을 배우면서 나를 바르게 세워 나갔다.

　"청소년들아, 사랑과 기둥을 잃으면 종교를 찾아 신앙을 가져라!"
　이 한마디를 청소년들에게 해주고 싶다.

　나는 혈액형이 B형이다. 대학생활은 무에서 유를 창조하여 실천하는 곳, 남이 놀 적에 나는 책을 열심히 보았고 청소에 앞장섰고 기도생활은 108배를 실천하였다. 그러면서 몸을 청결하게 하고 의복을 깨끗이 하고 언제나 몸가짐을 단정하게 하여 무언으로 무한의 미래를 다져 나갔다.

　세상은 시끄러워 3·15, 4·19의 격정의 변화를 겪게 되고 5·16

으로 정권이 바뀌었다. 도지사, 군수 등에 군인들이 취임하고 양찬우 육군 소장이 경남도지사가 되었다. 그는 재건국민운동 경남본부장도 맡았다. 그는 경남(부산)지역 대학에서 7명씩의 대표를 뽑아 부산 수산대학에서 일괄 교육을 시킨 후 귀교 후에는 학생 조직을 만들어 국민들에게 봉사하게 하였다. 그때 양찬우 지사의 인사말, 격려사, 축사 등을 도맡아 했던 기억이 난다.

"웅변은 형태 없는 유성의 무기"라는 말이 있다.

나는 고등학교에 다니며 웅변을 했다. 그 웅변을 묵힐 수가 없었다.

서울 동국대학교에서 전국웅변대회가 있었다. 그 대회에 참가하여 우수상을 받았다. 그때 귀교했을 때 대학에서 성대한 환영을 해 주었다. 교직원들과 많은 학생들의 축하를 과분하게 받고 각 일간지에 소개됨으로써 나는 일약 유명인이 되었다. 이를 계기로 대학에 웅변부를 설치하도록 당시 이경대 학장께서 지시하였다. 나는 그 이후에도 웅변대회에 계속 출전하였고 후배들을 많이 키웠다.

어느덧 재학 중에 학보로 군대 제대를 하였다. 이 무렵 선배 4학년 여학생이 자기 집으로 나를 유인하여 가족들에게 선을 보게 하는 사건 아닌 사건이 있었던 일도 생각난다. 4학년 때 취직문제가 대두하여 경찰, 소방서, 시청공무원, 교사, 정훈장교 등에 응시하여 모두 합격하여 선택의 기로에서 고민하기도 하였다. 정훈장교를 선택하고 훈련을 받다가 포기하고 교사에 응하여 오늘에 이르고 말았다. 초중고 교사 자격증이 모두 있어 교사에는 자신이 있었다. 그렇게 출발한 것이 지금은 도산중학교 교장과 경상남도 학생교육원장을 끝으로 교직에서 물러나 칠순의 황혼 길에 접어들었다.

　황혼에 이르면 인생은 너나 할 것 없이 비슷하다.

　젊어서는 희망과 포부와 행복 추구가 다르지만 늙으면 첫 번째 배신자가 마누라고 두 번째가 돈 없으면 자식이고 세 번째가 친구다.

　이런 현상은 인간이 혼자 왔기 때문에 혼자 갈 준비기간이다. 서러워 말고 갈 준비나 하자. 그래서 나는 지금 중리 광려산 별당골에 토굴을 짓고 평생 지은 죄 면죄받고자 108배를 계속하고 있다. 이 세상에 출장 온 임기 만료를 기다리고 있다. 이런 글이나 쓰고 붓을 잡고 면죄부가 되게 달마를 그리고 있다.

서수원 전 도산중학교 교장

세 번째 인연

마산과의 인연·3

고향 위해 소금이 되고 싶었는데

최 삼 룡

마산과의 인연을 생각하면 참으로 감회가 새롭다. 1936년 5월 3일 마산시 회성동 36번지에서 태어났으니 강산이 일곱 번이나 변했다. 회고해 보면 70여 년을 고향에서 아무런 별 대과大過 없이 살아왔으니 고마운 안태 고향이라 아니할 수 없다.

아버지께서 경남 의령군 궁유면에서 이곳 마산으로 보금자리를 옮겨 맏형 최수룡, 둘째형 또룡, 필자와 여동생 복남이를 얻었다. 내가 태어나던 해 마산은 인구 8만 정도의 자그마한 어촌 도시였다. 그러던 마산이 일제 강점기를 거치면서 일본 문물이 밀려 들어오고 더욱

기계공업이 자리 잡으면서 마산은 전국 최초로 기계공업의 중심도시가 되었다.

신포동을 비롯한 일부 지역에 활삭기(선반, 보트반, 밀링, 발동기) 제조업이 성행하였다. 지금은 없어졌지만 진일기계, 한성계량기, 흥한공업사, 제일기계, 한국기계 등등과 주물공장이 즐비하게 들어섰다. 당시는 우리나라가 도약할 수 있는 길은 기계공업이 발달해야 한다고 믿는 부모님의 뜻에 따라 마산공고에 진학하였고 연희대학(지금의 연세대학)에서 다시 경남대학 무역학과로 옮겨 졸업할 때까지 마산을 떠나지 않았다.

단지 연희대학(초급)을 다닐 때 잠시 마산을 떠난 것과 부산관제국에서 근무할 때 12년을 빼고는 60년을 마산에서 살았다. 고향에 안착하게 된 것은 두 가지 이유가 있다. 첫째는 창원, 진주세무서에서 15년간 근무하면서 뼈저리게 느낀 것이 시市가 발전하려면 세수 증대가 필수적이라는 사실이었다. 어떻게 하든지 기업이 잘되어야 한다는 신념은 그때부터다. 둘째는 기업이 잘되어야 세수가 증대됨은 물론이거니와 실업자를 많이 구제할 수 있다는 애향심의 발로였다. 당시 마산은 직장이 많지 않았다. 직장이라야 정부 기관이 거의 전부였던 시기였다.

1965년 한성예식장에서 유광현 박사를 주례로 모시고 결혼(집사람 전연득)식을 올렸다. 이때부터 본격적으로 기업경영에 뛰어들었다. 이렇게 하여 말년에는 마산상공회의소 수석부회장을 역임하였고 국제라이온스 309-1지구 총재까지 맡는 위치에 이르러 고향 발전에 소금이 되어야겠다는 젊은 날의 신념을 다소나마 실천하는 계기가 되었다.

장남(봉준)을 미국 유학시켜 공학박사를 만든 것도 나의 이러한 애향의식과 무관하지 않다. 딸(윤정, 정인)은 출가시켰지만 마산에서 가정을 이루고 성실하게 살고 있으니 내 뜻과 어느 정도는 부합되는 생활을 하는 것으로 본다.

마산은 항구 도시지만 우리나라 최초의 기계공업 발상지답게 국내 처음으로 무역자유지역(당시 수출자유지역)이 조성되었고 굴지의 한일합섬과 경남모직, 마산방직, 고려모직 등이 활발히 가동됨으로써 한때는 마산 회원구 쪽에는 7대 3의 비율로 여성 인구가 많았다.

뿐만 아니라 마산 오동동은 단일 동으로는 전국적으로 가장 많은 술집이 3천여 개에 이르러 전국적으로 유명한 유흥가로 알려지는 계기가 되기도 하였다. 오동동 타령 노래도 그 시절 불렸고 당시 오동동 통술집에서도 옛 권번에서 듣던 '창'이 흘러나오기도 하였다. 그러나 지금은 그런 풍류를 찾을 길이 없을 정도로 오동동은 위축되어 버렸다.

필자가 세무서에 근무할 때 마산의 세원은 창동의 상가와 오동동의 유흥가가 대부분이었다. 1970년대만 하여도 기업체의 근무복만 입고 나오면 어디 가서도 외상술이나 음식을 마음대로 먹을 수 있었다. 그러나 지금은 그런 전국 7대 도시의 위용은 어디서도 찾을 수 없게 되었다. 마산의 경제를 활성화해 보겠다고 전국경영자협회 경남지부 초대 회장까지 맡아 동분서주해 보았지만 실적은 간곳없고 백발만 성성하니 이를 두고 성인들은 무상無常이란 말을 남긴 것으로 실감이 난다.

최삼룡 나라시스템 대표이사 회장

세 번째 인연

내 여행의 종착지 마산

민 창 홍

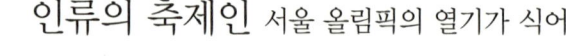

인류의 축제인 서울 올림픽의 열기가 식어 가는 겨울이었다. 격랑의 80년대가 저물어 가는 시기에 나는 처음 마산에 발을 내딛었다. 그때까지만 해도 사회 교과서에서 수출자유 지역으로 상징되는 도시 마산과 국어 교과서에서 노산 이은상의 〈고지가 저긴데〉라는 시조를 배우며 작가의 고향인 마산이 남해안에 있다고 들었을 뿐이었다.

그날은 연말을 앞두고 있는 시점이었기에 모두가 들떠 있었는데 나는 전혀 들뜨지도 않았고 설레지도 않았다. 다만 한 번도 가보지 않은 바닷가 도시를 간다는 낯설음이 있었고 젊은 날 방황의 연장선상에 있었기에 차분하면서도 온갖 생각들이 겹쳐져 있었다.

아침 일찍, 사는 곳인 경기도 부천을 떠나 서울 강남터미널에 도착하는데 눈발이 날리고 있었다. 바람도 차고 스산한 날씨는 나의 마음을 무겁게 만들고 있었다. 마산으로 향하는 고속버스에 몸을 싣고 상념에 사로잡히다 잠깐잠깐 잠이 들기도 했다. 그런데 그 시간은 어찌나 길게 느껴지는지 답답함을 느끼게 할 정도였다. 고속버스는 눈발을 피해 저속으로 가고 있었다.

"내 고향 남쪽바다/ 그 파란 물 눈에 보이네/ 꿈엔들 잊으리요/ 그 잔잔한 고향 바다/ 지금도 그 물새들 날으리/ 가고파라 가고파." 하고 불러주시던 학창시절 국어 선생님의 노래가 문득 떠오르기도 했다. 노래가 끝난 뒤에 선생님은 〈가고파〉란 시조가 탄생하게 된 과정을 곁들인 내용 설명이 있었던 것 같다.

입담이 좋으신 선생님의 말씀에, 나는 마산 앞바다를 가보지는 않았지만 푸른 파도가 넘실대는 백사장에서 한 중년신사가 중절모를 눌러쓰고 고향을 애절하게 노래하는 모습이 그려지기도 했다.

문학에 관심이 많았던 나에게 오래도록 기억에 남아서인지 마산을 간다는 자체가 무거운 마음 한편으로 아름다운 바다를 볼 수 있다는 시원함을 떠올리기에 충분했고 지루함도 참을 수 있었다. 수학여행 때 처음 바다를 본 나는 가슴이 탁 트이는 벅찬 감동에서 쉽게 헤어나지 못했었다. 동해바다의 시원한 파도와 수평선을 지울 수 없는 추억으로 간직하고 있기 때문에 마산을 향하는 차 안은 그런 바다를 꿈꾸는 내 인생의 전환점을 모색할 수 있는 시간이기도 했다.

고속도로를 빠져나온 버스가 마산에 들어선 시간은 오후 다섯 시쯤 되었고 짧았던 해는 이미 자취를 감춘 뒤였다. 흐린 날씨가 잔뜩 인상을 쓰며 도시를 짓누르는 모습이 차창에 비춰지고 있었다. 높은 담과 철조망이 보이는 교도소 건물이 음울하게 나타났다 사라졌다. 차는 천(川)을 따라가는 것 같았고 얼마 안 되어 커다란 공장지대가 나오는 것 같았다. 공장의 굴뚝이 하늘을 찌를 듯이 솟구쳐 있었고 하얀 연기가 어두워지는 하늘을 수놓고 있었다. 마치 70년대 공업화의 상징으로 굴뚝에 연기가 나오는 그림을 그리고 칭찬을 받던 초등학교 미술 시간을 생생하게 보는 것 같았다.

차가 마산터미널에 도착하기까지 꽤 긴 시간이 지났다고 생각이 되었는데도 바다는 보이지 않았다. 가로수들이 몹시 흔들리고 있어서인지 사람도 얼마 보이지 않았다. 마산에 내린 나는 막막했다. 날은 점점 어두워지고 급한 마음에 택시를 타야 했고 목적지에 도착하였다. 일을 마치고 이내 돌아서 서울로 가는 막차를 타고 자정이 넘어서야 겨우 집에 도착했다.

너무 멀다는 생각과 국어 선생님이 말씀해주시던 아름다운 마산을 느끼지 못하고 집에 돌아온 나는 며칠을 고민해야 했다. 현재 근무하는 학교가 분규가 있고 교사로서 보람을 느끼지 못한다고는 하지만 가족을 다 데리고 낯선 곳에 가야 하는지를 묻고 있었다. 그런데 서류전형에 통과했으니 면접을 보러 오라는 연락이 왔고 나는 또다시 고민에 빠져야 했다. 그때 아내가 하느님께서 다 알아서 해주실 거라며 용기를 주었다. 교직을 천직으로 여기는 나에게는 큰 힘이 되었고 신앙적 믿음이 있었기에 면접에 응했고 합격하였다. 그러나 가톨릭 신앙 때문에 지원한 곳이긴 했지만 막상 되고 보니 친척이나 친구 하나 아는 사람이 없는 곳에 혼자도 아니고 가족을 모두 데리고 간다는 것에 불안감이 들기도 하고 갈등이 일기도 했다. 쉽게 마음을 정하지 못하다가 '교직은 어디에 가도 똑같다'라는 생각을 하면서 서울을 버리기로 마음먹었다. 나의 또 다른 여행이 시작된 것이다.

집을 구하기 위해 마산에 다시 내려왔을 때에는 날씨가 화창해서인지 무거웠던 마음이 사라지고 뭔가 모를 봄이 내게 오고 있는 것 같았다. 산복도로에서 바라보이는 바다는 광활한 동해와는 다르게 호수처럼 보였다. 한 폭의 그림을 보는 듯했다. 사람들도 친절하였다. 형편이 여의치 않아 월세를 구해야 했던 나는 복덕방을 찾았지만 눈에 띄지 않았다. 서울에서는 복덕방에 의뢰하면 즉시 돈에 맞춘 집을 안내해 주는데 마산은 그렇지 않았다. 당황해하는 나에게 전봇대가 지혜를 주었다. 전봇대마다 빼곡하게 붙여진 전세, 월세, 매매 등의 안내 문구가 제각기 다른 글씨체로 나를 유혹했고 학교에서 10분 거리인 자산동 골목 안의 끝 집이 나를 포근하게 기다려 주었다.

산복도로에 막 심어 놓은 벚나무처럼 쓸쓸하였지만 주인인 공무원 중년 부부는 따스함으로 나를 뿌리내리게 해주었다. 고향 공주에서 유년시절을 보냈고, 대전에서 학창시절을 보냈고, 청주에서 대학생활을 하고, 서울에서 교직생활을 시작하면서 수원과 부천에서 살다가 이제는 낯선 도시 마산으로 생활 근거지를 옮기는 긴 여행의 종착지였다. 인생에서 쉬운 것이 어디 있으랴. 쉽지 않았지만 믿음과 가족의 사랑을 등에 업고 바람이 몹시 불던 1989년 2월 21일에 서른 살의 나는 여행의 피로를 잊고 드디어 마산 사람이 되었다.

나의 마산 생활은 처음 마산에 올 때의 느낌과 다르게 활기찼다. 그렇게 꿈꿔오던 교직생활의 보람 때문이었다. 초보에 가까운 교사로서 열심히 수업하는 가운데 학생들이 잘 따르고 열심히 하는 모습을 보면서 마산에 잘 왔다는 생각을 하기 시작했다. 서울에서 근무하던 학교와는 분위기가 비교도 되지 않았다.

이렇게 표현하면 적절하지 않겠지만 3류 실업계고로서 체계적이지 못한 행정과 분규, 기초가 부족하여 힘들어 하는 학생들과의 수업, 학생 모집에 신경을 쓰는 교지와 분기별로 발행되는 신문과 잡무에 국어 선생인 나는 녹초가 되어 있었다. 더구나 분규로 인하여 앞을 예측할 수 없는 불안감이 컸다. 이러려고 교사가 되었는가 하고 후회를 한 적이 한두 번이 아니었다.

이직은 어렵고 학교를 옮겨야겠다는 생각을 하던 중 신앙생활을 하던 나에게 가톨릭 학교가 인연이 되어 원서를 냈던 것이다. 마산에서의 생활은 전혀 달랐다. 어리고 이방인인 나에게 동료 교사들은 부모처럼 형제처럼 잘 대해 주었고 관리자이신 교장수녀님은 늘 온화하셨다. 학교는 질서가 있었고 체계적이었다. 문예반을 맡아 지도하면서 학창시절에 가졌던 작가에 대한 꿈도 어렴풋이 떠올려보기도 했다. 수업시간도 즐거울 수밖에 없었다. 더구나 교실에서 보이는 돝섬과 합포만은 내 감성을 자극했고 보기만 하여도 마음이 포근한 아름다운 바다였다. 때로 아침 햇살이 금빛 가루를 뿌려놓는 날이면 넋을 놓고 바라보곤 했다.

그렇게 3월이 갈 무렵 마산 시민이 자랑스러워하는 3·15의거를 기념하는 백일장이 용마산 공원에서 있었다. 문예반 학생을 중심으로 대략 50여 명을 인솔하여 참석했다. 아직도 마산에 대해 잘 모르고 지리도 익숙하지 않아 아침 일찍 백일장 장소에 도착하였다.

공원에는 백일장을 알리는 현수막이 걸려 있고 사람은 없었다. 제일 먼저 도착한 것이었다. 공원에서 내려다보이는 합포만은 학교에서와 다르게 또 다른 모습으로 다가왔다. 그때 40대쯤 돼 보이는 남자가 다가와서는 어느 학교에서 왔냐고 물으면서 반갑다는 인사를 하였다. 자신을 마산문협 회원인 김미윤이라고 소개했던 그분은 정감이 넘치는 말과 미소로 우리 학생들에게 좋은 글을 쓰도록 격려하였으며, 이런 대회에 처음으로 학생 인솔을 한 나에게 감사의 인사를 몇 번이고 하였다. 꽤 많은 학생들이 입상하였고 그 후로도 합포의 얼 백일장, 한글날기념 백일장 등에 매년 거르지 않고 다녔다.

경제적 여유가 없었던 나의 생활은 학교와 성당과 집으로 이어졌다. 아는 사람도 없어서 어린 아들을 데리고 걸어서 무학산과 서원곡에도 가고 봄에는 산복도로에 막 심어놓은 어린 벚나무의 몇 송이 안 되는 꽃을 보고 발아래 펼쳐지는 바다를 보며 마음의 평안을 얻기도 하였다. 어쩌다 시내버스를 타고 가포유원지에 가서 바다에 떠 있는 오리배에 아들을 태우고 즐거운 시간을 보내기도 하였다.

그렇게 마산에 익숙해져 가고 있었다. 이사 오던 날 주인집 아줌마가 아구찜과 장어국을 주셨다. 처음 먹던 음식이라 방아 향기 때문에 몇 숟가락 먹지 못했던 장어국과 너무 매워 물을 들이켜야 했던 아구찜의 맛이 조금씩 입에 맞는 시기가 오고 있었다.

첫 출근하던 날, 선생님 한 분이 횟집에 가서 술을 사주셨는데 그때의 회가 아직도 눈에 선하다. 광어였던 것 같은데 모로 누워 흰 속살을 드러내 놓고 눈을 껌벅이던 그 고기의 눈을 쳐다보며 좀 안쓰러워 보이기도 했고 신기하기도 했다. 초장에 찍어 입에 넣던 회의 맛은 의외로 고소했다. 처음 먹어보는 회지만 그때의 기억을 떠올리면 침이 고이고 미소가 번진다. 그래서 직장에서 회식을 한다고 하면 마음이 즐거워졌다. 그런데 그 후 횟집에 가면 생선 가시가 자꾸만 입안에 걸려 그 맛을 알 수가 없었다. 뒤에 안 일이지만 처음 회를 사주신 분이 내륙에서 왔다고 비싼 회를 사주시어 나의 입맛을 버린 것이었다. 회 맛을 되찾는 데는 7~8년이란 세월이 걸렸던 것 같다.

학창시절에 꿈꾸던 문학에 대한 열정을 접은 지 시간이 꽤 흘러갔다. 마산 생활도 강산이 변할 만큼의 세월이 흘러갔다. 고교 입시가 타 지역보다 점수도 높고 치열했던 마산이 이제 내신성적으로 고등학교에 가게 되어 보충수업이니 자율학습이니 하는 것들이 없어졌다.

학교생활이 조금씩 여유가 생길 때 나는 또 한 가지를 고민해야 했다. 시간적 여유가 생겼으니 부족한 공부를 해야 할까, 학창시절부터 간직해온 문학을 다시 꿈꿔볼까, 누구에게 대놓고 상담할 수 없는 혼자만의 고민이 깊이를 모른 채 빠져들던 어느 날이었다. 성당에서 마산주보에 실려 있는 문예대학 광고를 보게 되었고 미사를 봉헌하는 동안 분심에 사로잡혔었다. 마산가톨릭여성회관에서 주최하는 문예대학이었다. 고민은 기도에서 쉽게 풀렸다. 그 강의에 등록하여 꿈의 불씨를 살리는 계기가 되었다.

그때 강의해 주신 신경림, 강은교, 한승원, 김성종, 이우걸 등 훌륭하신 문인들의 강의를 듣고 습작을 하였다. 습작기에 마산교구 가톨릭문인협회에서 교회 전례력으로 맞이하는 순교성월을 기리는 수기 및 문예작품을 공모하였는데 〈배론〉이라는 시를 신상철 교수께서 뽑아주시어 자신감이 생기기도 하였다.

학창시절에는 소설을 열심히 습작하였는데, 여건상 시간을 되돌리고 싶지 않아서 처음부터 다시 한다는 마음으로 시를 공부하게 되었다. 당시 경남매일 문화부장으로 있으면서 문예대학 운영에 전반적으로 기여했던 류명선 시인이 신문사를 퇴직하고 부산에서 계간 시 전문지 《시의나라》를 창간하였다. 창간호에 〈금강을 꿈꾸며〉 외 7편으로 추천을 받아 작품 활동을 하기 시작하였다.

학창시절 백일장에 쫓아다니면서 꿈을 키웠지만 학교에 근무하면서 그 꿈을 접게 된 것은 교직에 대한 보람 때문이었다. 대학 때 은사님 가운데 소설가이신 이순 교수님은 "교수와 작가 둘 중에 하나만 하라면 교수만 할 것이다"라고 말한 적이 있다. 당시에는 이해가 되지 않았는데 나는 교직에 있으면서 실감하고 있었다. 그러면서도 주위에 떠밀려 어쭙잖은 시집 《금강을 꿈꾸며》를 발행했고 마산에 와서 알게 된 몇 분만 모시고 조촐하나마 크리스탈 호텔에서 출판기념회를 가졌다. 그때 오하룡 선생님과 김미윤 선생님께서 축하와 격려의 말씀을 해주시어 큰 힘이 되었다.

나는 시간 날 때마다 아이들을 데리고 마산의 명소를 찾아다녔다. 무학산, 서원곡, 몽고정, 문신미술관, 시의거리, 돝섬유원지, 용마산공원, 봉암수원지, 만날고개, 월영대, 관해정, 가포, 수정 바닷가, 콰이강의 다리로 불리는 구복연륙교, 시립박물관…… 최근에는 마산음악관, 마산문학관까지 아이들 초등학교 숙제이기도 했던 명소들을 보면서 구석구석 볼거리가 많은 곳이라는 것을 느꼈다. 그리고 아름다운 항구도시라고 생각했다. 그런데 의외로 학생들이나 주위 사람들 중에는 마산은 갈 곳이 없고 아름답지 않다고 말하는 이가 있다. 그런 사람들에게는 가포 결핵요양원 뒷산에 올라 마산을 보라고 권한다. 무학산이 병풍처럼 펼쳐져 있고 그 아래 해안선을 따라 정돈되어진 건물과 바다는 잘 어우러진 한 폭의 풍경화 그 자체다. 한국의 나폴리라고 말한들 손색이 있겠는가.

한 번은 전화가 와서 학부모를 밖에서 만난 적이 있었다. 졸업식에 인사를 못했다며 차 한 잔 하자는 것이었다. 졸업 후에 감사의 인사를 하는 분은 처음이었다. 내가 담임을 하였던 학생의 아버지인 그분은 음악을 하는 고승하 선생이었다. 약속 장소에서 간단하게 차를 나누고 갈 곳이 있다며 서둘렀다. 저녁식사로 보리밥을 대접하겠다는 것이다.

창동 골목을 한참이나 지나서 반지하 식당으로 갔다. '성광집'이라고 기억된다. 그때 주인은 자신을 이영자라고 소개하였다. 식당을 하며 틈틈이 시를 쓰는 시인이라고 일간지에 소개된 적이 있었던 분이었다. 뜻밖에 자필 서명한 시집을 선물받는 횡재를 하였다. 고추장과 된장에 비벼 보리밥을 맛있게 먹었다. 어린시절 어머니가 해주시던 맛이었다. 그리고 옆자리에 앉아 맥주를 드시던 이선관 시인을 소개받고 대화를 나누는 기쁨도 있었다. 그분들은 이영자 시인께 모두 누나라고 하였다. 어찌된 촌수인지는 몰라도 너무 다정스러운 오누이처럼 느껴졌다.

고승하 선생은 다음 한 곳을 더 가야 된다며 나를 끌었다. '고모령'이었다. 그곳에는 말솜씨가 푸짐하던 주인과 장소는 협소하였지만 많은 그림들이 걸려 있었고 몇몇 전통 악기도 진열되어 있었다. 전혀 알지 못하는 사람들이 좌석을 메우고 있었지만 고승하 선생은 두루두루 인사를 하고 있었다. 마산의 예술인들이라고 소개하였던 것 같다. 예술인들의 모임 장소 같았다. 늘 이곳에 오면 예술인들이 모여 대화를 나눈다는 설명도 있었다. 많은 사람들과 인사를 나누었지만 처음 보는 사람들이라 나는 자리가 어색했고 편하지는 않았다. 다만 그곳의 사람들은 마치 마산과 예술을 끔찍이도 사랑하는 모임 같았다.

  그날 이후 나는 마산의 정신이나 예술의 혼 같은 것을 어렴풋이 알아가고 있었다. 한 번은 술자리에서 마산에서의 생활이 행복하냐는 질문을 받은 적이 있었다. 나는 주저하지 않고 행복하다고 말했다. 고향에 있는 학교에서 오라는 제의를 받고도 또 다른 여행을 두려워하여 포기할 정도로 정이 들어가고 있었다. 늘 고향과 어머니를 그리워하며 살지만 고향으로 돌아가지 않았다. 마산이 좋아서 이제는 떠나지 못할 것 같은 미련이 남는 도시가 되어 있었다.

  그 감정을 "마산이 좋아서 떠나지 못하는 갈매기"로 노래한 적이 있었을 정도였다. 그는 취기에 젖어 말을 이어갔다. 마산은 자기 고향이고 정감이 넘치는 예향의 도시라고 하면서 인근에 있는 창원은 계획도시여서 정이 가지 않는다는 말도 곁들였다. 당신이 마산에 살면서 행복을 느낄 정도이면 마산을 위해 무언가를 해야 하지 않겠냐고 되물었다.

  그의 말은 나의 아픈 곳을 콕 찌르고 있었다. 정말 나는 마산에 와서 여행만 하였구나 하는 생각이 들었다. 월세를 거쳐 전세를 청산하고 작은 아파트로 보금자리도 옮겼고, 아이들도 건강하게 잘 자라고, 학창시절의 꿈도 이루고, 직장생활도 보람을 느끼고 사니 정말 나는 행복하였다. 직장에서 맡은 일을 열심히 하고 성당에서 사목위원으로 회보 발행의 편집을 맡은 것이 봉사의 전부라고 여겼던 나에게 그분의 말은 적잖은 충격으로 받아들여졌다.

그래서 내가 사랑하는 마산을 위해 무엇을 해야 한다는 사명감으로 두리번거려야 했다. 하느님이 내게 주어진 능력껏 해야 한다는 소극적인 자세가 마음뿐인 봉사로 남아 있었다.

그러던 중 마산문협 사무국장을 맡아서 일도 배우고 인간관계도 넓혀보면 어떻겠냐는 주위의 권유가 있었다. 그런데 정작 겁이 났다. 말만 등단이지 아직 작품도 서툴고 문인들도 모르는데 일을 맡기에는 부담이 컸다. 문학회 활동도 미천하여 문예대학 동기생들이 모여 시작한 민들레문학회 모임이 고작이었다. 신입회원 꼬리도 다 떼지 못한 상태였다.

그러나 그해 마산문협 정기총회에서 김연동 시조시인이 회장, 김병수, 박성임 시인이 부회장에 선임되고 회장의 추천으로 나는 사무국장이 되었다. 사무차장에는 임채수 시인과 김경분 수필가가 임명되어 집행부가 구성되었다. 뒤에 들은 이야기이지만 김연동 회장은 나에 대해 전혀 모르고 있었다. 나도 회장을 한 번도 본 일이 없었다. 전임 회장이 추천하였고 교직에 있으니 시간적 여유가 있고 성실할 거라는 것 때문에 지명하였다고 한다.

문인협회 일을 배워야 했기에 처음에는 정신이 없었다. 모르는 것은 매번 회장에게 전화를 하여 지시를 받고 배웠다. 선배 문인들께는 부모님에게서 배운 대로 예의 바르게 하고 일은 회장이 안내해 주시는 대로 열심히 하는 것이 전부였다. 내가 할 수 있는 일은 오로지 몸으로 뛰는 것뿐이었다. 일종의 심부름 역할 정도 하였다고 생각된다.

그러나 회장의 꼼꼼함과 자상함으로 행사기획과 진행, 정산에 이르는 일을 제대로 배울 수 있었다. 김연동 회장은 당시 경상남도교육청에 근무하는 장학사이어서 매우 바쁜 분이었지만 교직에 있는 나에게 학교업무 면에서도 많은 도움을 주었다. 가끔씩 좋은 작품을 써야 한다는 채찍도 해주시어 문학적으로도 성숙하게 만들어 주었다.

2년의 임기 동안 3·15백일장과 문학의 밤, 합포의 얼 백일장, 해변문학제, 한글날 백일장, 초청강연회와 문학의 밤,《마산문학》발간 등의 행사를 하면서 참으로 많은 것을 배웠다. 행사를 위해 예술인을 섭외하고 마산예총 회의에 참여하면서 화가, 무용가, 음악가 등 예술인들을 알게 되었다. 협회 일은 아니었지만 연초에 여는 "대동제" 행사는 인상적이었다. 작품 전시를 하면서 마산의 예술인들이 한자리에 모여 세배를 하고 마지막 날에는 작고 예술인을 추모하고 제를 올리는 일은 마산이 예향의 도시임을 일깨우는 계기가 된다고 여겨졌다. 특히 한국현대시인협회 마산세미나 행사에 협조를 하면서 전국의 200여 명 문인들을 용마산공원 시의거리, 문신미술관, 창신대학 문덕수 기념관, 경남문학관으로 안내하고 대화를 나누었던 일이 기억에 남는다.

주어진 임기를 무사히 마침에 감사하고 일상으로 돌아온 나는 직장에서 주어진 일을 더 열심히 하면서 부족한 공부를 하기 위해 경남대학교 교육대학원에 진학을 하였다. 강의를 해주신 이성모 교수를 만나 공부에 눈이 뜨였고 그분이 맡고 있던 김달진문학제 등에 참여하면서 열정을 이어갔다. 시간은 부족하였고 늦게 시작한 공부는 생각보다 어려움이 많았다. 그러나 나를 지탱하는 것은 신앙이었다.

그 무렵 마산교구 가톨릭문인협회는 황광지 수필가가 회장이 되어 나에게 사무국장 일을 맡아 달라는 부탁이 들어왔다. 신앙적 양심으로 거부할 수가 없었다. 가톨릭 신앙의 토대 위에 영성문학을 하는 단체였기에 봉사하는 일은 어쩌면 당연한 것인지도 모른다. 특히 초대 회장을 역임하신 서인숙 선생님은 성당에서나 문협에서나 만나면 늘 칭찬으로 격려해 주시어 가톨릭문협 일을 맡는데 힘이 되어 주었다. 담당사제와 황광지 회장과 함께 《천주교 마산교구 40년사》를 집필하였는데 마산지역 각 본당 자료를 정리했던 일은 보람으로 남는다.

또한 김미윤 전임 마산문협 회장이 마산예총 회장 임기를 마치고 예술의 생활 속 저변 확대라는 목표로 생활문화예술협회를 창립하였다. 기존 예총에 가입조건이 되지 않는 사람을 대상으로 문학, 미술, 음악, 방송댄스, 난, 꽃꽂이, 국악 등의 단위협회를 조직하여 창립한 단체였다. 협회 사무국장을 맡아달라는 간곡한 부탁에 뿌리치지 못하고 하게 되었다.

사람의 인연이라는 것이 생각해보면 참으로 묘했다. 마산에 와서 처음으로 만났던 문인이고 그분의 부인과 같은 학교에 근무하는 연까지 연결되어 자주 만나던 분이었다. 볼 때마다 다감하게 대해주고 힘이 되어 주시던 분이라 이 또한 거절하기가 어려웠다. 주변에서 나를 아껴주시는 예술가들께서 왜 하필 생활 예술을 하느냐고 탓하지만 예술이 생활 속에서 확대되고 공존하지 않으면 무슨 의미가 있겠는가. 현대인들에게는 멀어지고 예술가들만의 잔치가 되어서는 안 된다는 생각에 동참했을 뿐이다. 부족하지만 맡은 일에는 최선을 다하고자 한다. 어찌 보면 마산에 친척이나 친구가 없어서 여러 일에 조금씩 발을 담그며 봉사한다고 생색을 내는지 모르겠다.

  마산과 인연을 맺은 지 20년이 되었다. 올봄에 산복도로 벚꽃을 구경하였다. 마산에 처음 왔을 때 지지대에 의존하여 가녀린 꽃 몇 송이를 피우던 산복도로 벚나무가 어느새 장성하여 꽃을 활짝 피웠다. 진해까지 가지 않아도 될 만큼 벚꽃은 축제를 이루고 있었다. 꽃을 보면서 지나온 인연의 시간을 돌아보았다. 떠돌이처럼 살아온 얼마 안 된 내 인생의 최종 여행지는 마산이 아니었나 싶다. 욕심 없이 봉사하는 마음으로 살고 싶다. 바쁘게 살아온 시간들 켜켜이 쌓아서 이제는 많은 사람들에게 애송되는 작품을 한 편 남기고 싶은 꿈을 꾼다.

민창홍 시인 · 성지여자중학교 교사

세 번째 인연

마산과의 인연

김 병 수

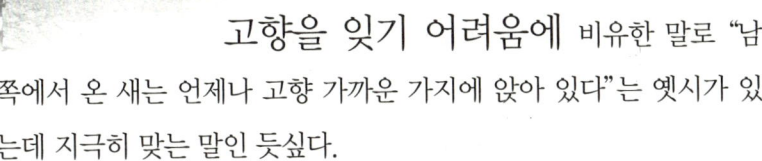

고향을 잊기 어려움에 비유한 말로 "남쪽에서 온 새는 언제나 고향 가까운 가지에 앉아 있다"는 옛시가 있는데 지극히 맞는 말인 듯싶다.

인간인 나라고 어찌 예외가 될 수 있겠는가. 고향이라야 지금 내 사는 진북의 서북산 등 너머가 함안인데 지척의 거리에서 그러고 보니 고향 산천을 두고 온 지도 벌써 30년이 훌쩍 지나가 버렸다.

해마다 명절이면 상자지향桑梓之鄕을 찾지만 몇해 전부턴 성묘(벌초)하는 것으로 갈음하여 내 맘속이 변해가고 있었다.

가끔 고향을 가기라도 하면 말 없는 산천이 옛 추억을 일깨워 줄 뿐, 지금 살고 있는 사람들은 어릴 적 나보다 연세 높으신 분들이라 지금은 허리 굽은 노인네들이 되어 희미한 기억 속에 부모님의 택호나 일러주면 나를 알아볼 정도이다. 낯모르는 사람과 마을의 변해가는 모습들―. 어린 시절 무등을 타던 마을 뒷산은 온통 대숲과 잡목으로 우거져 있고, 지게 지고 징검다리 건너던 살여울, 멱감고 송사리 잡던 냇가는 콘크리트 제방과 다리로 변하여 그 옛 아름다운 모습은 사라진 지 오래였다.
　인간의 영리 앞에 산산이 무너져 내린 자연으로 옛 자취 간 곳 없어 고향에 가도 자연과 인심이 타향에 온 듯하니 몹시 안타까울 뿐이다.
　세월이 길다면 길고 짧다면 짧은 날들이 이렇게 맘마저 앗아가나 싶어 아쉬움에 앞서 서럽기까지 하다. 이런 나의 애향에 대한 꿈도 접고 내가 살고 있는 마산이란 곳에 정착하게 된 인연을 숙명이라고나 할까.
　시골의 핍박한 농가에서 나는 사남일녀의 장남장손으로 태어나 어깨가 무거운 희망의 대상이었다. 언제나 예절 바르고 착하게 살라고 주문하던 이 세상에서 제일 존경하는 부모님 슬하에서 시골동네 처음으로 1972년 마산대학(현 경남대학)에 진학하여 마을 최초의 대학생이 되었다. 이때부터 마산의 지리적 여건을 알게 되었고 그 후 많은 세월이 흘러 일가의 가장이 되기 위해 결혼하고 공채로 마산시청

공무원으로 발 딛은 것이 사실상 마산에 정착하게 된 첫 동기이다.

그전에 직장에 다닐 때도 마산에 거주는 했지만 불확실한 상태에서 생활했기 때문에 부평초 같은 삶이었다면 좀 지나친 표현일까.

모토를 떠나 눈물의 객지생활이 시작된 셈인데 어찌되었던 공직생활의 시작이 현재까지 살고 있는 마산에서의 내 삶의 한 모습이다. 결혼 후 공직에 몸담아 첫 살림을 석전동에서 시작하여 여덟 번째 이사하여 내 집 마련의 꿈을 실현하였는데 셋집에서 사느라 고생 진저리나게 하고 연탄가스도 많이 마셔 둔해진 이 두뇌를 회복할 길조차 없다.

시골 계시는 홀시할머니, 시아버지 수발과 동생들 뒷바라지에 얇은 월급봉투 받는 그날 다 없어지고, 힘든 며느리의 역할과 경제적인 어려움이 겹쳐 역전 번개시장에 가면 배추 살 돈이 없을 정도였다. 젊은 새댁이 배추 잎을 주우면 배추장사 말이 '배추잎 뭐할거요' 물으면 미안하여 '토끼 줄려고요' 했던 피눈물 나는 쓰라린 고통의 삶을 살았던 아내의 한 단면이 지난날의 마산 살이였다.

그러던 것이 세월이 약이라고 집안 어르신들 별세하고 우환이 사라지니 생활에 안정도 서서히 찾게 되어 지금에 다달았다. 큰애는 결혼하고 작은애는 취업전선에 있고 며느리는 창원시공무원으로 손자까지 유치원에 보내고 있다. 나의 도리가 어느 정도 끝나간다. 벌써 반생을 넘어 허무히 간 세월 탓할 수도 없지만, 나만의 생활을 영위할 인생의 방학기간에 들어설 때가 어느덧 내 곁에 다가와 보람의 문을 소리 없이 두드리고 있다.

 궁여지책으로 사람 사는 것이 팔모라고 이일 저일 해보며 이곳저곳 살다보니 내 삶을 정리할 곳이 어디가 좋을까 싶어 6~7년 전부터 산촌 바닷가를 두루 찾아다녔지만 지지리 복 없는 놈이 그래 무슨 복이 있어 내 원하는 곳이 자리 펴 놓고 기다리겠는가. 정처가 마련되지 않아 연이 닿지 않은가 보다 싶어 결국 포기하고 말았다. 그러던 것이 몇 해 지나 2006년 모처에 집 지을 대지를 구했으나 내 형편에 건축할 겨를이 없어 그만두고 지금 살고 있는 금산리(대밭골)에 부처님 가피를 입었던지 조그만 시골 오막살이에 둥지를 틀게 되었다.

 사람이 정붙이고 산다는 것이 정말 묘한 것이기도 하지만 서북산 넘으면 바로 고향 함안인데, 고향 두고 예까지 와서 낯선 사람끼리 부대끼며 노후를 맞는다는 것이 나 자신도 이해가 안 갈 때가 더러 있다.

 하지만 산세가 아름다운 편백 우거진 계곡과 베틀산 전설 어린 이 대밭골에서 일죽헌一竹軒이란 당호 아래 시를 쓰며 서각을 하고 자원봉래하여 일과를 산다면 이보다 더한 낙이 어디 있으랴. 안분지족의 삶이랄까.

 구암동에서 근 이십여 년을 살다가 예까지 와서 머문 지 2년째로 접어들지만 많이 정들어 이웃과 더불어 두렛일을 벗삼아 살고 있다. 텃밭의 푸성귀를 나눠 먹을 줄 알고 상호 이해와 감싸주려는 모습이 아름답다. 내가 이사 오니 오십줄의 집사람에게 새댁이라고 하니 가히 이 동네 어르신들의 젊은 사람 맞이하는 기쁨이야 오죽하겠는지.

내가 사는 곳이 항시 중심이라는 생각을 가지고 살면 외딴곳이 아니라는 것을 알게 된다. 서울에서 보면 모든 도시가 시골로 보이듯이 그렇게 생각을 바꿔 살아 보는 것이다. 그래서 금산에 머물면서 참살기 좋은 마을 가꾸기 차원에서 정자도 지어 놓고 주변환경 정화와 쉼터도 조성해 놓았다.

나의 작은 힘이나마 보태어 함께 살게 된 것이 또한 인연이 아닌가 싶다. 하루를 살아도 내가 사는 마을 사람과 더불어 더욱 참살이 금산마을로 변하게 하고 싶은 소망이다.

이런 인연으로 하여 텃밭을 일구어 화초도 심고 뭇 꽃의 피고 짐을 보며, 감나무 그늘 아래서 차 한잔 마실 수 있는 여유와, 푸른 잔디를 밟으며 흐드러지게 핀 목단과 금낭화를 보며 시심을 키워가는 서정의 삶이 특별한 인연이 아니겠는가.

마산과의 인연은 이렇게 나의 소박한 삶의 한 자락에서 피어오르는 꿈이자 사랑하는 아내와 영원히 함께할 이 터전에서 살고 가야 할 운명의 인연을 부정하지 않는다.

김병수 시인 · 경남서각회 회원

세 번째 인연

월영대를 곁에 두고

한 정 호

마산에서 가장 오래된 유적으로 월영대를 꼽는다. 신라시대 문장가이자 학자였던 최치원 선생의 소요지逍遙地로 널리 알려진 월영대는 마산문화의 뿌리이자, 문향文鄕 마산의 상징으로 우뚝 서 있다.

나의 마산살이는 이 월영대 곁에서 시작되었다. 약관弱冠의 나이로 경남대학교 국문학과에 입학하면서 맺어진 인연이다. 그때부터 고운 선생의 문장과 사상을 흠모하는 마음으로 시를 쓰고, 학문 연구를 계속해오고 있다면 지나친 생색일까.

어릴 적부터 시인을 꿈꾸었던 나는 학교 공부보다는 시작詩作에 열정을 쏟으며 고등학교 시절을 보냈다. 일기마냥 거의 매일같이 적었던 그때의 시작 노트에는 400여 편의 작품이 빛바랜 추억으로 남아있다.

그런 까닭으로 대학입시 성적은 그다지 좋지 않았다. 서울에 있는 대학의 문예창작과를 지원했지만, 보기 좋게 낙방했다. 한 해 동안의 재수시절에도 시창작에 몰두하다 보니, 학력고사 점수는 더욱 낮았다. 비록 성적에 의해 맺어진 마산과의 인연이었지만, 이제 와서 돌이켜보니 거부할 수 없는 문향 마산의 이끎이 아니었나 싶다.

어느덧 나의 마산살이도 스무 해가 훌쩍 지났다. 세월을 거슬러 아련한 기억에 젖어본다. 대학시절 나는 새로운 각오로 문학 공부에 흥미를 가졌고, 드러나지 않게 틈틈이 시를 썼으며, 4학년 때는 〈시율詩律〉 동인회에 들어 시작 활동을 펼치기도 했다.

그 결과 《한국문학》에 〈갈대〉라는 시가 당선되어 순금 한 냥으로 만든 메달을 받았다. 하지만 시는 내 곁에서 오래 머물지 못했다. 물론 내가 게으른 탓이겠으나, 시창작보다는 문학연구에 전념할 수밖에 없었기 때문이다.

한때 대학 졸업과 함께 마산을 떠날 기회도 있었지만, 끝내 모교에 눌러앉아 대학원 석사과정을 밟게 되었다. 그리고 2년 뒤 〈현대문학에 나타난 가족의식 연구〉라는 논문으로 석사학위를 받았다.

대학원을 마친 뒤, 나는 스물일곱의 나이가 되어 군대에 갔다. 강원도 최전방에 배치되어 늦은 군복무를 마치고 돌아와, 미뤄둔 학문을 위해 박사과정에 들어갔다. 인연이란 나의 선택과 의지에 달려 있다고 생각한다.

내가 선택하고 열정을 쏟고 있는 마산은 분명 내가 사는 지역을 넘어 내가 선택한 지연地緣이다. 지역문학이 태생을 떠나 지연문학인 것처럼, 나의 지역문학 연구는 마산과의 인연을 더욱 질기게 만들어 주었다.

그로부터 나는 차츰 마산에 대한 애착을 가지게 되었고, 지역문학 연구에 몰두할 수 있었다. 그 결과 스승과 함께 경남지역문학회를 결성하고 학술지 《지역문학연구》를 펴내며 문학연구자로서 기틀을 다져 나갔다.

지역에 대한 관심과 애정은 도리어 내 삶을 향한 열정으로 이끌어 주었다. 나아가 지역문학 연구는 소외되고 그늘진 사람과 장소에 대한 보살핌과 사랑으로 이어졌다. 그런 점에서 마산은 내 학문의 요람이기도 하다.

이립而立에 박사논문을 준비하고 있을 즈음, 나는 지금의 아내를 만났다. 두해 가량 사귀다가 결혼하여, 마산 회원동 팔육아파트에 신혼살림을 차렸다. 우리 부부는 나의 강사 월급과 아내의 맞벌이로 단란한 가정을 꾸려 나갔다.

10평 남짓한 아파트에서 두 아들을 키우며 5년 동안 살았다. 그뒤 아내가 직장을 김해로 옮긴 까닭에, 나는 마산과 김해를 오가며 생활하고 있다. 이렇듯 마산은 신혼의 추억이 서려 있는 곳이다.

　오래도록 대학 강사로 일하면서 경제적 사정은 좋지 않았지만, 지역사회에 이바지한다는 일념으로 문학연구와 실천에 작은 힘이나마 보태고자 애썼다. 이를테면 지역의 문학단체에 소속되어 문학제 업무와 문예지 발간에 솔선수범했고, 연구자로서 지역문인들의 전집을 엮어내는 데 많은 시간과 노력을 쏟았다.

　그러한 땀의 결실일까. 2005년 6월 마산문학관 개관을 앞두고 학예연구사로 임용되었다. 문학행정의 현장에서 제대로 된 문학실천을 할 수 있는 계기를 마련한 셈이다. 4개월 동안의 쉬는 날 없는 업무로 무사히 개관을 하게 되었다.

　문학관은 학술연구, 사회교육, 문화실천 등의 시설로 활용되어야 한다는 신념으로 그 기능과 운영을 위해 문학관 학예연구사로서의 맡은 바 소임을 다해 왔다. 이를테면 자료집 발간, 기획전 개최, 문학강좌 개설을 비롯한 여러 문학행사 등이 그것이다.

　20세기를 짧고 굵게 살다간 한 시인은 '힘을 주라, 힘을 주라, 더 힘을 주라'고 말했다. 내 삶의 모래시계가 다하는 그날까지 부끄럽지 않는 삶, 후회 없는 삶을 살아야 할 것이다. 더욱 힘을 내서 말이다.

　21세기는 문화의 시대라고 일컬어지듯, 문화가 경쟁력이 되는 현실이다. 비록 작은 힘이나마 문화예술의 최전방에서 지역의 문화 정체성을 찾고 알리는데 열정을 쏟고자 한다. 문학을 선택한 이상 창작이든 연구든 실천이든 내가 할 수 있는 일에 최선을 다할 것이다.

> 시는 내 첫사랑이었다
> 마흔에 다시 시를 만난다
> 스무 해 전 추억을 꺼내들고
> 빛바랜 시를 만난다.
>
> 세상살이
> 온갖 유혹에 흔들리지 말자고.
>
> ―〈불혹〉 가운데서

마흔 살에 즈음하여 첫사랑을 그리듯이 적어본 작품이다. 너무나도 오랜만에 시詩를 만난다는 것이 왠지 쑥스럽고 낯설게 느껴진다. 좋은 시인이 되고 싶었는데, 내 삶은 창작보다 연구 쪽으로 쏠리고 말았다. 시인의 꿈은 여전히 숙제로 남겨둔 셈이다.

아무튼 마산은 내 인생 항로에 있어 청춘을 송두리째 바친 곳이다. 다시 말해서 청춘의 무덤(?)을 파놓은 곳이다. 불혹不惑의 세월을 살면서, 저 합포만에 언제 다시 닻을 풀고 돛을 올려, 어디를 향해 키를 잡아야 할지 고민하고 있다.

마산의 옛 지도를 펼쳐보면, 월영대와 고운대의 존재가 큼직한 글씨로 적혀 있다. 《신증동국여지승람》에 따르면, 월영대의 입석이 최치원의 친필이며, 고운대는 두척산 꼭대기에 있었다고 밝혀두었다.

학봉 아니면 두척산 어딘가에 있을 고운대의 정확한 소재가 밝혀지면, 나도 문창후 최치원처럼 구름으로 떠나야 되지 않을까. 지명知命의 나이가 되면 뭔가 큰 변화를 꾀하거나, 그렇지 않으면 귀향하여 내 중년의 바다를 가꾸리라고 다짐하곤 한다. 그렇더라도 마산의 월영대는 내 곁에 두고 살 것이다.

한정호 마산문학관 학예연구사

세 번째 인 연

마산의 추억

엄 국 정

　　　　　　　　마산은 나에게 제2의 고향이다. 내 생애 중 가장 오래 살았던 곳이다. 나는 마산에서 1951년 3월부터 1985년 6월까지의 34년이 넘는 긴 세월을 보냈다.
　마산은 우리 가정이 세 명의 자녀를 낳아 그곳에서 모두 초·중·고등학교를 마친 끊을래야 끊을 수 없는 인연 깊은 고장이다. 마산에 대한 추억을 더듬다 보면 몇 권의 책에 담아도 모자랄 것이지만 줄여서 몇가지로 간추려 보련다.

1. 마산 화력발전소

대한민국 정부는 1953년 마산에 화력발전소를 건설하게 되었는데 그 당시 남한은 북한으로부터 받던 전기공급이 끊기면서 전력사정이 극히 악화되어 있었다. 심지어 가정용 전기가 모자라 한밤중에 전등이 꺼지는 일이 흔히 있었다.

그래서 정부는 이를 해결하기 위하여 아시아개발은행 차관을 도입하여 마산에 10만kW, 당인리에 5만kW, 그리고 삼척에 5만kW 출력의 발전소를 건설하기로 했다. 그리고, 건설공사는 미국의 유명한 발전시설 건설회사인 Pacific Bechtel Corporation에게 일임했다.

내가 이 회사와 인연을 맺게 된 것은 그때 내가 근무하던 미군 장교관사에 이 회사 간부들이 식사하러 오면서부터였다. 자주 장교 관사에 드나들며 나와 교분이 생기자 그들은 나에게 새로이 건설하는 마산 화력발전소의 건설공사장 한국인 경비책임자로 일하겠느냐고 했다. 그래서 나는 마산화력발전소 건설공사장의 제1호 한국인 직원이 되었다.

그 후 얼마가 지나자 마산에 주둔하고 있던 모든 미군 부대들이 다른 곳으로 이동하게 되어 미군 부대에서 일하고 있던 한국인 종업원들은 일자리를 잃게 되었다. 특히 미군 부대를 상대로 재미를 보던 소위 '얌생이꾼들'이 발전소 건설공사장으로 몰리게 되었다. 그러니 발전소 공사가 순조로울 수가 없었다. 매일 밤, 많은 건설용 자재가 도난을 당하였고 따라서 미국인 공사책임자들의 원성이 대단했다.

한 번은 미국인 경비 총책임자가 나와 함께 마산경찰서로 가자고 했다. 경찰서에 간 경비 총책임자는 곧바로 경찰서장실로 직행하고는 고성으로 항의하는 것이었다. "매일 밤 많은 건설 자재를 도난당하니 공사를 진행할 수 없다. 그래서 나는 하는 수 없이 이승만 대통령에게 이 사실을 보고할 수밖에 별 도리가 없다"고 말했다.

서장은 아무 대꾸도 못하고 혼자 한탄만 하더니, '세상에 경찰서장이 협박당하는 일은 처음일 거다' 라고 말했는데 나는 그 말은 통역하지 않았다.

많은 우여곡절 끝에 마산화력발전소는 완공되었고 많은 국내 유명인사들이 방문했다. 그중에 이승만 대통령의 내방시에는 전 종업원이 모두 정문에서 본관 건물까지 양쪽으로 늘어서서 박수치며 환영하였는데, 그 후 박정희 대통령이 방문했을 때는 아무도 밖에 얼씬도 못하게 하여 두 대통령의 정치 스타일의 차이를 실감하게 했다.

나는 한국전력주식회사의 사원으로 이적하여 1972년도까지 근무하다가 퇴직했다. 그 후 미국에 와서 살면서 딸의 결혼식 참여차 1987년에 한국을 방문하게 되었을 때 감회 깊은 옛 마산화력발전소를 찾아갔더니 그 큰 괴물 같은 건물은 흔적도 없이 사라지고 시내버스터미널로 변하여 이를 보는 순간 나는 깜짝 놀랐다. 처음 세울 때부터 나와 고락을 같이했던 마산화력발전소의 옛 모습조차 볼수 없는 아쉬움을 뒤로하고 나는 돌아서야 했다.

2. 음악과 나

　직장생활을 제외하고 내가 마산에서 보낸 시간의 많은 부분이 합창 지휘였다. 신마산교회 성가대 지휘 6년, 구세군교회 성가대 지휘 5년, 그리고 마산 문창교회 성가대 지휘 19년 등 교회 성가대 지휘를 30년간 했다. 성가대 지휘 생활 중에 기억에 남는 일들을 꼽아보면 다음과 같다.

　신마산교회 때에는 매년 크리스마스 이브가 되면 군대 트럭을 빌려 트럭 뒤켠에 성가대원들을 태우고 가포요양소, 육군병원, 군의학교 일대를 돌아 마산경찰서 유치장, 마산교도소를 방문하여 크리스마스 캐럴을 힘껏 불렀던 일들과, 구세군교회 성가대 지휘 시절에는 진해 해군부대에 정박 중인 군함정에 들어가 해군장병 위문공연을 했고, 돌아오는 길에 진해 통제부교회에 들러 교인들에게 캐럴을 들려 주던 일들, 문창교회 때는 가끔 마산교도소를 방문하여 재소자들에게 성가나 일반 가곡들을 합창하여 그들의 마음을 위로해 주던 일들이 기억이 남는다.

　1960년대에 KBS 마산방송국 어머니노래회 합창단을 인솔하여 서울의 KBS중앙방송국과 MBC방송국에 출연했었다. 그때 계획됐던 일선장병 위문공연은 시국관계로 중단하였다. 또한 1970년대에 마산 YWCA합창단을 조직하여 2회에 걸쳐 경남대학 강당에서 정기 연주회를 가졌다.

3. 감사의 노래

1960년대에 원호청 마산지청에 이형기 씨라는 분이 지청장으로 부임해 왔다. 그 당시 그분은 50대 중반의 원만한 성격의 인사로 부임하자 곧 '감사영감'이라는 별명으로 불리게 되었다.

원호지청 직원들의 말에 의하면 그는 하루에 100번이나 '감사합니다'라는 인사말을 한다고 했다. 그래서 지청 직원들이나 외부인들에게서 호평을 받고 있었는데, 어느 날 이형기 지청장이 나에게 전화를 했다. 한번 만나자는 것이었다. 나는 지청장실로 그를 찾아갔더니 그는 나에게 〈감사의 노래〉라는 시가 적힌 종이를 내보이며 이 시에다 곡을 만들어 달라고 간곡히 부탁을 하는 것이었다. 그리고 또한 〈봉사의 노래〉, 전몰 군경 미망인의 노래인 〈차돌의 노래〉도 같이 작곡을 해 달라는 것이었다.

나는 거절을 할 수 없어서 한번 해보자고 대답하고 말았다. 얼마 후에 내가 만든 세 곡을 그 앞에서 들려 주었더니 아주 흡족해 했다. 그때부터 그는 열심히 〈감사의 노래〉 보급 캠페인에 발 벗고 나섰다. 얼마 후에 KBS 마산방송국 주관으로 시내 모 예식장을 빌려 〈감사의 노래〉 발표회를 열어 전국에 생방송으로 중계하였다.

〈감사의 노래〉 캠페인은 곧 전국적으로 흘러갔고 심지어 청와대에까지 소식이 들어가 박정희 대통령은 이형기 마산지청장을 불러 그 노고를 치하했다고 한다.

그 후 그는 원호청 광주지청장으로 영전된 후에도 새 부임지에서 계속하여 〈감사의 노래〉를 보급하는데에 열성을 다하고 있다고 들었다.

4. 기타

우리나라의 근대사를 장식한 4·19혁명의 도화선이 된 마산 3·15 학생의거는 우리 마산의 자랑이다. 어린 남녀 학생들이 경찰에 쫓겨 자산동 뒷골목에서 우왕좌왕하던 애처로운 모습들이 지금도 선명하게 떠오른다. 그들 학생들 중에는 나의 자식도 끼어 있었다.

마산 하면 첫째 생각나는 것이 가포해수욕장이었다. 에어컨이 없는 찜통방에서 땀을 뻘뻘 흘리다 보면 가포해수욕장밖에 생각나는 것이 없었다. 아이들을 데리고 가포해수욕장으로 달려가 시원한 바닷물 속에서 푸른 하늘과 합포만 경치를 바라보노라면 온 천지가 내 세상 같은 착각에 빠지곤 했다.

끝으로, 1985년 6월 말 우리가 미국으로 이민 간다고 고국을 떠날 때 마산문창교회 여전도회원 자매님들 몇십 명이 교회 버스로 김해공항까지 달려 나와 우리 내외를 환송해준 고마운 정을 지금도 잊을 수 없다.

엄국정 재미수필가

세 번째 인연

봉사활동을 천직으로 삼고

박 철 종

　　　　　　　나는 이 세상에서 제일 보람 있게 사는 것
은, 남을 위해 봉사하고 가진 것이 많지 않지만 이웃과 나누며 사는
것이라고 생각한다. 지리산 밑에서 어렵게 살며, 취미로 예능 활동을
하던 나는, 집안 어른들이 반대하는 연애를 하다가 쫓겨나다시피 하
여 지금의 아내인 당시의 애인을 데리고 마산으로 온 것이 마산과의
인연인 셈이다.
　이웃 간에 정이 넘쳐나던 시골과는 달리 도시는 삭막하기 짝이 없
고 어디 아는 사람 하나 없던 나는 정말 앞날이 캄캄하였다. 마산에

자리 잡던 초창기, 밤에는 겨우 겨우 밤무대 악사 활동을 하고 낮에는 아내와 함께 덕동 바닷가에 가서 홍합 등 해산물을 따 굶주린 배를 채우던 때도 있었다. 장보기를 할 때도 당시 값이 싸고 양을 많이 주었던 고등어만 사서 반찬으로 하였다. 하도 그런 음식을 먹어서인지 설사병을 만나 고생하기도 하였다. 지내놓고 보면 이런 어려운 생활이 훗날 봉사생활을 하는데 많은 도움이 되지 않았나 생각된다.

내가 집에서 나올 때 어머니께서 나를 따라 나오며 자신이 끼던 5돈짜리 금반지를 빼 주셨다. 이 금반지가 큰 힘이 되었음은 물론이다. 나는 이를 악물고 열심히 일했다. 낮에는 극장 간판집에서 간판 그리는 일을 돕고 저녁에는 악사생활을 하면서 억척같이 돈을 모았다. 나는 술 담배를 일절 하지 않았다.

연예활동은 화려한 생활이다 보니 여기에 종사하는 사람은 대부분 술을 좋아하고 낭비하는 생활을 벗어나지 못했다. 나는 이런 연예계의 좋지 않은 습관을 잘 알기 때문에 그 생활을 답습하지 않으려 노력했던 것이다. 3년이 지나자 조그마한 집을 장만할 수 있었다. 그러는 사이 자식도 둘이나 생기고 부모님께서 딴따라로 풀리는 것을 못마땅해 하셨으나 나는 무슨 일을 하든지 사회를 위해 봉사하고 어려운 이웃과 나누는 생활을 하면 그것으로 사회에 대한 보답이 된다는 확고한 신념을 갖게 되었다.

한번은 이런 일이 있었다. 시골의 아버지께서 마산에 오셨다. 내 사는 것을 신통찮게 바라보고 계시던 아버지는 나에게 맞을 것 같은 직업이 있으니 시골 산청에 속히 다녀가라는 것이었다. 나는 무슨 일인가 해서 아버지 말씀대로 고향에 내려갔다. 그때 아버지는 농사를 짓는 틈틈이 상여 꽃을 만드는 부업을 하고 계셨다. 그때 아버지의 상여 꽃은 정말 아름답고 잘 만드시는 것 같았다. 지금 생각하면 농사꾼인 아버지가 어디서 배우셨는지 모르지만 상여 꽃을 그렇게 잘 만드시는 걸 보면 그런 예능인자가 나에게 대물림된 것이 아닌가 하는 생각을 할 때가 있다.

아버지께서 나를 데리고 간 곳은 아버지가 상여 꽃을 만들어 주고 일당을 받고 있는 장의사였다. 마침 장의사를 운영하는 사람이 다른 곳으로 이사를 가게 되어 그 자리가 비게 되었으니 그 자리를 내가 인수받아 운영했으면 하는 것이었다. 아버지가 보실 때는 장의사 일이 할 만한 사업으로 보였던 모양이었다.

"얘야, 올라온 김에 계약하고 가거라."

아버지의 말씀은 자못 강경하고 애원 같으면서도 명령 같기도 하였다. 나는 입장이 난처하였다. 나는 도시에서 성공하고 싶었다. 그동안의 경험으로 그럴 자신도 있었다.

"아버지, 장사가 안 될 경우 우산장사는 비가 안 오는 것을 걱정하면 되지만 이 장의사 일은 사람이 죽기를 기다려야 하니 얼마나 하기 힘든 사업입니까. 아버지가 하시는 연꽃을 만드는 일은 죽은 사람들의 마지막 가는 길을 보기 좋게 장식하는 일이므로 그 일을 하라고 하시면 지금부터라고 배워서 해 보겠습니다만 장의사는 자신이 없습니다."

그때야 아버지는 무릎을 치시며

"네 말이 맞다. 네가 하고 싶은 일을 열심히 하거라."

그러면서 나를 자유롭게 해 주시는 것이었다.

내가 봉사활동을 시작한 것은 1975년인가 싶다. 나의 봉사활동 범위는 다양하다. 무엇보다 소외되고 외로운 곳을 첫 번째 위문 봉사할 곳으로 선정한다. 장애인 시설, 외로운 노인들이 모인 경로 시설은 물론이고 교도소도 대상이다. 한번 선정되면 가급적 정기적으로 방문하려고 노력하고 있다.

나는 천성적으로 무대에만 오르면 신들린 듯 노래도 부르고 악기도 다룬다. 그러니 주위의 많은 도움 없이도 쉽게 위안공연을 하게 된다. 내 자랑 같아 쑥스럽지만 이렇게 열심히 하다보니 사회로부터 인정을 받게 되고 각종 상도 많이 받았다. 그런 인연으로 하여 마산 연예협회 회장이 되고 지난해에는 드디어 연예협회 단위회장으로서는 처음이다시피 하여 마산예총 회장에까지 당선되어 지금에 이르고 있다.

그 사이 나는 스포츠마사지 1급 자격까지 취득하여 육신의 고통을 겪는 분들을 치유하며 봉사하는 활동도 벌이고 있다. 지난 6월에는 대통령표창까지 받았다. 앞으로도 나는 우리 사회에 불우하고 낙후된 외진 곳이 없어지는 날까지 지금까지 해오던 봉사활동과 나눔의 일을 계속할 것을 다짐한다.

끝으로 나의 봉사활동 사례 중 신문에 쓴 내 글을 소개한다.

    남을 위해 봉사한다는 것은 정말 어렵다고들 하지만 그런데 나는 타고난 천성일까, 어디라도 웃음을 줄 수 있는 곳만 가면 물 만난 고기가 된 듯, 원기가 솟아오르고 마이크를 잡았다 하면 나 자신도 놀랄 만큼 멋진 멘트가 나온다. 지난 31년간 봉사활동 중에 잊혀지지 않는 곳이 산청 성심에서의 봉사다. 응석봉 산줄기를 타고 내려온 산자락에 경호강을 끼고 어느 외국에서나 본 듯한 마을이 자리 잡고 있다. 이 마을이 한센병 나환자들의 공동체 성심원이다. 마을 중앙에 예수님 동상이 서 있고 집들이 멋지게 정돈되어 있다.
    이 사회에서 많은 사람들이 봉사를 한다지만 정말 꺼려 하는 곳이 바로 이곳이 아닌가 싶다.
    "소리꾼 봉사자 박철종, 찾아줘서 고맙습니다."라는 큰 현수막이 나의 가슴을 뭉클하게 만든다. 아니나 다를까. 우리 단원들을 보는 순간 손을 흔드는, 북한에서나 볼 수 있었던 정돈된 환영 모습들……
    다른 공연 때와는 달리 더욱 잘해야지 마음먹고 공연에 뛰어든다. 막이 오른 순간, 환호의 소리, 조용필이나 나훈아가 된 듯한 이 기분, 일반인은 잘 모를 것이다. 그런데 한창 공연에 열중하고 있을 때, 어느 중년여성이 나에게 손을 내밀어 악수를 청한다. 일그러진 손으로 말이다. 난 서슴지 않고 악수를 하는데 이번엔 내 손을 자기 입에다 대고 입맞춤을 한다. 나 역시 마주 잡은 손을 노래하며 내 입에 갖다댄다. 주위 분들 그리고 공연자 모두가 놀라는 기색이다. 그러나 더욱더 포옹까지 하며 같이 춤을 추었다.

　신이 난 공연장 후배들은 갑자기 존경한다는 눈빛으로 바라보며 같이 박수를 친다. 그래, 이게 바로 봉사다.

　이 순간 이분들의 모든 아픔을 잊어버리게 하자. 그리고 더욱더 열심히 살게끔 충전을 시키자고 마음먹었다. 좋았던 시간이 다 지나고 헤어지는 순간, 어느 아주머니는 우유와 빵 그리고 사과 두개를 나에게 건넨다. 내 눈에도 그 순간 눈물이 고였다. 나는 그 손을 꼭 잡으며 껴안았다. 내년에 다시 또 오겠다고 다짐하면서…….

―경남신문(2008. 1. 9)

박철종 마산예총 회장

마산과의 인연 • 3

찍은날 2008년 9월 24일
펴낸날 2008년 9월 30일

지은이 전문수 이순항 황태조 외
펴낸이 오 하 룡
펴낸곳 도서출판 경남
631-430 마산시 서성동 66-18
☎(055)245 · 8818~9
http://www.gnbook.com
e-mail:gnbook@empal.com
(등록 제2호 1985. 5. 6)
편집팀 | 오태민 심경애 구도희

ⓒ도서출판 경남
· 인지 생략합니다
· 잘못된 책은 바꿔드립니다

ISBN 978-89-7675-517-9-03810
〔값 15,000원〕

| 참여 필자 |

강윤수 강지연 강호인 김근숙 김복근 김연동 김영태 김현우 김홍섭 명형대 문한규 박명호
배대균 변상봉 서인숙 서일옥 신상철 신찬식 신태성 심은주 심의방 양계향 오하룡 윤용수
이광석 이달균 이선관 이성근 이외율 이은용 이창규 이처기 이필이 이효정 임신행 정목일
정양자 조현술 최명학 하길남 하순희 하 영 허종해 허청룡 현재호 홍진기

마산과의 인연·1

도서출판 경남 | 신문고판 | 196면 | 값 3800원

　우연한 기회에 《마산과의 인연》을 생각하게 되었다. 처음에는 극히 개인적인 생각으로 치부하여 밀쳐 두었었다. 그러다가 차츰 우리들 전체의 일로 범위를 넓혀가며 생각하자 그냥 밀쳐 둘 일이 아니라 제대로 읽을거리, 볼거리, 남을거리로 정리해보는 쪽으로 자연스럽게 욕심을 부리게 되었다.

　이 책을 보고 재미있어 할 독자들, 특히 자라나는 세대의 표정을 생각하면 괜히 가슴이 뜨거워진다. 그들의 앞세대처럼 허황하기 짝이 없는 구전이 아닌 실제의 꾸밈없는 얘깃거리로 그들의 삶에 촉촉한 자양분으로 기능할 것이기 때문이다.

―〈책을 내면서〉 중에서

| 참여 필자 |

공정환 김복식 김순규 김형춘 남기섭 박기동 박성임 박숙희 박춘성 박충일 박태남 신동영
양해광 여 진 오창성 이병덕 이상개 이 석 이영자 이우걸 장의구 정두리 정은승 정일근
정재은 조병무 추창영 한하균 허 종 홍옥숙

마산과의 인연·2

도서출판 경남 | 신문고판 | 208면 | 값 4,000원

　마산 사람 쳐놓고 나름대로 마산과의 인연을 몇 페이지 얘깃거리로 갖지 않은 사람은 없을 것이다. 모르긴 해도 이런 책 100여 권을 묶는다 해도 또 쓸 사람이 남을 것이다.

　이 책의 필진으로 참여한 참 마산인들에게 거듭거듭 감사를 드린다. 마산의 자랑, 마산의 전통, 마산의 역사는 이렇게 해서 하나의 벽돌처럼 포개지고, 한 포기 풀처럼 가꾸어진다는 사실만 새삼 짚고 넘어가고자 한다.

―〈책을 내면서〉 중에서